Margaret Vincent

Un roman

Mme WK Clifford

Writat

Cette édition parue en 2024

ISBN : 9789359948867

Publié par
Writat
email : info@writat.com

Contenu

je

Margaret Vincent est l'héroïne de cette histoire, mais il y en a d'autres qui y jouent un rôle important. Son grand-père était le vieux Lord Eastleigh, bien connu en son temps, fascinant et insouciant, qui, après avoir dépensé son patrimoine dans une vie extravagante et s'être déshonoré comme un cobaye, mourut discrètement, laissant son fils aîné. Cyril Vincent, toutes ses dettes et la plupart de ses difficultés. Cyril fut plutôt amusé par le titre, ajouta aux dettes du mieux qu'il pouvait, épousa une dame des music-halls et, trouvant Londres impossible, partit avec sa femme dans un ranch à l'autre bout du monde. Là, la vie et son isolement absorbaient ses énergies et son identification. Mais c'était il y a vingt-cinq ans – et ceci, cela dit, est une histoire moderne.

Gerald, le fils cadet et seul autre survivant de la famille Eastleigh, s'est distingué à Oxford, s'est fiancé à la fille d'un évêque, a accepté de vivre de son futur beau-père et, au bout de six mois, a changé d'avis et a vomi. le vivant, s'est rendu célèbre à l'époque où l'agnosticisme était un crime, en écrivant des articles qui lui fermaient la porte d'une maison sur deux à Londres et lui garantissaient d'être rapidement abandonné par la femme dont il avait été amoureux. Il n'en avait que deux cents par an, hérités de sa mère. Ses habitudes étaient indolentes, ses goûts simples. Le seul désir qui lui restait après l'accident était de sortir de la vue de tous, de réfléchir et de fumer sa pipe en paix, et peut-être bientôt d'écrire un livre dans lequel il pourrait exprimer librement l'amertume enfermée au fond de son cœur. et l'esprit. Il voyagea pendant quelques années et perdit ainsi de vue, à leur grande satisfaction, tous ses parents éloignés (il n'en avait aucun proche, à l'exception de son frère), abandonna son titre de courtoisie d'honorable et devint un homme assez content. flâneur. C'était un excellent marcheur, ce qui eut de la chance, car deux cents dollars par an ne suffisaient pas en frais de voyage. Il parcourut donc péniblement tous les cols de Suisse, remonta le Mont Blanc et le Cervin, descendit en Italie par le Saint- Gothard - là- bas. Il n'y avait pas de chemin de fer à cette époque, bien sûr – et retour par la route de la Corniche vers la France ; remonta la France par Avignon et Dijon jusqu'à Paris, et au bout de quelques années retourna en Angleterre pour se rendre compte qu'il était complètement oublié.

Les rues de Londres l'irritaient par leur bruit, et les gens par leur hâte. Le trottoir fatiguait ses pieds, le mode de vie, c'est-à-dire le mode de vie qu'on pouvait vivre avec un si petit revenu comme le sien, lui paraissait irritant et presque impossible. Un jour, il a préparé un sac à dos, rempli sa pochette, traversé Putney et Wandsworth et ainsi de suite. Il respira plus librement lorsqu'il atteignit Wimbledon, qui avait alors une gare presque rustique et aucun bâtiment à proximité, inspira longuement à Surbiton et, bénissant le beau comté de Surrey, continua son chemin le cœur léger. C'est ainsi qu'il arriva à Chidhurst et découvrit Woodside Farm.

Chidhurst est à quelques kilomètres de Farnham, de Liphook et Fernhurst , de Blackdown et Hindhead – de n'importe quel endroit, en fait, avec lequel le lecteur peut essayer de l'identifier. Sa station la plus proche est Haslemere , à cinq ou six milles de là. Le village se compose de quelques maisons, dont l'une est un magasin général et l'autre une petite brasserie. Contre le mur latéral de la brasserie se trouve une caserne, mais les timbres doivent être achetés à Haslemere ou auprès du facteur local. Il n'y a même pas de forge, l'homme et la bête doivent parcourir trois bonnes milles pour être rechaussés, jusqu'au forgeron près du cordonnier sur la commune. A peu de distance du village, en hauteur au milieu du bois sur la droite, se trouve l'église. Il est à moitié couvert de lierre ; il y a des pierres tombales blanches autour, et sur sa tour carrée une horloge qui est rarement exacte et à laquelle on ne peut jamais se fier. Depuis le cimetière, la vue est divine : des bois de sapins au premier plan, des bois de hêtres à gauche, des landes de bruyère à droite et, au loin, le bleu, doux et brumeux dans la mémoire de ceux qui les aiment, sont les collines du Surrey. Un bel endroit où séjourner et méditer lors d'une journée d'été somnolente, un endroit béni pour dormir lorsque le temps a rencontré l'éternité.

A un kilomètre de l'église, plus loin au cœur de la campagne, au bord de la route, il y a une mare aux canards, et juste au-delà, encore à droite, une allée verte avec de chaque côté de hautes haies serrées. , de bruyère douce et de ronce, de chèvrefeuille et de joie des voyageurs , tandis qu'en bas se trouvent des touffes de bruyère et le vert tendre de l' wortleberry . Il y a de profondes ornières le long de l'allée, suggérant que de lourdes charrettes vont et viennent, et maintenant, sur la droite également, se trouvent les portes de Woodside Farm. À l'intérieur des portes de la ferme, il y a une autre mare aux canards ; et il y a des meules de foin et des dépendances, et tous les signes d'une vie agricole prospère. Juste au-delà de la large allée désordonnée, vous pourrez apercevoir le jardin hollandais, avec ses allées verdoyantes et ses haies d'ifs, ses rosiers et ses pois de senteur. La maison est ancienne ; la mousse, le lierre et le lichen poussent; un porche, avec un siège, jusqu'à la porte d'entrée, et des carreaux grillagés jusqu'à la fenêtre. La porte s'ouvre sur un hall carré ou salon, carrelé de rouge et poutres noires. De chaque côté de la grande cheminée se trouvait autrefois une lourde chaise en bois avec des accoudoirs sculptés et massifs et un coussin rouge noué sur le dossier ; au centre de la pièce une grande table en chêne ; contre le mur une commode, un vieux coffre, une horloge de huit jours et un portrait de la reine Victoria dans sa robe de couronnement. C'était ici que la famille Barton siégeait toujours ; car les meilleures chambres étaient louées à des étrangers en été et soigneusement couvertes et obscurcies en hiver. Du salon montait un large escalier, vieux et vermoulu, avec une main courante sombre, que beaucoup d'habitants des villes lointaines auraient été heureux d'acheter pour une somme extravagante. Au-delà de l'escalier se trouvait une porte menant à la cuisine carrelée rouge, où Towsey Pook , la servante de la maison, qui vivait à Woodside Farm depuis quarante ans, effectuait le travail qui lui était demandé, ce qui signifiait en moyenne quatorze heures par jour consacrées au travail ou à la pensée du travail ; mais c'était une femme forte et très contente.

Mme Barton possédait elle-même la ferme au moment où Gerald Vincent entreprit la promenade qui se terminait à Chidhurst . Il s'était transmis de père en fils ou de mère en fille pendant deux cents ans. La tradition allait probablement se perpétuer, puisqu'à trente-cinq ans bien avancés, après onze années de mariage sans incident, Mme Barton s'était retrouvée veuve avec un enfant, une fille appelée Hannah.

Hannah, même à l'âge de neuf ans, était une petite personne intransigeante, une chanteuse d'hymnes et une observatrice des gens ; et cela, elle le devait à ses grands-parents maternels, agriculteurs prospères et dissidents, vivant à Petersfield . Son père, issu d'une famille nombreuse, s'était bien débrouillé grâce à son mariage, puisque grâce à lui il était devenu le maître de Woodside Farm, ce qui était peut-être la raison pour laquelle son peuple n'avait fait aucune objection à ce que sa femme fréquente l'église. ou même de l'enfant. Après tout aussi, le service à Chidhurst était strictement évangélique : on savait que le sermon durait près de cinquante minutes, et il faut concéder quelque chose à ceux qui possèdent des biens de leur propre chef. Malheureusement, alors qu'elle avait huit ans, son père étant délicat et elle gênée par le chemin de la maison, Hannah alla rester à Petersfield . Son grand-père, un vieux méthodiste sévère, lui a inculqué des habitudes et lui a imprégné des notions profondément enracinées dans sa nature, de sorte que, lorsque deux ans plus tard elle est revenue à Woodside Farm pour réconforter sa mère solitaire, le résultat de sa formation était déjà évident. C'était une enfant simple, et plus tard une femme simple, avec des yeux durs, gris-bleu et des cheveux blonds tirés en arrière de son front, d'une couleur rose qui ne pourrait jamais être considérée comme une fleur, et un visage un peu mince, avec une bouche droite et menton pointu; de plus, sa voix suggérait une forte volonté et une vision étroite.

C'est un an après la mort de James Barton que Gerald Vincent aperçut pour la première fois le village de Chidhurst et en fut charmé. Il regarda attentivement de droite à gauche, hésita et s'arrêta devant la petite boutique pour demander s'il y avait des chambres disponibles pour l'été.

« Il y a une maison, monsieur, » dit la femme ; "Il se dresse au milieu des arbres, juste au moment où vous arrivez à l'église. Il a été construit pour un presbytère, mais M. Walford l'a trouvé trop grand, alors il est loué à des étrangers."

"Je ne veux pas de maison", dit l'inconnu avec impatience.

Puis une voix au fond cria : « Voilà Woodside Farm, mère.

"C'est sûr", dit la femme. "Les chambres n'ont jamais été louées depuis que James Barton est tombé malade; mais j'ose dire qu'elle sera heureuse de trouver quelqu'un. Vous passez devant l'église et suivez la route jusqu'à ce que vous arriviez à la mare aux canards, puis tournez vers à droite et continuez jusqu'à ce que vous le voyiez.

Mme Barton étendait le linge blanc que Towsey Pook venait de se laver parmi les buissons du jardin hollandais, lorsqu'elle aperçut soudain, à moins de dix mètres de là, un grand homme en tweed gris, avec des chaussures couvertes de poussière et un sac à dos sur les épaules. Il était jeune – trente ans ou moins, même si, à première vue, il aurait pu être plus âgé ; il avait l'air studieux, et comme s'il était quelqu'un, se dit Mme Barton plus tard. Son attitude était un peu maladroite pour le moment, mais à ses yeux, elle était une question de courtoisie. La veuve s'arrêtait et le critiquait avec une excitation tranquille, tandis qu'il pensait combien elle faisait un bon tableau avec les tournesols et les pois de senteur de chaque côté d'elle, et les rosiers et les parcelles de linge blanc étalées pour sécher au premier plan ; et les haies d'ifs et la verdure plus haute derrière ajoutaient à l'effet d'elle. Car elle était encore jolie, même si elle avait alors presque trente-sept ans ; pas grosse, ni même inclinée de cette façon, puisque, étant une femme active, elle faisait beaucoup d'exercice et s'inquiétait beaucoup en secret, ce qui évitait de gâter sa silhouette.

M. Vincent demanda s'il serait possible de prendre du pain, du beurre et du thé, ce à quoi elle consentit volontiers ; et pendant qu'il mangeait et buvait dans l'habitation, il expliqua qu'il désirait trouver un logement dans le quartier, où il pourrait apporter ses livres et lire et écrire tranquillement pendant quelques mois. Il n'aimait guère se proposer tout d'un coup comme locataire, car il y avait quelque chose qui ressemblait presque à de la distinction chez la veuve ; cela lui faisait sentir que s'il y avait une différence sociale entre eux, l'avantage était de son côté. Elle se tint d'abord près de la table en chêne, puis se laissa convaincre de s'asseoir, et elle fit un tableau, encadré dans l'un des grands fauteuils, qu'il n'oublia jamais, tandis qu'elle lui expliqua qu'il y avait une chambre libre qui n'avait pas été aménagée. J'y ai dormi depuis trois ans, et c'est le meilleur salon qui n'ait pas été utilisé depuis le jour des funérailles de Barton. Elle se souvint de l'odeur de moisi qui commençait à les envahir tous les deux, depuis qu'elle avait résisté à un feu près duquel personne ne s'asseyait pour se réchauffer. Les produits de la ferme étaient également bons et abondants ; il serait facile de nourrir l'étranger, et son séjour lui mettrait dans sa poche quelques euros facilement gagnés. Ainsi l'arrangement fut conclu, et chacun d'eux fut satisfait.

Il resta tout l'été et, lorsque l'automne arriva , il ne montra aucun signe de départ. La veuve s'intéressait de plus en plus à lui, et souvent, lui étant un homme seul et elle une femme seule, et tous deux inconsciemment en avaient conscience, ils parlaient ensemble pendant une heure ; mais il fallut longtemps avant qu'il ne s'agisse d'une conversation plutôt gênante et même formelle. Parfois, alors qu'il traversait la maison pour se rendre dans ses propres appartements , il s'arrêtait pour remarquer Hannah ; mais elle était toujours mal à l'aise avec lui et s'éloignait au plus vite. Il l'entendait parler à Towsey parfois, et parfois même à sa mère, d'une manière qui lui faisait l'appeler « un petit chat méchant » pour lui-même ; mais cela ne le regardait pas ; il n'y avait rien de chat chez la mère, et c'était l'essentiel.

Mme Barton fut d'abord surprise que son locataire n'aille pas à l'église le dimanche, et les voisins en étaient curieux, ce qui la gênait ; mais elle sentait que cela ne la regardait pas, et que, puisque M. Vincent était évidemment au-dessus d'eux en termes de position et de savoir, il ne leur appartenait pas de faire des remarques. En outre, comme Towsey était toujours occupée dans la cuisine du fond, il était confortable de se rappeler, tandis qu'elle était elle-même à l'église le dimanche matin, qu'il restait dans la maison quelqu'un qui pouvait être appelé sa protection ; car on avait vu des clochards venir jusqu'à présent, et même un incendie pouvait se produire. Ainsi , quand elle partit dans sa robe d'alpaga à garnitures en crêpe, son bonnet de veuve à l'intérieur de son bonnet, et son livre de prières et son mouchoir à bords noirs (elle en avait six de bonne taille et d'épaisseur utilisable) à la main, à travers les champs avec Hannah. par le raccourci vers l'église, c'était avec un sentiment de calme contentement. M. Vincent se tenait sous le porche et les regardait démarrer ; puis, remplissant sa pipe, il fumait en paix et se délectait du calme supplémentaire du jour du sabbat. Le titulaire de St. Martha's, un homme sans connaissances particulières, qui s'était glissé dans les ordres par la porte dérobée d'un petit collège théologique, avait pensé à rendre visite à l'étranger et à lui parler de son âme, jusqu'à ce qu'il entende par hasard que l'un des les auteurs d' *Essays and Reviews* , qui avaient séjourné à Guildford, s'étaient rendus en voiture à Woodside Farm. Puis il en vint à la conclusion qu'il risquait peut-être d'être vaincu dans une dispute, et que ce serait le plus grand courage de laisser son paroissien douteux en paix, même si cela se terminait par la perdition.

II

Pendant deux étés et un hiver, Gerald Vincent a séjourné à Woodside Farm. C'était un homme singulièrement silencieux, et Mme Barton n'en savait pas plus sur lui le mois dernier qu'elle n'en savait le premier. Mais peu à peu, elle s'est attachée à lui. Elle le regardait hors de vue lorsqu'il se promenait, et sentit son cœur se serrer lorsqu'elle entendit ses pas revenir. Les plus belles roses étaient coupées pour son bureau, les fruits les plus mûrs pour son dessert et son petit-déjeuner, et un jour, alors qu'elle s'attardait dans le meilleur salon, l'époussetant avant qu'il ne se couche, elle souleva un bout de papier à moitié écrit et l'embrassa, sachant que sa main a dû reposer dessus ; car la jeunesse ne monopolise pas le romantisme, et même trente-huit ans peut en connaître les agitations. Au bout d'un moment , M. Vincent prit conscience de ses sentiments pour lui ; cela le gênait beaucoup, mais il en était touché. Puis il réalisa presque avec surprise le contour net de son visage et la courbe douce et ferme de ses lèvres. Il se parlait de ses mérites, de ses vertus domestiques et de la manière dont, seule et sereinement, elle dirigeait la ferme. Peu à peu, au lieu de rester le soir dans sa chambre, il s'asseyait avec elle, lui d'un côté et elle de l'autre, de la grande cheminée du salon ; et la compagnie était d'autant plus agréable qu'Hannah était absente. Car Hannah avait alors douze bons ans et, pour des raisons d'avantages scolaires, elle restait avec ses grands-parents à Petersfield , où elle apprit de plus en plus avec ferveur à mépriser les formes particulières du diable et toutes ses œuvres dans lesquelles ces qui n'étaient pas à son avis les plus ravis.

C'est ces soirs-là, et pendant que Mme Barton tricotait des chaussettes dont il savait bien qu'elles lui seraient offertes, que M. Vincent remarqua la disparition, d'abord du crêpe, puis du noir dans la robe de la veuve. Il voyait aussi les petits arts, comme une parure bizarre et la coiffure de ses cheveux, par lesquels elle s'efforçait d'ajouter à ses attraits, et il ne prétendait jamais les avoir mal compris. Il réalisa aussi les bons côtés de sa silhouette : ses épaules en retrait, sa grande taille et une certaine prestance, voire une dignité, née de l'adhésion à des règles de vie simples. Et d'une manière ou d'une autre, d'une manière calme et sans excitation, il est devenu fasciné. Voilà l'être humain naturel, pensait-il, tel que Dieu l'avait voulu, sans érudition, ni passion, ni connaissance du monde. Il sentait que lui, elle et la nature formaient une trinité encadrée par les collines du Surrey et tout le magnifique pays qui les entourait. Il ne voulait pas d'autre demeure que la ferme, pas d'autre moyen de déplacement que la charrette brune en bois et l'épi haletant, pas d'autre compagne que cette femme calme qui ne savait rien de son histoire ni de sa vie intérieure, et qui pourtant, d'une manière ou d'une autre, donnait tout. ses pensées et l'ont mis dans des ambiances qui l'ont aidé à écrire beaucoup de choses qu'il espérait un jour donner au monde. Il est difficile de dire comment ces choses se produisent, ou ce qui amènera un homme et une femme qui se connaissent peu à se marier ; mais il arrive trop souvent que l'on ait besoin de s'étendre sur l'inexplicable, et les grands faits de la vie qui nous regardent en face constituent parfois en eux-mêmes un argument grotesque en faveur de la génération spontanée. C'est ainsi qu'une nuit, après un long silence, Gérald Vincent dit tout simplement :

"Mme Barton, je me demande ces derniers temps si c'est bien de ma part de continuer à rester à la ferme dans nos conditions actuelles ?"

"Pourquoi, M. Vincent!" Elle leva vers lui ses yeux purs et graves, et la surprise était dans sa voix. "Je suis sûr que si James le savait, il aimerait sentir que tu es là."

"Je me demande s'il le ferait ; j'ai entendu dire qu'il était un homme pieux, et je ne le suis pas."

"Ne dis pas ça," répondit-elle anxieusement. "J'ai toujours préféré faire ce qui était juste plutôt que dire des prières, même si les gens de James, bien sûr, sont différents et très stricts dans leurs notions."

« Vous ne savez rien de moi, » dit-il, poursuivant ses propres pensées, « de ma famille, ni de mes actes avant mon arrivée ici, et pourtant je me demandais si vous m'épouseriez ? Il ne lui semblait pas nécessaire de lui dire que son père avait été pair, ou que son frère avait fait un mariage insensé et était parti aux Antipodes, ou que lui-même avait renversé l'église et détruit ses perspectives sur un rocher métaphysique. . Ces choses, et leur connaissance, étaient si éloignées de son monde et de ses pensées que le lui dire ne pouvait servir à rien. Il valait mieux se taire.

Elle continua son tricot pendant une demi-minute, puis le reposa et demanda, et il y avait quelque chose dans sa voix qui lui parvint au cœur : « Tu veux dire que tu dois prendre soin de moi ?

"Je pense que vous êtes l'âme la plus gentille du monde", dit-il, et sa propre voix n'était pas très ferme, "et trop jeune encore, et trop beau", ajouta-t-il avec un petit sourire, "pour que ce soit vrai. que je devrais continuer à vivre ici, que ce soit comme ton locataire ou comme ton ami. Nous sommes amis depuis longtemps, tu sais...

"J'en suis venue à vous considérer comme tel", dit-elle simplement.

"Tu n'aimerais pas que je vive ailleurs ?"

"Je ne pouvais pas supporter cette pensée," répondit-elle dans un souffle.

"Mais je ne peux pas continuer à rester ici, sauf en tant que mari. Je pense que nous pourrions être assez satisfaits."

Elle détourna la tête de lui ; un sourire heureux se dessina sur ses lèvres. Il vit qu'elle tremblait. Il se leva et la tira doucement de son siège, et ils se retrouvèrent ensemble devant la cheminée.

"Bien?" Il a demandé.

"Je ne sais pas ce que diraient les gens."

"Est-ce important ? Nous vivrons hors du monde, pas dedans."

"Et puis tu ne vas jamais à l'église ?"

"Je ferai une exception à la règle en vous y emmenant pendant une demi-heure pendant que le curé prie pour nous. Comment ça se passe ? Peut-être devriez-vous y réfléchir avant de répondre. Je n'ai rien à vous donner..."

"Oh—" elle leva les yeux et le regarda avec reproche.

"Je suis un homme pauvre, avec quelques centaines de dollars par an, et je n'en viendrai plus. Je ne peux vous être d'aucune aide dans votre maison, mais je n'en veux rien de plus que ce que j'ai maintenant. Vous pouvez garder tout cela pour Hannah, de temps en temps. Eh bien ? il a demandé à nouveau.

Avec un petit soupir, elle se rapprocha de lui. "Je ne pourrais pas dire 'Non', M. Vincent, car je vous aime plus que quiconque au monde." Il essaya de la regarder dans les yeux, mais ils étaient abattus et un tic lui vint aux lèvres. Il se baissa et l'embrassa sur le front, et attendit qu'elle reprenne la parole. "Tu seras gentil avec Hannah ?" dit-elle avec inquiétude. « Vous voyez, de temps en temps, elle ne s'absentera plus beaucoup et elle cherchera à venir chez elle. Vous ne voudriez pas la déranger ?

"Ma chère âme, je ne dois intervenir dans rien. Je ne sais pas pourquoi j'essaie de perturber notre relation actuelle, sauf que cela semble être le seul moyen d'empêcher qu'elle ne prenne fin. Les choses continueront comme prévu." comme ils l'ont fait. Je n'ai pas l'intention de changer quoi que ce soit. Nous nous marierons un matin à Haslemere – ou à Guildford, peut-être ; personne ne nous surprendra là-bas – et Woodside Farm sera toujours Woodside Farm, bien que vous êtes Mme Vincent. Nous allons nous installer pour le reste de notre vie et ne laisser rien au loin nous déranger.

"Je vais vous mettre aussi à l'aise que possible", dit-elle à voix basse, ce à quoi il sourit un peu tristement et regarda autour du salon. Puis il passa lentement ses bras autour d'elle et l'attira à lui avec une affection tranquille et comme s'il pensait que leur nouvelle relation l'exigeait. C'étaient leurs fiançailles sobres.

III

Les gens du village de Chidhurst et des fermes environnantes parlèrent beaucoup lorsqu'ils apprirent que Mme Barton allait se marier avec Gerald Vincent – car, d'une manière ou d'une autre, cela fut bientôt connu. C'était un étranger, et de près de huit ans son cadet ; ils avaient découvert ceci, et une ou deux autres choses le concernant, qu'il gagnait deux cents livres par an et qu'il ne faisait aucun travail sauf écrire - écrire des livres, peut-être, ce qui n'était pas du tout un travail, mais le genre de chose que les gens faisaient. quand ils n'avaient rien d'autre à faire. Et puis il n'est jamais allé à l'église ou à la chapelle. C'était pour eux une chose étrange et horrible de voir dans la chair vivante, d'avoir pour voisin, même s'ils le voyaient peu, quelqu'un qui allait certainement être damné plus tard. D'une certaine manière, ils étaient désolés pour lui ; car il était beau, et lorsque l'occasion s'en présentait, il donnait son argent librement ; de plus, ils étaient sûrs que son peuple avait été au-dessus du commun. Alors ils essayèrent de lui rendre les choses un peu agréables dans ce monde en lui montrant une politesse et une considération supplémentaire ; mais on ne pouvait douter de ce qui l'attendait.

Lorsque les parents de Petersfield apprirent la nouvelle , ils pensèrent qu'il était de leur devoir impérieux de prendre rapidement le train pour Haslemere , puis de commettre l'extravagance indicible de louer une mouche pour les transporter à Woodside Farm. Ils auraient dit à leur belle-fille d'envoyer la charrette brune à leur rencontre ; mais ils espéraient, en ne prévenant pas leur venue, attraper l'incroyant dans son iniquité. Ils avaient la vague idée qu'il avait des cornes et qu'il portait une fourche ; et ils n'auraient pas été surpris de trouver une légère odeur de soufre dans les environs. En arrivant, ils se retournèrent brusquement et furent déçus de ne pas le voir ; puis ils tirèrent le meilleur parti de la situation en s'asseyant immédiatement dans le salon et en discutant avec Mme Barton. En dix minutes tout au plus, ils espéraient lui faire comprendre la folie de sa position, et que ce serait non seulement aller à l'encontre de la Providence, qui l'avait toujours mise à l'aise dans ce monde, mais aussi manquer de respect à James Barton, mort et mort. elle passait à la suivante, si elle épousait un homme qui n'était pas assez bon pour reposer dans la tombe familiale, s'il plaisait au Seigneur de le prendre aussi.

"Mais une des choses pour laquelle je l'aime bien", dit-elle, "c'est qu'il est beaucoup plus jeune que moi, donc c'est probablement lui qui aura l'enterrement à faire cette fois-ci - cela me sauvera un monde." de problèmes."

C'était un point de vue qu'ils n'avaient pas pris en compte et n'étaient pas prêts à argumenter, alors ils en ont essayé un nouveau. Il y avait Hannah. S'était-elle souvenue qu'Hannah devrait également vivre dans la même maison que lui ? Oh oui; et après avoir été habituée à un homme dans les environs de Petersfield , elle pensa que ce serait si bon pour Hannah de sentir qu'il y en avait un au-dessus d'elle à Woodside Farm – un compliment indirect qui a quelque peu apaisé le vieux M. Barton. De plus, il fut touché par le respect avec lequel sa belle-fille écoutait tout ce qu'il avait à dire, et par la sincérité de sa voix lorsqu'elle regrettait que M. Vincent soit allé à Lynchmere et ne reviendrait qu'après le thé. temps. Elle était sûre qu'il aurait aimé rencontrer les proches de James ; mais peut-être pourraient-ils rester jusqu'à son retour ?

"Quand il viendra", dit Mme Barton l'aînée, "j'espère que vous verrez qu'il est de votre devoir de le livrer, surtout après la peine que nous avons eu à venir. Nous aimerions vous entendre le lui dire. avant de partir."

Mais la jeune femme était plutôt calme et posée, et essaya de changer de sujet. « Ne veux-tu pas t'asseoir un peu plus près du feu, père ? elle a demandé au vieil homme; "C'est une route difficile depuis Haslemere , et vous devez être fatigué de votre route. Vous auriez dû arriver à l'heure pour le dîner ; vous devrez partir si tôt après avoir pris votre thé."

"Nous ne sommes pas venus pour les repas, Annie, mais pour des affaires plus importantes", répondit-il.

Mme Barton se dirigea vers le coffre en chêne, en sortit une nouvelle nappe damassée et la posa sur la table. Puis elle se leva à côté, comme elle l'avait fait le premier jour où Gérald Vincent était venu à la ferme.

« Je ne veux pas vous manquer de respect, » dit-elle fermement ; " mais ce n'est pas la peine de dire quoi que ce soit sur M. Vincent, car je vais l'épouser, et sa religion ne fait aucune différence. Il a beaucoup renoncé parce qu'il ne voulait pas faire semblant ; il a réfléchi et lu et étudié, et s'il pense que ce ne sont pas vrais, il a le droit de le dire. Je pense que Dieu respectera un homme qui dit honnêtement ce qu'il ressent. Il y en a qui n'ont pas le courage de le faire, et je le sais. "Je préférerais avoir sa chance dans l'autre monde plutôt que la chance de beaucoup d'hommes qui élèvent la voix dans la chapelle de Petersfield lors des réunions de prière le dimanche soir. S'il n'atteint pas le ciel parce qu'il a la foi, eh bien, il j'y arriverai parce qu'il est honnête."

« Et que penses-tu que James dirait ? » demanda la vieille Mme Barton.

"James savait que ce serait difficile pour moi de me débrouiller seul. Je serai fier de me lever et de lui raconter comment M. Vincent est venu et a pris soin de moi après mon départ - il sera assez content."

"Pas quand c'est un incroyant, Annie—"

"Un homme honnête et qui dit la vérité, même si cela incite les gens à se retourner contre lui, maman."

Les personnes âgées commençaient à se sentir mal à l'aise. Ils auraient pu se passer de larmes ou d'excitation, mais cette détermination tranquille était plus difficile à combattre.

« As-tu pensé à l'exemple d'Hannah ? » ont-ils demandé, rappelant ce qu'ils considéraient comme un point fort en leur faveur.

"J'ai pensé à tout", dit-elle en levant ses yeux calmes. "Il n'interférera pas avec Hannah ; elle sera autorisée à aller à Petersfield quand vous le voudrez, et elle ira quand même à l'église ; et moi aussi ." Elle se tourna vers la vieille Mme Barton et poursuivit : « Hannah est l'enfant de James, et elle sera élevée comme le souhaite le peuple de James. C'est une fille qui aura sa propre volonté – elle l'a déjà eue, et elle l'a déjà fait. grandira. Il n'y a aucune raison de s'inquiéter pour elle.

"Et que va devenir la ferme ?"

"La ferme restera là où elle est. Je traiterai équitablement Hannah, si c'est ce à quoi vous pensez."

Alors le vieil homme est venu à la rescousse. "Dieu n'aura plus pitié de toi désormais, Annie, si tu épouses cet incroyant."

"Père, je ferai confiance à Dieu pour me traiter équitablement. Il ne fera pas moins que l'homme." Elle s'arrêta un instant, puis reprit : « Il ne faut pas croire que je n'y ai pas réfléchi, car c'est le cas. Nous devons tous travailler à notre salut, et si nous partons de différents points, et si M. Vincent a choisi un chemin différent que nous ne suivons pas nous-mêmes, eh bien, je pense que la fin sera la même pour nous tous qui essayons de faire de notre mieux. Ce serait ébranler la confiance en Dieu de penser différemment. Mais vous J'ai envie de ton thé, et ce sera mieux que de discuter d'un homme que tu ne comprends pas et que je vais épouser, dis ce que tu veux.

"Je n'aurais jamais pensé que tu serais aussi obstinée, Annie", a déclaré Mme Barton.

Mais rien n'émouvait la maîtresse de Woodside Farm, et les vieillards considéraient leur visite comme une erreur. Ils n'avaient pas gagné leur point en venant ; au contraire, ils partaient battus et cette situation ne leur plaisait pas. Ils commencèrent même à nourrir l'espoir latent que M. Vincent ne reviendrait pas avant leur départ, de peur qu'ils ne se retrouvent également en deuxième position dans leur dispute avec lui. Pendant ce temps, ils préparèrent un repas copieux et lugubre, avec des airs de gens lors d'un festin funéraire, car ils pensaient que c'était peut-être la dernière fois qu'ils s'asseyaient autour de la grande table de chêne. Heureusement, le thé était fort et la crème épaisse. Les scones de Towsey étaient admirables, les fraises dans la confiture étaient entières et les œufs pochés et le jambon étaient cuits à merveille. Puis la mouche fut amenée à la porte, un adieu de reproche adressé à Mme Barton, et le couple inconsolable s'éloigna vers la gare de Haslemere .

Gerald Vincent et Mme Barton se sont mariés un mois plus tard. Extérieurement, cela ne changeait pas grand chose dans leurs relations. Le meilleur salon était toujours sa propre retraite, et ses livres et ses papiers étaient éparpillés avec la certitude heureuse qu'aucune main autre que la sienne ne les toucherait. Le soir, il s'asseyait généralement dans la pièce à vivre avec sa femme ; il aimait sa maigreur, la grande cheminée, la vieille table en chêne, les chaises confortables et la lourde porte qui, en été, était grande ouverte et laissait entrer, du jardin hollandais au-delà du porche, le parfum des fleurs, l'agitation. des feuilles et le bruissement des grands arbres derrière. En hiver, il y avait le crépitement des bûches de hêtre, le vacillement des bougies dans les doubles chandeliers aux abat-jour en bois de japon et les ombres longues et profondes sur les murs. Tout cela ressemblait à du vieux monde et était paisible. Il se demandait s'il avait déjà enduré la hâte et le bruit des villes. La première année, il lisait à sa femme, Scott et Kingsley, ainsi qu'à d'autres auteurs qui, selon lui, pourraient l'intéresser. Elle a toujours été reconnaissante et, à cause de son cœur pur, elle a même formulé des critiques qui valaient la peine d'être entendues, même si elle n'a jamais acquis de culture. Mais, si simple qu'elle restât, Gérald Vincent n'avait jamais honte d'elle, et elle ne l'ennuyait jamais. Il sentait que la vie quotidienne, ou la partie de celle-ci qu'il passait avec elle, était à son âme à peu près ce qu'un bain frais était à son corps. Au bout d'un moment , il y eut Margaret, un bébé aux yeux bleus et aux petits poings doubles, puis, voyant que l'enfant prenait une grande partie du temps et de la réflexion de sa mère, il se retira dans l'isolement du meilleur salon sans craindre d'être considéré comme négligent.

.

Les parents de Petersfield ont gardé Hannah avec eux jusqu'à l'âge de seize ans. Puis, comme elle avait quitté l'école, que ses cheveux, toujours rares sur les tempes, étaient noués en arrière et qu'une dent de son œil était cariée, on crut bon de la renvoyer à la ferme. Mais le vieux M. Barton ne lui avait pas parlé en vain, et elle rentra chez elle avec un ressentiment étouffé dans le cœur qui avait une touche d'horreur envers l'étranger et un recul qu'elle ne pourrait jamais surmonter envers son enfant. Elle se tenait bien en main, il est vrai, et, sauf qu'il ne pouvait jamais se départir de sa réserve et de son air un peu vif, elle et M. Vincent s'entendaient plutôt bien, puisqu'ils habitaient la même maison. Elle est devenue une jeune femme économe, dotée d'une capacité distincte pour l'état de vie dans lequel elle se trouvait, et avec une dissidence si forte en elle que, moins d'un mois après son retour définitif à Woodside Farm, elle avait commencé secrètement à stocker. les petites sommes qu'elle pouvait honnêtement considérer comme siennes pour construire un jour une chapelle à Chidhurst . Pendant ce temps, elle se contentait du service un peu morne à la petite église sur la colline.

Pour Mme Vincent, les années qui ont suivi son mariage ont été les plus heureuses de sa vie. Elle rendait à son mari un culte tranquille et autonome qui s'exprimait dans de nombreux conforts matériels, pour lesquels, par simple aveuglement, il n'était jamais assez reconnaissant. Mais il savait qu'il représentait pour elle le monde entier et, au fil du temps, cette connaissance n'était pas exempte de consternation en constatant que parfois il avait besoin de plus de sympathie intellectuelle qu'elle n'était capable de lui en donner. Mais elle ne s'en doutait jamais, et après la naissance de sa petite Margaret, il semblait parfois que seules les larmes empêcheraient sa joie d'être au-delà de ce qu'elle pouvait supporter.

C'est au cours de ces années qu'Hannah a vu sa chance et a réussi peu à peu à gouverner sa mère et tout le monde sur la ferme à l'exception de M. Vincent. Même Margaret avait le sentiment qu'Hannah était maîtresse de la situation, et l'enfilage d'une plus belle robe ou l'organisation de petites vacances ne pouvaient se faire paisiblement sans lui demander son consentement.

IV

M. Vincent et sa fille se sont rapprochés car le moment est venu où chacun, d'un point de vue différent, a inconsciemment aspiré à la compagnie. Elle lisait des livres avec lui et accomplissait des tâches qu'elle trouvait délicieuses, puisqu'on la retenait prisonnière dans la fenêtre du meilleur salon, d'où, levant les yeux, elle le voyait penché sur ses papiers. Il s'arrangea même pour l'emmener à Guildford deux fois par semaine, afin qu'elle puisse recevoir une leçon de musique auprès de la veuve du médecin, qui gagnait modestement sa vie en enseignant. Et le jour de son dix-septième anniversaire, il lui a offert un piano. Son arrivée a été tout un événement à Woodside Farm.

"Ce sera une chose rare d'entendre Margaret jouer", a déclaré Mme Vincent en regardant la mise en place du jeu.

Mais Hannah était à moitié méprisante. "Il aurait été préférable d'acheter un bon harmonium", renifla-t-elle ; " Cela aurait pu être utile un jour ... " Elle s'interrompit brusquement, car personne ne connaissait son magasin secret vers la chapelle ; et il n'y avait pas lieu d'en parler, puisqu'il n'avait pas encore atteint la modeste somme de vingt livres. L'argent avait beaucoup rendu Hannah perplexe ces derniers temps ; il y avait le désir de le ranger pour le rêve pieux de son âme, et l'impulsion féminine de le dépenser en parures — des parures dures et raffinées. Car à Petersfield vivait un jeune agent immobilier prospère, dans de bonnes affaires, élégant et avec une belle moustache, et possédant une mère clairvoyante, qui avait suggéré qu'Hannah aurait la ferme et un peu d'argent un jour. , et en plus, faites une femme économe. Cela explique ce qu'on pourrait appeler une visite d'enquête que M. Garratt a rendue à ses grands-parents un dimanche après-midi alors qu'Hannah était à Petersfield , et il lui a demandé de l'emmener à travers le champ pour voir un arbre qui avait été frappé par la foudre la quinzaine précédente. Ensuite, on l'avait pressé de rester pour le thé, et son ton était significatif lorsqu'il remarqua en partant qu'il s'était beaucoup amusé et qu'il espérait se rendre à Chidhurst un dimanche pour le service du matin et voir la tombe de sa tante. Amélia, qui y fut enterrée. Hannah étant trop sombre — c'était considéré comme de la timidité — pour dire quoi que ce soit d'agréable pour elle-même, la vieille Mme Barton lui avait dit, sur un ton bon et professionnel, que lorsqu'il partirait, il ferait mieux de veiller à Hannah et à sa mère, et revenez avec eux pour dîner à la ferme. C'était il y a deux mois, mais Hannah attendait toujours patiemment, pensant que s'il apparaissait, il valait peut-être mieux entendre ce qu'il avait à dire, car à cette époque, elle avait largement atteint la vingtaine - au bout du monde, en fait — et le mariage était l'une des possibilités à envisager dans la vie. Ainsi, chaque semaine lui apportait son excitation, et encore sa déception.

Le dimanche a également apporté son enthousiasme à Margaret ; mais c'était une période heureuse. Car lorsque les gens de la campagne étaient abrités dans l'église ou occupés à des choses qui les tenaient hors de vue , elle et son père passaient leurs meilleurs moments ensemble. C'est alors qu'ils flânaient dans les champs et les dépendances déserts, ou montaient dans les grands bois de hêtres qui se dressaient derrière la ferme et observaient le paysage immobile qui les entourait, tout comme dans les premières années de son arrivée Gérald Vincent avait observé seul depuis le porche. Ils appelaient le bois de hêtres leur cathédrale – les grands ormes, les hêtres et les chênes serrés formaient son toit et les colonnes de ses bas-côtés – et il semblait que dans leur cœur ils célébraient là un service silencieux à un Dieu mystérieux qui avait fait la joie, le chagrin et toute la beauté de la terre et les a donnés à l'humanité pour le meilleur ou pour le pire. Dans un sens, Margaret n'avait pas d'autre religion. Son père a dit que lorsqu'elle était assez grande pour comprendre et penser par elle-même , elle pouvait avoir ses propres croyances ou incroyances , en attendant, elle n'avait qu'à se rappeler de dire la vérité, de ne rien faire qui pourrait causer une autre douleur et d'aider ses proches. , sans jamais considérer leurs mérites, mais seulement leurs besoins.

Peu à peu, M. Vincent s'est inquiété de la vie à la ferme. Pour lui-même, il était assez content ; un peu plus longtemps, il pourrait se contenter de Margaret ; mais après ? D'ailleurs, il y a une réaction à toute chose, et de temps en temps, quand il voyait le regard lointain de ses yeux et entendait la note impatiente de sa voix – une note douce et impatiente comme celle d'un oiseau à l'aube – il sentait le fantôme de vieux désirs remuant en lui et un désir inquiet de revoir le monde, afin qu'il puisse savoir quel genre d'endroit Margaret trouverait un jour . Il se rendit compte avec consternation qu'elle grandissait, que cette grande fille de plus de dix-sept ans serait bientôt une femme et qu'elle allait être belle. Pâle en général, et presque hautaine, des rêves dans les yeux, et de l'or dans le brun de ses cheveux, et une bouche qui avait les lèvres douces et courbées de sa mère. Un visage de jeune fille simple, mais enthousiaste et même pensif, les impulsions de la jeunesse la caractérisaient encore, mais la féminité était en route, et de temps en temps, malgré son rire joyeux, ses yeux bleus semblaient inconsciemment connaître cette tragédie. habitait quelque part dans le monde et craignait de le rencontrer. Mais jusqu'à présent, les réprimandes d'Hannah étaient le seul problème qui l'assaillait. Cela ne devait pas être pris à la légère, car à mesure qu'elle grandissait, le ton d'Hannah devenait plus dur, ses manières plus dominantes, et le recul qu'elle avait toujours ressenti à l'égard de Margaret et de son père ne diminuait pas. Margaret supportait tout cela assez bien, parfois résistant ou protestant passionnément contre le fait qu'elle s'enfuirait de la ferme et de la gronde qui en avait pris toute la direction entre ses mains, et d'autres fois se cachant dans l'un des greniers jusqu'à ce que la tempête soit passée. Quand ce fut fini, elle se glissa vers sa mère – toujours vers sa mère à ce moment-là – pour être apaisée et caressée. Même M. Vincent pensait qu'Hannah était une noix difficile à résoudre ; mais il se contentait de penser qu'un jour Margaret quitterait son environnement actuel - une belle fille, qui avait beaucoup lu et cultivait l'habitude de réfléchir, n'était pas susceptible de faire de Woodside Farm sa part entière du monde. .

Le début de la fin est survenu un matin d'octobre dans une lettre de son frère en Australie. Elle avait été envoyée sous pli à ses avocats ; car, même si d'une manière générale les frères savaient où ils se trouvaient, ils ne savaient rien dans le détail. Cyril Vincent (il s'appelait maintenant, bien sûr, Lord Eastleigh) était atteint d'une maladie incurable et, bien qu'il n'ait pas l'intention de revenir, ses pensées se tournaient vers l'Angleterre. Son début de carrière avait été une honte, son mariage s'était révélé un terrible échec, et le moins qu'il pouvait faire était de dissimuler cela, ainsi que sa propre vie, à l'autre bout du monde. Peu à peu, il avait développé un fort sentiment d'obligation sociale et morale qui l'avait amené à se détester lorsqu'il se souvenait des avantages pour lesquels il était né. A quoi lui avaient servi ses habitudes dissipées, pensa-t-il amèrement, ou pourrait-il l'être maintenant qu'il en voyait la folie, avec sa santé définitivement ruinée, sa femme vulgaire et souvent ivre ? Si la naissance ou le hasard avait donné à ces personnes le droit d'être considérées comme aristocratiques, alors, par toutes les lois du Ciel, et pour le bien de ce qui contribue au salut de la race, elles devraient être exterminées.

La lettre arriva à l'heure du petit déjeuner. M. Vincent était encore en train d'y réfléchir quand Hannah repoussa sa chaise avec un bruit grinçant le long du carrelage, et dit d'une voix rauque :

"Je conduirai à Liphook cet après-midi si quelque chose est nécessaire."

Il hésita en se dirigeant vers le meilleur salon. "Vous pouvez appeler au bureau de poste et demander quand le courrier australien part", a-t-il déclaré.

Mme Vincent et Margaret s'occupaient de lui ; puis, comme c'était leur habitude, ils rassemblèrent les affaires du petit-déjeuner et les portèrent à la cuisine. Hannah était déjà là, fouillant les étagères et les placards comme si elle s'attendait à tomber sur un crime caché.

« Je n'ai pas le temps de repasser ces mousselines aujourd'hui, dit-elle ; "Tu ferais mieux de les faire, Margaret. Je ne vois jamais pourquoi tu ne devrais pas aider avec les choses. Mère et moi avons assez à faire."

"Mais bien sûr que je le ferai ; et j'aime repasser, surtout par temps froid."

"Il n'y a pas un rideau digne de mettre une fenêtre, et j'ai les mains assez occupées", poursuivit Hannah, comme si elle n'avait pas entendu. " Towsey posera les fers. Jusqu'à ce qu'ils soient chauds, peut-être feriez-vous mieux d'en manquer un peu, " ajouta-t-elle avec impatience ; "Vous faites toujours autant de l'air. Pour ma part, je trouve qu'il vaut mieux soigner son travail que sa santé; l'un apporte l'autre, c'est ce que je pense."

Mme Vincent s'était dirigée lentement vers le meilleur salon. Elle ouvrit la porte et regarda à l'intérieur. "Dois-je venir vers toi une minute, père ?" elle lui a demandé. Depuis la naissance de Margaret, elle l'appelait généralement « père » ; son prénom ne lui était jamais venu très facilement.

"Si vous voulez", répondit-il sans lever les yeux de ses papiers.

"Je pensais que ta lettre t'inquiétait un peu." Elle se tenait derrière lui et lui touchait l'épaule. Le temps avait accentué la différence d'années entre eux, et la caresse avait quelque chose de maternel.

"Je voulais vous en parler tout à l'heure", dit-il en se tournant vers elle à contrecœur. "Cela vient de mon frère en Australie."

"Est-ce qu'il a des ennuis ?"

"Oui, il a des ennuis, je suppose."

Ils restèrent silencieux un moment, puis elle parla, et il l'aimait pour la fermeté de sa voix. "Si c'est de l'argent, nous pouvons l'aider. La ferme a économisé beaucoup d'argent ces dernières années. Je ne pensais pas que le lait rapporterait si bien."

"Ce n'est pas de l'argent. Il est malade et il est peu probable qu'il aille mieux." Il s'arrêta, puis reprit rapidement : « Il a fait un mariage insensé avant de quitter l'Angleterre ; mais je ne sais pas s'il est utile que nous en discutions. C'était comme s'il fermait un livre ouvert.

« N'a-t-il pas d'enfants pour s'occuper de lui ?

"Non."

Elle resta silencieuse pendant un moment, comme si elle essayait de faire face à quelque chose qui devait être fait, et se donnait le courage de parler. "Ce n'est pas à moi de savoir ce qui est le mieux. Je n'ai jamais connu aucun des vôtres, ni vu quelqu'un vous appartenir..."

"C'est vrai," répondit-il maladroitement.

« - Chacun a droit à sa propre histoire, et je n'accepte pas de la raconter juste pour en parler. De nombreuses vies ont été bouleversées par des choses qu'il n'était pas nécessaire de raconter - » Elle s'arrêta de nouveau, puis continua courageusement. "Mais ce que j'en viens, c'est que si votre frère est malade et n'a personne d'autre que sa femme, qui n'est pas bonne, vous aimeriez peut-être sortir avec lui ?"

"Pour sortir vers lui !" Cette pensée fit bondir son cœur. Les années tranquilles s'étaient récemment rangées autour de lui comme les murs d'une prison - une prison amicale, dans laquelle il se sentait bien - mais il lui semblait qu'il avait soudainement aperçu une porte par laquelle il pourrait sortir pour un moment. un petit moment et revint quand il eut revu les traces inoubliables.

"Cela pourrait le réconforter", poursuivit-elle sans broncher. "Et tu ne serais pas parti plus d'un an, j'imagine. Cela doit être terriblement ennuyeux pour toi ici parfois. J'ai souvent pensé à quel point tu as été bon."

Il posa tendrement sa main sur son bras tout en répondant : "Tout le bien est à toi."

Elle tourna les yeux vers la fenêtre de peur qu'il n'y voie le bonheur, car elle avait toujours eu à moitié honte de l'aimer comme elle l'aimait, une femme posée d'âge moyen, qui s'occupait de choses domestiques. "Je ne pense pas avoir fait quoi que ce soit d'extraordinaire", a-t-elle déclaré.

"Ne vous est-il jamais venu à l'esprit que vous n'avez vu personne qui m'appartienne et qu'en réalité vous ne savez rien de moi ? J'étais un étranger quand je suis arrivé et vous m'avez accueilli."

"On sait beaucoup de choses sans qu'on le dise. J'ai toujours pensé que votre famille était ce qu'elle devrait être ; et vous avez passé toute votre vie ici pour vous juger."

Il la regardait et se sentait comme un imposteur. Il savait que le fait que son père ait été seigneur, ou que son frère le soit désormais, ne l'élèverait pas comme une femme vulgaire. Au contraire, ce serait probablement pour elle un embarras et une raison pour garder le silence à leur sujet, car elle trouverait peu probable que des personnes qui étaient ses supérieures en éducation et en connaissance du monde désirent une quelconque parenté avec elle. De son côté aussi, il y avait une certaine fierté de race, de la vie simple qu'elle et des générations de son peuple avant elle avaient vécue – cela et aucune autre. Des étrangers pourraient y entrer, y être accueillis, servis et soignés, voire aimés ; mais elle-même ne voulait pas en dépasser les limites, et même si elle traitait tous les gens avec déférence, c'était une déférence accordée à leur étrangeté et à leur allure, ainsi qu'à la qualité de leurs manières, plutôt qu'à leur position sociale. Son mari le savait et la respectait pour cela, et avait honte de se rappeler que son père avait été un dépensier et un promoteur d'entreprise, et que son frère avait fait un mariage hideux. Les gens qui faisaient ces choses étaient assez nombreux à Londres, mais ils étaient inconnus à Chidhurst . Tout ce qu'elle savait de lui, c'était qu'il avait été à

Oxford – au collège, comme elle le disait toujours – et qu'après, il avait été dans l'Église et l'avait quittée par scrupules ; mais sur les scrupules, et sur ce qu'ils signifiaient précisément, elle restait toujours vague. Si on lui avait demandé de décrire le caractère de son mari, elle aurait probablement répondu, comme si c'était un paradoxe, qu'il était un homme bon, même s'il n'allait pas à l'église le dimanche.

Ils étaient restés silencieux ensemble pendant une minute, occupés par leurs propres pensées, puis il parla. "Je crains qu'Hannah ne pense pas beaucoup à ma vie", a-t-il déclaré.

"Elle a de bonnes intentions, mais elle a été élevée dans la rigueur. Les gens de James ont toujours été stricts, et lui aussi, même s'il s'est reproché à la fin de ne pas être assez strict. C'est pourquoi je pense que je devrais céder un peu à elle. , et laissez-la faire ce qu'elle pense être juste, quand cela ne vous dérange pas. Je ne serais pas surpris si elle se mariait un jour; M. Garratt a écrit pour dire qu'il sera bientôt à Chidhurst , et il aimerait pour me présenter ses respects, ayant connu les gens de James pendant tant d'années.

M. Vincent était amusé. "Oh, eh bien, si Hannah veut avoir un jeune homme dans les parages, je ferais mieux de m'écarter", dit-il. "J'écrirai à Cyril d'ici le prochain message pour lui faire part de votre suggestion."

V

D'autres lettres suivirent la première en provenance d'Australie. Lord Eastleigh avait saisi l'idée de la visite de Gerald. Mais il faisait attention à l'évolution probable de sa maladie. Il y avait de fortes chances qu'il continue encore quelque temps, et il pensait qu'il valait mieux que son frère sorte quand la fin approchait. Peu à peu, ils avaient appris tout ce qu'il y avait à se connaître, et au milieu de la vie et très éloignés l'un de l'autre, s'était développée entre eux une affection dont leur jeunesse n'avait montré que peu de promesses. Cyril Vincent avait fait du travail en Australie, c'était la seule chose pour laquelle il se respectait. Dernièrement, il en avait même économisé quelques milliers et, après avoir subvenu aux besoins de sa femme, il comptait les léguer à Gérald. Pour un homme d'Église scrupuleux que Cyril était resté, même à travers tous ses excès et ses erreurs, il reconnaissait le courage avec lequel son frère avait soutenu ce qu'il croyait être la vérité ; et maintenant, alors que la maladie l'avait saisi dans la station australienne solitaire, le seul bonheur qui lui restait était la pensée qu'il pourrait revoir celui qui n'avait pas déshonoré la famille.

Les mois se passèrent sans alarme jusqu'à ce que Margaret ait dix-huit ans. C'était le milieu du printemps à Woodside Farm ; les premières fleurs étaient dans le jardin hollandais, la première verdure était sur les arbres, les semeurs étaient occupés dans les champs et toute la terre sentait bon. Dans la maison, le ménage de printemps était monnaie courante ; cela a été révélateur, ainsi que le fait que M. Garratt ne soit pas venu, sur le caractère d'Hannah, et le caractère d'Hannah a influencé le reste de la famille.

"Je ne pense pas qu'il se soit bien comporté", a déclaré Mme Vincent à son mari. "Un homme n'a pas le droit d'envoyer une lettre disant qu'il espère s'en remettre bientôt et présenter ses respects à sa mère, et ensuite ne pas tenir parole. Ce n'est même pas comme s'il ne lui avait pas envoyé de carte. à Noël, montrant qu'il pensait toujours à elle. Vous voyez, Hannah s'entend bien et elle ne se contente pas de se réserver une chance. Qu'est-ce qu'Hannah pourrait faire d'autre, elle ne l'expliqua pas.

M. Vincent soupçonnait judicieusement que le courage de M. Garratt lui avait fait défaut, ou peut-être qu'il considérait le mariage comme un investissement sobre à faire à un âge mûr plutôt que comme une exaltation pour la jeunesse, et qu'il gardait donc simplement l'œil ouvert sans s'engager. Mais quelle qu'en soit la raison, M. Garratt n'était pas encore apparu, et les effets étaient évidents. Hannah repoussa ses cheveux plus serrés qu'auparavant, ses mouvements devinrent saccadés, un peu de rose s'installa au bout de son nez et sa langue prit une ampleur plus libre.

Les heures étaient plus tôt à Woodside Farm à mesure que le printemps avançait. Vers neuf heures, M. Vincent était parti dans son bureau et Hannah était occupée à la laiterie ou parmi les poules. C'est alors que Mme Vincent et Margaret se sont permis le luxe d'une petite conversation idiote ensemble dans le salon. Cela n'était possible que lorsque Hannah n'était pas là, car elle n'avait aucune patience avec une grande fille, qui ferait peut-être un meilleur usage de son temps, assise sur le bras d'une chaise. Alors Mme Vincent et Margaret ont volé leurs petites interviews ensemble avec la ruse heureuse des amoureux.

Le facteur est entré sous le porche un matin pendant qu'ils parlaient. Mme Vincent l'écoutait toujours maintenant, sachant bien qu'un jour il apporterait le message qu'elle redoutait. Il y avait deux lettres pour son mari, et son cœur s'est arrêté lorsqu'elle a vu que l'une venait d'Australie. Mais elle se rétablit en un instant ; après tout, il y avait maintenant beaucoup de lettres, et celle-ci pourrait n'être qu'une seule ajoutée au nombre. Ce qui était étrange, c'est qu'elle ne posait jamais de questions. Quand il devait partir, il le lui dirait, pensa-t-elle ; à quoi bon l'inquiéter ? L'autre lettre était anglaise : une écriture de femme écrite à l'encre violette sur du papier gris pâle. Elle le regarda avec curiosité et sentit que cela aussi était lié à son histoire, à cette partie de son histoire dont elle ne savait rien.

"Tu peux les lui apporter, Margaret", dit-elle avant de se rasseoir.

"Père a commencé quand il a vu celui réalisé à l'encre violette", lui a dit Margaret à son retour.

Mme Vincent regardait sa fille avec étonnement et essayait de détourner ses propres pensées. "Je n'arrive pas à croire que tu grandis", dit-elle ; "nous ne pourrons plus vous garder longtemps."

Margaret souleva les cheveux du front de sa mère et embrassa dessous – des cheveux doux, avec un pli qui était récemment devenu gris. "Que va-t-il m'arriver?" » demanda-t-elle en pensant à la distance bleue sur les collines du Surrey. Cela commençait à l'attirer.

"Je le ferais savoir au monde entier. Je ne peux pas supporter l'idée que tu quittes la ferme."

" Mais si je pars , je reviendrai ; un oiseau revient toujours à son nid, et je reviendrai dans vos bras. Dois-je vous dire un secret ? " elle a chuchoté. Sa mère hocha la tête avec un petit sourire aux lèvres et essaya de s'intéresser ; mais elle savait à tout moment que derrière la porte fermée du meilleur salon se passait quelque chose qui pourrait changer tout le cours de leur vie. "Père ne veut pas rester autant à l'intérieur comme il l'a fait", a poursuivi Margaret; il compte donc acheter une tente, une petite tente carrée, ouverte sur le devant, avec de la place pour un bureau et deux fauteuils, et un petit canapé en vannerie, vous savez. au bord du champ, et quand il fera beau, il s'assiéra là et travaillera, et parfois nous allons vous inviter à prendre le thé... "

"Ma parole ! que dira Hannah ?"

"Oh, elle fera des histoires, mais cela n'aura pas d'importance pour le père de son père. Nous passerons un été glorieux", a-t-elle ajouté avec un soupir de contentement, "et je suis si heureuse que cela arrive. Je ne le fais pas". Je ne crois pas que le paradis d'Hannah sera à moitié aussi beau que ce monde l'est en été, quand tout est vert et qu'une chère mère t'aime.

"Ce sera aussi ton paradis, Margey , ma chère", a déclaré Mme Vincent. "Je n'aime pas que tu parles donc—"

"Alors je ne le ferai pas," répondit impulsivement Margaret. "Je ne ferai rien que tu n'aimes pas. Voici mon père."

"Il est venu nous dire quelque chose", a déclaré Mme Vincent. Elle sursauta de sa chaise et le regarda, puis pendant un instant le monde vert au-delà du porche, comme si elle sentait que cela lui donnerait de la force. Mais sa nouvelle n'était pas celle à laquelle elle s'attendait.

"Je pars à Londres lundi matin", dit-il, "et j'aimerais emmener Margaret avec moi. Peut-elle y aller ?"

« Combien de temps cela va-t-il durer ? » » demanda Mme Vincent, tandis que Margaret restait essoufflée, voyant en imagination un panorama de grandes villes défiler devant ses yeux.

"Seulement pour un jour et une nuit."

"Une nuit aussi ?" s'exclama Margaret ; car lors des visites occasionnelles que son père avait faites à Londres, il allait et revenait le même jour. "Ça a l'air merveilleux."

Il réfléchit à ses paroles avant de parler, comme si dans son esprit il voyait le résultat des choses qui allaient se produire. "Tout de même," dit-il, "vous serez probablement heureux de revenir."

« Oui, mon père, oui », s'écria-t-elle joyeusement ; "Mais alors je saurai, j'aurai tout vu et je me souviendrai de tout. Chère mère !" et elle se tourna de nouveau vers elle, avide de sympathie.

Mme Vincent a toujours compris, et elle a passé son bras autour de Margaret, tout en demandant à son mari : « Où logerez-vous si vous ne revenez que le lendemain, et les affaires de Margaret seront-elles assez bonnes ?

"Nous resterons... oh, au Langham, je suppose. Bien sûr , ils seront assez bien."

Il retourna à ses papiers et reprit les deux lettres. Celui de son frère n'était qu'une réitération de ce qu'il avait dit auparavant. L'essentiel était celui qui concernait sa santé. Dernièrement, il y avait eu des menaces inquiétantes ; il était possible que des symptômes se développent qui précipiteraient l'inévitable. Il s'agissait de prendre l'avis d'un spécialiste, autant qu'on pouvait le déduire d'une lettre, de voir ses avocats, et d'organiser un voyage probable dans un avenir proche selon lequel M. Vincent se rendrait à Londres. Mais c'est sur l'autre lettre qu'il s'attarda, celle écrite sur du papier gris à l'encre violette. Il y a bien longtemps, cette écriture l'avait accueilli chaque matin. Cela avait été pour lui un symbole de bonheur, du monde entier. Il relut la lettre :

> "Tu seras surpris d'avoir de mes nouvelles après toutes ces années ; mais j'ai eu des nouvelles de Cyrille ces derniers temps ; il m'a donné ton adresse, et je sens que je dois t'écrire. Il m'a parlé de ton mariage et que tu as une fille. " Je ne savais rien de vous auparavant, à l'exception de ce que j'ai compris de vos articles dans le *Quinzaine*. Ne venez-vous jamais à Londres ? Si vous y venez, venez me voir ; nous éviterons toute référence à un passé douloureux et nous rencontrerons comme de vieux amis. . J'étais près de chez vous l'été dernier. Je suis venu en voiture avec ma copine et Tom Carringford (vous vous souvenez de son père) pour visiter une maison que nous pensions prendre. Si j'avais su...
>
> "Laissez-moi de vos nouvelles. Je veux qu'on me dise que je suis pardonné pour tous les ennuis que je vous ai causés et que vous viendrez un jour me serrer la main. Peut-être amènerez-vous votre enfant me voir.
>
> "Toujours le vôtre,
> " HILDA LAKEMAN ."

Gérald Vincent restait assis et pensait à des années auparavant, à un bal – cela lui semblait étrange de se souvenir d'un bal – et à une longue et exaspérante valse ; il entendait maintenant le fracas des « Soldaten Lieder », la longue fin et la course vers l'air frais. La jeune fille à son bras portait une robe noire – elle portait le deuil de sa sœur, se souvient-il – et des lys étaient à sa taille. Leur parfum lui revenait au fil des années. Il voyait les gens passer dans la pénombre ; ils s'étaient retirés, lui et elle, pour ne pas être vus ; il entendit des rires, des bourdonnements de voix, le début inquiet de la danse suivante. Il se souvenait de sa parfaite maîtrise de soi et de sa propre maladresse qui lui avait fait laisser passer l'occasion de parler ; mais il lui avait semblé que les mots étaient inutiles. Avec le recul, il sentit qu'elle s'était intéressée à cette heure plutôt qu'à la partager, et il se demanda, avec un léger amusement désolé au souvenir de ses manières, combien ou combien peu elle avait réellement ressenti. Il pensa à l'été qui suivit, aux journées sur le fleuve fin juillet, lorsque la saison londonienne en était à ses derniers jours de pointe, au bruit des rames, au traînement des saules au bord de l'eau, aux visites des péniches, le joyeux petit déjeuner sur la pointe à Cookham. Mme Berwick avait été la plus discrète des chaperons, et lorsqu'ils avaient bu leur café – un café ignoble – lui et Hilda s'étaient éloignés pendant que les autres restaient somnolents. Comme c'était étrange de penser à tout cela ! Il sentait encore ses bras s'accrocher à son cou et l'entendait murmurer doucement et passionnément : « Oui, oui, je t'aime… je t'aime… je t'aime ! Les mots ne lui étaient jamais venus facilement, et il avait eu honte de son mutisme quand elle avait pu les trouver. En s'en souvenant maintenant, son ton sonnait faux. Il pensait à son ordination et à l'heureux hiver où peu à peu il avait mis de côté les folles dissipations et où le travail et l'amour composaient sa vie ; de la curée qu'il a exercée pendant un petit moment. Hilda avait été pleine de projets ; il l'avait vaguement compris lorsqu'il s'était rendu à l'évêché et qu'elle avait murmuré — c'était le premier signe de ce qui allait arriver — « Qui sait si ce n'est qu'un jour nous serons installés ici, vous et moi ? L'évêque lui donna plus tard un gagne-pain, et elle s'écria triomphalement : « J'ai obligé mon père à le faire. C'est le premier pas. Je ne serai jamais satisfaite tant que tu ne seras pas au sommet. Ce discours l'inquiétait, l'irritait tout au long de la longue première soirée près du feu de son presbytère, même s'il essayait de l'oublier. Il lut sa lettre le lendemain matin, presque désespérément ; heureusement, cela avait été simple et affectueux, et il en remercia Dieu et pria pour que tout son désir soit, comme le sien, dans l'accomplissement du travail qui les attend, dans le bien qu'ils pourraient apporter aux autres, et non dans l'accomplissement du travail qui les attend, dans le bien qu'ils pourraient apporter aux autres, et non dans dans la récompense qu'ils en retireraient personnellement. Il y avait eu un moment heureux après cela, comme s'il avait été entendu. Il se souvenait avec émerveillement de sa foi simple en elle, de sa paix et de sa sécurité à cette époque. À la fin de l' été, il n'avait pas voulu quitter sa paroisse si tôt après y être allé, c'est pourquoi il y resta jusqu'en août et septembre pendant qu'Hilda se rendait avec ses fidèles en Engadine . Un homme est descendu pour rester avec lui – un type bizarre, Orliter , de All Souls, professeur de philosophie maintenant dans une université écossaise. Orliter apportait avec lui une charrette de livres ; il les lisait toute la journée et fumait, et Gerald faisait de même. S'ensuivirent alors des discussions de plus en plus animées ; Assez souvent, la nuit passait et le jour arrivait alors qu'ils se disputaient encore – des nuits qui étaient le symbole des ténèbres qu'il traversait, puis la lente aube de ce qui lui semblait être la vérité.

Il lui fallait du courage pour faire le reste, mais il l'avait fait. Il y avait eu l'entretien difficile avec l'évêque, et le long et misérable entretien avec Hilda, qui avait traité ses nouvelles opinions comme si elles pouvaient être mises de côté aussi facilement qu'un manteau peut être enlevé. Elle l'avait supplié de se rappeler qu'il s'agissait là du gâchis de sa carrière, de la ruine sociale, de l'abandon de ses amis, du bris de son cœur. Il serait impossible, lui avait-elle expliqué, d'épouser un homme que ses amis ne recevraient pas – un homme sans position, sans perspectives ni argent, avec seulement des talents qu'il allait évidemment appliquer dans une mauvaise direction et des opinions qui créeraient un petit désert autour de lui. Il l'avait regardée avec étonnement. Pour lui, la vérité était la première condition de la vie et de l'honneur ; pour elle, cela n'avait aucune importance si cela signifiait une inopportunité. Son attitude l'a amené à écrire des articles qui ont aggravé sa situation au sens mondain ; mais il l'aimait toujours, son engouement devenait même plus grand à mesure qu'il voyait l'impossibilité de sympathie ou d'accord entre eux. Mais il était un homme trop fort pour se laisser dominer par la passion ; en outre, il semblait que, tout le temps, au loin, Truth se tenait avec les yeux clairs qui, au cours des années suivantes, avaient été l'attirance de sa femme pour lui, et, froid, calme et sans broncher, l'attirait vers elle - loin de la femme qui protestait. trop, de l'Église qui pointait vers un ciel vide, de toutes les pénalités et récompenses de la religion. Que ses conclusions soient bonnes ou fausses, un homme ne peut qu'écouter les préceptes de son âme et de sa conscience. Ainsi Gérald Vincent tourna le dos à tout ce qu'il avait cru et aimé, mais resta un honnête homme . Alors qu'il était en Italie, face à la ruine de sa vie, il apprit le mariage d'Hilda. Il y avait eu un quart de chronique à ce sujet dans les quotidiens. Il l'a lu d'un air un peu sombre. Quelques années plus tard, il apprit la mort de son mari, mais il n'y avait aucun signe d'elle dans sa propre vie jusqu'à ce que la lettre arrive ce matin-là. Il l'a relu, puis l'a enfermé dans un bureau.

Il entendit les pas de sa femme passer la porte. Il se leva et regarda dehors. Elle se tenait sous le porche, lui tournant le dos et la face tournée vers le jardin, car elle et la nature étaient si proches que, dans les jours graves et silencieux, elles semblaient avoir besoin de se saluer mutuellement. Il se tenait à côté d'elle et regardait silencieusement son visage avec un petit sentiment de reconnaissance, de gratitude, pour toutes les années paisibles qu'il lui devait, et il vit avec un pincement au cœur les rides profondes de son visage et la grisaille de ses cheveux. comme Margaret l'avait fait seulement une heure auparavant.

"Eh bien, mon père," dit-elle avec un petit sourire, "qu'est-ce qu'il y a ?" Puis, soudain effrayée, elle demanda : « Est-ce qu'il est pire ? Est-ce qu'il a encore envie de toi ?

"Je crains que ce ne soit pas long", répondit-il; "mais je pourrai mieux vous le dire quand nous reviendrons de la ville."

Hannah a bien sûr grogné lorsqu'elle a entendu parler du voyage. Puis, grommelant inutilement, elle s'occupa de voir que la valise de M. Vincent était dépoussiérée, et que la clef, qui était attachée à l'une des poignées par un bout de ficelle, tournait bien dans la serrure. Et un étrange vieux sac, fait de toile marron et doublé d'étoffe qui ressemblait à du coutil de lit, fut découvert pour contenir le peu de choses que Margaret devait emporter. C'était celui qu'Hannah elle-même utilisait souvent lorsqu'elle se rendait à Petersfield , et donc évidemment assez bon pour tout autre membre de la maison. Mais M. Vincent le regarda avec surprise ; il se souvenait, dans sa jeunesse, avoir vu le fils du jardinier partir pour Liverpool, et le sac qu'il portait était exactement comme celui-ci.

"Je pense que nous devons t'acheter autre chose à Londres, Margey ", dit-il.

"Oh, j'ose dire que tu feras beaucoup de choses quand tu y arriveras," intervint Hannah d'un ton sec. "Il faut espérer que vous l'emmènerez voir l'abbaye de Westminster et Saint-Paul, sans parler du temple de la ville, du Tabernacle et d'Exeter Hall. Ce serait mieux pour elle de voir que, d'une manière ou d'une autre, les gens ont beaucoup pensé à la religion, bien que vous et d'autres comme vous vous placiez au-dessus d'elle. » Elle a attendu, mais M. Vincent ne semblait pas l'avoir entendue. "J'ai peur qu'un jour tu découvres que tu as commis une erreur", a-t-elle poursuivi. Il sortit une petite pochette et roula une cigarette.

"Vas-tu nous conduire toi-même à la gare ?" Il a demandé.

"Je suppose que je ferais mieux", répondit-elle. "Je ne sais pas ce qui est arrivé à ce garçon ces derniers temps. Si je l'envoie à Haslemere , il ne saura jamais quand revenir."

donc arrivée lundi matin. M. Vincent et Hannah se sont levés devant, et Margaret derrière, avec le portemanteau et le sac en toile de chaque côté d'elle. Mme Vincent resta debout, agitant son mouchoir jusqu'à ce qu'ils soient hors de vue, puis se dirigea en soupirant vers le meilleur salon, pensant qu'il valait mieux profiter de l'absence de son mari pour y faire un rangement supplémentaire.

Le facteur est arrivé un peu plus tard. Il se dirigea péniblement vers la porte arrière, où il s'assit sur un tabouret à quatre pieds que le garçon avait peint en gris la semaine dernière, et se prépara pour une petite conversation avec Towsey .

"Avez-vous entendu dire que la maison sur la colline est louée ?" il disait. " Quelqu'un de Londres l'a pris pour tout l'été. "

"Qu'as-tu apporté, facteur ?" » a demandé Mme Vincent. Il lui remit une lettre pour Hannah. Un sourire lui vint aux lèvres en le voyant. "C'est la main qui a dirigé la carte de Noël", se dit-elle. "Et je crois que M. Garratt arrive enfin."

VI

Margaret était au septième ciel lorsqu'ils atteignirent Londres. Le trajet de Waterloo au Langham – le pont, le flot de gens, les magasins – était tout ahurissant. Elle aurait pu chanter de joie pendant qu'ils roulaient dans le fiacre.

"Cela a l'air de vous plaire", dit M. Vincent avec un petit sourire.

"C'est vrai ! C'est vrai !" s'exclama-t-elle. "Seulement j'aimerais marcher sur les trottoirs..."

"Vous le ferez bientôt."

"Et regarde par toutes les fenêtres..."

"J'ai peur de ne pas pouvoir supporter ça."

"J'aurais aimé que nous achetions quelque chose, puis nous devrions aller dans un magasin."

"Nous le ferons", dit-il, et il passa bientôt la main par la petite porte au sommet de la cabine, ce qui était en soi une excitation pour elle. Ils se sont arrêtés dans un magasin de malles.

"Mais, père..." Elle était essoufflée.

"Nous devons vous procurer un sac Gladstone", expliqua-t-il.

Elle est entrée dans le magasin après lui. C'était comme entrer dans l'antichambre d'un pays enchanté, car les grands voyageurs ne venaient-ils pas ici avant de partir vers le pôle Nord ou le Sud, pour livrer bataille ou pour d'étranges missions auprès des cours étrangères ? Personne ne devine l'heureuse extravagance du cœur d'une jeune fille à toutes les premières fois de sa vie, les rêves qui l'assaillent, les images qu'elle voit, les chansons étranges qui résonnent à ses oreilles.

"C'est une grande amélioration", a déclaré M. Vincent lorsqu'ils sont rentrés dans la cabine et qu'un Gladstone en bon état, de couleur beige, avait été mis en toute sécurité sur le toit. "Nous jetterons l'autre quand vous aurez sorti vos affaires."

"Oh non, père, c'est à Hannah."

"C'est vrai. Elle peut l'emporter avec son trousseau." M. Vincent a ri de sa propre petite blague. Il avait l'air jeune, il était presque gay, comme si lui aussi avait l'impression qu'ils étaient partis pour un merveilleux voyage dans ce simple voyage en ville. Mais il avait soudain découvert un nouveau plaisir dans la vie ; car il ne lui était pas venu à l'esprit que Margaret était si simple, ni qu'il pouvait y avoir tant de choses nouvelles pour elle.

Tout était une joie, même le petit salon du Langham. C'était, pensait-elle, à quoi ressemblaient les chambres à Londres – des chambres d'hôtel, en tout cas . Mais même si à chaque instant une nouvelle expérience lui venait à l'esprit, elle voyait toujours à l'arrière de sa tête une route blanche avec des touffes de bruyère et d'ajoncs à côté, et une église sur une colline ; un mile plus loin, il y avait une mare aux canards et un chemin qui menait à Woodside Farm ; déjà, même malgré son impatience de voir davantage ce merveilleux Londres, elle attendait avec impatience le premier aperçu du visage de sa mère qui les guettait le lendemain.

"Je crains de devoir vous laisser ici pendant une heure ou deux. Je suis venu à Londres pour affaires", a déclaré M. Vincent. "Mais je dois essayer de vous montrer quelques curiosités tout de suite, même si je ne suis pas doué pour ce genre de choses. Peut-être pourrions-nous aller au théâtre ce soir..."

"Oh ! Mais que dirait Hannah ?" À bonne distance, il était amusant de penser à la colère d'Hannah.

"Je ne sais pas." Cela l'amusait aussi. "Mais ce ne sera pas quelque chose qui ne nous fera pas beaucoup de mal. Je crois que "King John" est toujours en cours. J'essaierai de trouver une place pour cela pendant que je suis absent."

"Je ne pourrais pas t'accompagner maintenant, je veux dire à propos de tes affaires ?"

Il réfléchit un instant. C'était l'une de ses caractéristiques qu'il réfléchissait toujours à ses mots avant de répondre à des questions, même insignifiantes. "Il vaudrait mieux ne pas le faire. Je veux arranger quelques affaires familiales."

"Mais je fais partie de la famille", a-t-elle plaidé.

"C'est vrai." Il hésita encore avant de continuer. "Tu sais que mon frère, c'est ton oncle Cyril, bien sûr, est malade et je pourrai peut-être sortir vers lui ?"

"Oui, père, je sais."

"Je veux savoir dans quelle mesure il est malade, si c'est possible, à partir du récit qu'il donne de lui-même. Un spécialiste le saura peut-être."

"Tu ne m'as jamais rien dit à son sujet. Est-il plus âgé que toi ?"

"Bien sûr. C'est pourquoi il a hérité du titre."

"Oh!" Elle leva les yeux plutôt amusée. Les gens de Chidhurst n'avaient rien du snobisme de Londres, mais les titres sont pittoresques et même romantiques pour une jeune imagination. "Quel titre ?"

« Il s'agit de Lord Eastleigh, » répondit M. Vincent à contrecœur, « comme mon père l'était avant lui ; mais un titre sans propriété pour le maintenir n'est pas une possession très louable. Cela suggère généralement qu'il y a eu extravagance ou mauvaise gestion. Ou quelque chose de tel." Il s'arrêta encore, puis reprit rapidement : « Après son mariage, il est allé en Australie et nous ne nous sommes plus connus pendant des années jusqu'à ce qu'il écrive il y a quelques mois.

"Mère me l'a dit. Êtes-vous riche, père, pouvez-vous vous permettre d'aller le voir ?"

" J'en ai deux cents par an et un héritage de cinq cents livres ; il est arrivé il y a quelque temps et va payer les frais du voyage. "

"Je vois." Peu à peu, elle comprit la situation familiale. "Ça doit être épouvantable pour sa femme d'être toute seule avec lui et il va mourir."

Il leva les yeux avec surprise. Il ne lui était pas venu à l'esprit d'éprouver de la sympathie pour la femme de son frère. Il appréciait que Margaret pense à elle. "Oui, je suppose que c'est le cas", dit-il ; "même si je pense qu'elle n'était pas une personne très désirable. Je ne sais pas si je serai sage de vous donner ces détails. Ils ne sont pas nécessaires à notre vie à Chidhurst ."

"Mais je vieillis", dit-elle avec empressement, et elle lui tendit les mains comme si elle parcourait le monde à tâtons avec elles. "Je veux savoir des choses. Ne me les cache pas."

Il la regarda avec consternation. C'était le vieux cri, le cri de sa propre jeunesse. "Je ne le ferai pas", dit-il en l'embrassant sur le front.

Elle était contente d'être seule un moment, de se débarrasser des premières excitations, des premières étrangetés du voyage et d'être à l'hôtel. Elle regardait les camions qui se déposaient et roulaient, la circulation rapide sur la chaussée, les gens sur le large trottoir. Elle avait imaginé à quoi ressemblerait Londres à partir de photos, de Guildford et Haslemere , et d'autres endroits où il y avait des magasins et des rues. C'était ce à quoi elle s'attendait, et pourtant c'était différent. Elle se sentait si proche du cœur des choses, comme si les gens qui allaient et venaient étaient le pouls du monde ; elle pouvait presque entendre le battement de leur vie. Elle voulait aussi être dans le tourbillon des choses, savoir ce que c'était, comprendre... oh, non, non ! la ferme était meilleure, le jardin hollandais et le meilleur salon et la mère qui pensait à elle. Elle s'asseyait et lui écrivait à l'instant même : c'était une excellente occasion lorsqu'elle était seule. Sur le bureau, dans le coin, il y avait du papier et des enveloppes sur lesquelles était imprimé le nom de l'hôtel. Sa mère le regardait et comprenait l'étrangeté de son environnement. C'était la première fois qu'ils étaient séparés ; et lui écrire était comme une porte grinçant sur ses gonds, suggérant qu'à un moment inattendu, elle pourrait s'ouvrir en grand pour la laisser passer.

La lettre terminée, elle prit un des journaux posés sur la table. Il y avait une guerre quelque part le long de la Gold Coast ; elle l'a lu, mais elle n'a pas pu en saisir les détails. Elle regardait les discours qui avaient été prononcés à la Chambre la veille et essayait de s'y intéresser ; mais ils étaient difficiles. Elle lisait toutes les petites bricoles de l'actualité, même les publicités ; et celles-ci étaient étrangement fascinantes. Il y en a un qui l'a fait réfléchir. Il s'agissait d'une agence dramatique dans le Strand. Les jeunes filles pouvaient être formées pour la scène, disait-on, et les engagements étaient garantis. Elle se demandait à quoi ressemblait la formation et de quel genre d'engagements il s'agirait. Maintenant qu'elle allait effectivement au théâtre , elle sentait qu'elle devait s'intéresser à tout ; son regard s'élargissait à chaque instant ; et elle ne serait plus jamais tout à fait la simple fille de la campagne qui était partie de Chidhurst ce matin-là.

M. Vincent est revenu à une heure et quart. Il avait l'air inquiet, et elle était capable d'en imaginer les raisons depuis leur conversation à l'instant.

"Est-ce que les nouvelles sont mauvaises ?" elle a demandé.

"Cela pourrait être pire", répondit-il en haussant les épaules. "Il n'y a rien de précis à dire pour l'instant. Nous devons descendre déjeuner ; un vieil ami à moi attend, il veut vous voir." Son père avait revêtu l'attitude qui était son armure – l'attitude grave de quelques mots qui rendaient les questions impossibles. Il ouvrit la porte avec autant de courtoisie qu'un étranger l'aurait fait et descendit à ses côtés le large escalier. « J'ai réservé une table », dit-il en entrant dans la salle à manger, oubliant que sa remarque ne lui dirait rien.

La table était dans une alcôve ; à côté, un homme d'âge moyen les attendait. Il était grand et brun, et bien bâti. Une barbe et une moustache courtes et bien coupées, grisonnantes comme ses cheveux, lui couvraient la bouche ; ses yeux étaient bruns et alertes, même si le temps les avait assombris et que des rides s'étaient formées autour d'eux ; son visage était celui d'un homme qui vivait généreusement, mais avec délibération ; ses mouvements lents suggéraient la fatigue ou la déception ; ses manières avaient un curieux mélange d'indulgence et de raffinement.

"Voici Sir George Stringer ; nous étions ensemble à Oxford", dit M. Vincent à Margaret.

"Je suis ravi de vous rencontrer", a déclaré Sir George; "et c'est très gentil de la part de ton père de le dire ainsi, car, en fait, il avait cinq ans de moins que moi. Je suis resté éveillé après avoir obtenu mon diplôme." En le regardant maintenant, elle vit qu'il était assez âgé, même si de loin, elle l'avait cru presque jeune. "Je ne l'avais pas vu depuis plus de vingt ans", poursuivit-il après qu'ils se furent installés à table, "jusqu'à ce qu'il entre dans mon bureau tout à l'heure. Je ne savais même pas qu'il était marié jusqu'à l'autre jour. jour, encore moins qu'il ait eu une fille.

"Mais il savait où te trouver ?"

" Bien sûr qu'il l'a fait", a déclaré Sir George. "Je suis un fonctionnaire permanent, une chose cultivée en mousse qui n'est jamais mise de côté à moins qu'elle ne crie, jusqu'à ce que le nombre d'années imparti soit écoulé et que la jeune génération vienne frapper à la porte."

"Que penses-tu qu'il a fait, Margey ?" » demanda M. Vincent, constatant avec satisfaction qu'elle n'était pas du tout gênée par son nouvel environnement. Les gens aux différentes tables mettaient dans ses yeux une curiosité agréable ou provoquaient un petit sourire ; de temps en temps, elle le regardait lorsqu'un plat étrange ou l'attention des serveurs la rendait intriguée, mais elle n'était ni gênée ni exagérée.

"Qu'a t-il fait?" elle a demandé.

"Nous avons vu que la maison sur la colline avait été louée lorsque nous sommes passés ce matin..."

"C'est la chose la plus étonnante à laquelle j'aurais dû penser", a déclaré Sir George.

"Vous l'avez pris !" s'exclama-t-elle en joignant les mains avec délice. Ce serait comme un petit bout de Londres aller à Chidhurst , pensa-t-elle, et sa mère l'apprécierait, elle en était sûre, cet ami de son père, qu'il aurait été difficile de décrire, car, même s'il était vieux... à ses jeunes yeux, il était si agréable. Et il serait quelqu'un d' autre avec qui son père pourrait parler ; ils discutaient de toutes sortes de choses concernant le monde qu'elle découvrait comme un endroit merveilleux, même si Chidhurst , avec sa beauté et son silence, s'en tenait à l'écart - et elle les écoutait ; ce serait comme entendre un conte de fées raconté à intervalles réguliers. Si seulement son père n'était pas obligé d'aller en Australie – cette menace commençait à se faire sentir, même si elle essayait de l'oublier.

"C'est très gentil de votre part d'être heureux à la perspective d'avoir un vieux célibataire sinistre près de vous", dit Sir George en la regardant d'un œil critique. Sa beauté l'avait surpris. Quelle chance Vincent avait de l'avoir, pensa-t-il. Il se souvenait de ses propres chambres vides de Mount Street, de leur luxe et de leur solitude, de la précision avec laquelle tout restait à sa place, de leur silence et de leur ennui . Vincent avait réfléchi à sa vie, mais il avait un foyer et une femme qui, même si elle était sans doute assez simple – raccommodait ses chaussettes et préparait elle-même son dîner, peut-être – était probablement une belle femme, puisqu'elle était la mère. de cette belle créature. Malgré ses opinions et la manière dont il avait écarté ses perspectives, Vincent ne s'était pas si mal débrouillé après tout.

« Est-ce que mon père t'a dit que nous vivions à Woodside Farm ? » a demandé Marguerite.

" Bien sûr que oui. J'aurais aimé le savoir l'autre jour. À propos, Vincent, " continua-t-il à son père, " c'est le jeune Carringford qui m'a parlé de la maison. Vous vous souvenez de son père ? Il était président de l'Union juste avant votre époque. Il est mort il y a environ un an, valant un quart de million, et a laissé deux enfants - ce garçon, qui n'a que vingt-deux ou trois ans maintenant, et une fille qui a épousé Lord Arthur Wanstead . Ils ont cent mille livres chacun. »

"On dirait que cela ne pourra jamais être compté", a déclaré Margaret.

" Seulement trois mille par an s'ils ont la chance d'en tirer trois pour cent, plus l'impôt sur le revenu. Eh bien, maître Tom a des amis qui vivent sur Hindhead – dans des maisons en briques rouges qui devraient être détruites à la poudre à canon. " , surtout quand ils ont des girouettes sur leurs pignons. Hindhead, comme vous le savez probablement, est célèbre pour ses maisons en briques rouges, ses philosophes, ses jolies demoiselles et ses soirées l'après-midi au cours desquelles les jeux se jouent avec une énergie étonnante.

"Nous sommes à des kilomètres et des kilomètres de Hindhead", dit Margaret, perplexe. Mais Sir George aimait parler et tenait pour acquis que les autres aimaient écouter.

« Bien sûr que oui, » répondit-il cordialement ; "Mais un beau jour, lui et les Lakeman restaient dans le quartier. Il s'est rendu à Chidhurst à cheval , a vu cette maison et a pensé que cela pourrait leur convenir, alors ils sont tous allés la voir..."

"Elle m'a dit."

"Oh, vous avez de ses nouvelles ? Mme Lakeman , comme vous le savez probablement, est une dame qui ne se soucie pas autant de la nature pure que celle de votre quartier, donc la maison ne lui convenait pas. L'autre jour Tom m'en a parlé et je l'ai pris sur-le-champ. Quand l'avez-vous vue pour la dernière fois ?

"Il y a de nombreuses années." L'attitude de M. Vincent était plutôt ombragée.

Sir George leva rapidement les yeux. "Eh bien, bien sûr, je m'en souviens : quel idiot je suis !"

"Pas du tout. Nous y allons cet après-midi. Qui était Lakeman ? Je ne le connaissais pas."

"Personne en particulier; mais il était beau et assez aisé." Sir George sourit intérieurement et prit une liqueur avec son café. "C'était une femme fascinante", a-t-il ajouté ; "et j'ai eu mon cuir chevelu entre autres."

"Je pense que tu pourrais monter, Margey . Nous te suivrons tout de suite."

Sir George s'est occupé d'elle pendant qu'elle disparaissait. "Elle va être une belle femme", a-t-il déclaré. "C'est plutôt dommage de la cacher dans une ferme à Chidhurst , même si, pour ma part, je pense toujours que le diable vit en ville et Dieu à la campagne."

Margaret sentit que son père était gêné par son sens des responsabilités lorsqu'il la rejoignit une demi-heure plus tard. "Il faudrait vous montrer certaines choses à Londres", répéta-t-il.

« J'ai vu les fiacres, dit-elle, et j'ai déjeuné à une petite table de l'hôtel, et tout est un spectacle pour moi.

"Je suppose que oui. Pourtant, nous pourrions quand même visiter l'abbaye de Westminster. Hannah nous a donné la permission, vous savez, et ensuite nous irons chez Mme Lakeman ."

"Qui est-elle?"

"Son père était évêque", a déclaré M. Vincent. Il parlait comme si le fait nécessitait une certaine réflexion, et pour Margaret c'était le cas, puisqu'elle n'avait jamais vu d'évêque de sa vie. Elle savait qu'il portait des manches en lin et un chapeau de pelle et qu'il était un grand homme ; elle avait la vague idée qu'il vivait dans une cathédrale et dormait dans sa mitre . "Il est mort il y a de nombreuses années", a poursuivi M. Vincent avec une voix saccadée. "Il m'a donné un gagne-pain quand j'étais jeune homme; mais j'ai démissionné après un an ou deux, et des divergences d'opinion ont provoqué des querelles et des séparations. Peut-être", a-t-il ajouté d'un ton plutôt sombre, "Hannah m'aurait alors traité de papiste". , et je pense que c'est presque aussi grave que d'être incroyant maintenant.

VII

M. Vincent a regardé Margaret deux ou trois fois alors qu'ils se dirigeaient vers Chelsea Embankment. Une couturière du village lui avait confectionné une robe, mais elle convenait bien à sa jeune silhouette mince, et la dentelle à son cou était douce et réelle ; il appartenait à sa mère, qui ignorait sa valeur ; son chapeau était parfaitement simple, un paysan ou une femme à la mode aurait pu le porter, et il lui semblait que Margaret s'accorderait tout naturellement avec l'un ou l'autre. Puis il pensa à sa femme à la ferme ; elle avait vécu une vie si simple parmi les végétations de la terre et les changements du ciel qu'elle n'était absolument pas souillée par les vulgarités du monde, et telle qu'elle était elle-même, elle avait fait sa fille.

La cabine s'arrêta devant une maison neuve en briques rouges.

"George Stringer dirait qu'il faudrait le faire exploser avec de la poudre à canon", remarqua M. Vincent, et Margaret, se retournant pour donner une réponse triviale, vit qu'il était blanc et nerveux.

La porte fut ouverte par un domestique. La salle était lambrissée ; il y avait des tapis, des tableaux, des palmiers et de la vieille porcelaine , et son cœur battait plus vite, car tout cela faisait partie du spectacle de Londres. Le salon en faisait également partie, avec ses canapés et ses paravents, ses tableaux, ses verres vénitiens et d'innombrables objets qui n'avaient pas leur place à Woodside Farm. Tout était calme et sombre, presque mystérieux, et parfumé par les fleurs du début du printemps disposées en masse, du moins c'est ce qu'il semblait à Margaret.

Quelques rideaux séparaient une autre pièce ; ils étaient rapprochés, et contre eux, les serrant d'une main, comme si elle attendait et à moitié effrayée, se tenait une femme. Elle était grande et avait environ quarante-trois ans. Sa silhouette était encore mince ; sa robe noire traînait sur le sol et lui donnait un air gracieux ; les menottes blanches à son poignet étaient retournées et attiraient l'attention sur les petites mains blanches en dessous. Elle avait de nombreux cheveux noirs, tressés doucement et épinglés étroitement à l'arrière de sa tête. Ses yeux étaient d'un gris profond, avec de longs cils et curieusement pleins d'expression, qu'elle n'était apparemment pas capable de contrôler. Ils semblaient appartenir à un être intérieur qui regardait les choses de manière indépendante, et pensait et ressentait souvent différemment de celui qui l'habillait et essayait de se faire passer pour une véritable personnalité. Elle n'avait jamais été jolie ; mais son visage attira l'attention. Les lignes suggéraient la souffrance ; il y avait de l'humour dans la bouche et de la tendresse dans le ton grave de sa voix. Pendant un temps et pour certains, elle exerça une curieuse fascination ; elle le savait et aimait en observer l'effet. Sa tête était petite, elle la portait bien, et la blancheur du petit volant autour de son cou lui donnait un décor et la rendait pittoresque. Elle regarda rapidement M. Vincent. Puis, comme si elle avait repris courage, elle tendit les mains et s'avança.

"Gérald !" s'exclama-t-elle. Sa voix semblait épaissie par l'émotion. Elle s'arrêta devant lui et laissa retomber ses mains.

Il les a pris dans les siens. "Comment vas-tu, Hilda?" » dit-il, assez prosaïquement. "Cela fait longtemps que nous ne nous sommes pas rencontrés."

Elle leva les yeux ; ils étaient graves et pathétiques, mais quelque part derrière eux il y avait une lueur de curiosité. Elle savait qu'il l'avait vu et essayait de le convaincre qu'il se trompait.

"Plus de vingt ans", répondit-elle. "Je ne m'attendais jamais à te revoir."

"Et maintenant, j'ai amené cette grande fille te voir." Il posa la main sur l'épaule de sa fille.

Mme Lakeman leva les yeux avec curiosité, presque avec regret. Avec quelque chose comme un sanglot , elle murmura : « C'est Margaret, n'est-ce pas ? et la prit dans ses bras et l'embrassa. « J'ai connu votre père avant votre mère et je l'ai aimé toute ma vie », dit-elle en regardant attentivement le visage de la jeune fille pendant un moment ; puis, comme si elle en avait assez de cette phase, elle demanda avec une soudaine touche de cynisme : « Vous a-t-il déjà parlé de moi, mais je ne suppose pas qu'il l'ait fait ?

"Je n'ai jamais été une personne très bavarde", a déclaré sombrement M. Vincent. Elle se tourna vers lui avec un sourire joyeux et plein d'humour. Elle semblait avoir chassé d'elle toute émotion ; elle était devenue animée et même vive.

"Non, tu ne l'as jamais été. Tu as toujours été aussi silencieux et sage qu'un cher hibou. J'ai aussi un enfant", a-t-elle poursuivi. "Vous devez la voir, ma Lena. Elle est tout ce que j'ai au monde : une fille splendide et une merveilleuse compagne."

"Où est-elle?" » a demandé M. Vincent.

"Elle est là-dedans", désignant les rideaux, "dans son propre salon. Tu iras vers elle, ma chérie," dit-elle en se tournant rapidement vers Margaret. "Elle sait tout sur vous et a hâte de vous voir. Tom Carringford est là aussi, il est toujours là", a-t-elle ajouté d'un ton significatif. "Vous vous souvenez du vieux Tom Carringford , Gerald ? C'est son garçon, un garçon terriblement gentil ; je ne me lasse jamais de lui." Elle était déjà gay et il était évident que la bonne humeur lui était naturelle. "Je vais vous dire qui est avec eux", poursuivit-elle. "Dawson Farley... j'ose dire que Margaret aimerait le voir.

C'est un génie à mon avis - le seul homme sur scène apte à jouer un rôle romantique - et Louise Hunstan , l'actrice américaine, vous savez. Elle joue juste un rôle romantique." maintenant dans « The School for Scandal » au Shaftesbury - c'est très amusant de l'entendre jouer Lady Teazle avec un petit pincement dans la voix ; c'est un ton terriblement joli, cependant. Nous sommes dévoués au théâtre, Lena et moi. Elle semblait vouloir mettre le plus d'informations possible dans ses mots, comme si elle voulait donner à ses auditeurs une impression de sa vie.

"Nous allons au spectacle ce soir", a déclaré M. Vincent, mais Mme Lakeman l'a à peine entendu. Les autres vies ne l'intéressaient que dans la mesure où elles affectaient la sienne. Si les Vincent l'avaient accompagnée, elle aurait pris n'importe quelle peine, montré n'importe quelle excitation ; mais dans l'état actuel des choses, pourquoi cela n'était rien pour elle.

"Vous irez vers eux", dit-elle d'un ton décisif à Margaret, poursuivant visiblement son propre cheminement de pensée. Elle se dirigea vers les rideaux comme pour les écarter. "Dites-leur que nous arrivons dans dix minutes, chérie."

"Oh, mais je ne les connais pas", répondit Margaret, consternée qu'on lui ordonne de se précipiter parmi des inconnus.

" Bien sûr que non", dit Mme Lakeman d'une voix sympathique. "Je vais vous emmener. Non, non, Gérald", alors que M. Vincent faisait un pas pour les suivre ; "Il faut qu'on se parle un peu après toutes ces années."

Elle conduisit Margaret dans un deuxième salon et, au-delà, dans une pièce encore plus petite. Il y avait des images, et encore des fleurs – des quantités de fleurs, l'air était lourd de leur parfum. Des draperies de soie ombrageaient la lumière qui filtrait à travers les fenêtres à petits carreaux, et des morceaux de couleur et d'argent brillaient partout. C'était comme entrer dans un rêve, et de sombres silhouettes semblaient en sortir – un nombre indéfini, semblait-il à Margaret, même si elle se rendit vite compte qu'il n'y en avait que quatre. Elle se sentait si étrange alors qu'elle hésitait juste à l'intérieur de la pièce, comme un petit voyageur, qui ne connaît que des champs verts et une ferme, s'égarant dans un monde enchanté, car il était étrange que le souvenir de sa maison ne la quitte jamais. pendant toutes ces premières heures à Londres, et dans ses pensées , elle lui envoyait des messages constants.

"Lena, ma chérie, voici Margaret Vincent. Soyez gentille avec elle", dit Mme Lakeman d'une voix basse et passionnante. "Vous devez l'aimer, car j'aimais son père, je l'aime maintenant." Elle se tourna vers un jeune homme qui s'était avancé vers eux. "Tom, ton père connaissait aussi le père de cette fille.

Je reviens avec lui dans quelques minutes pour prendre le thé. Voici Tom Carringford , chéri," dit-elle à Margaret. Puis, comme si elle en avait fait assez, elle revint avec un air amusé dans les yeux et un petit sourire gai aux lèvres. "Je me suis débarrassée de la fille", pensa-t-elle. "Je me demande ce que ce vieil idiot aura à dire maintenant qu'elle n'est plus là."

Tom Carringford rassura Margaret en un instant. "Comment vas-tu?" dit-il en lui serrant la main. " N'ayez pas peur de nous, tout va bien. Mon gouverneur parlait souvent du vôtre, et j'ai toujours espéré le voir un jour. "

Avant qu'elle ait pu répondre, une jeune fille se dirigea vers elle, au visage maigre, presque hagard, et aux deux yeux sombres et endormis qui semblaient prêts à brûler de toutes sortes de passions. "Je t'attendais", dit-elle. "Mère m'a parlé de ton père. C'était magnifique de sa part de t'amener." Elle parla à voix basse et, attirant Margaret vers un siège près de la fenêtre, la regarda avec une expression anxieuse dans ses grands yeux, comme si elle eût été épuisée de la surveiller. "Reste, tu ne connais pas encore M. Dawson Farley, n'est-ce pas ?" Elle se tourna vers un homme qui s'était levé pour leur faire de la place.

"Mme Lakeman nous a parlé de lui tout à l'heure."

"Je ne suis pas aussi célèbre que le pense Miss Lakeman ." La prononciation claire attira l'oreille de Margaret et elle le regarda. Il était rasé de près, avec une bouche déterminée et des cheveux courts et impeccables. Il y avait quelque chose de dur et même de cruel dans ce visage, mais il y avait aussi de la fascination – il y avait de la fascination chez toutes ces nouvelles personnes ; le magnétisme de la connaissance du monde peut-être, du monde qui venait seulement de surgir sur elle aujourd'hui.

"Oh, mais je ne sais rien", dit-elle timidement. "Je suis venu de Chidhurst ce matin, pour la première fois." Lena émit un petit son sympathique et étendit les bras comme pour la protéger.

"Voulez-vous dire que vous n'êtes jamais allé à Londres auparavant ?" » a demandé M. Farley.

"Non jamais."

"Quelle chose merveilleuse !" Les mots venaient d'un coin près de la cheminée. Margaret s'habituait désormais à la pénombre et pouvait voir à travers. Une femme s'avança vers elle ; elle n'était pas très jeune, mais elle était blonde et gracieuse.

"C'est Louise Hunstan , ma chérie", dit Lena. Pour une raison qu'elle ne connaissait pas, Margaret reculait devant cette fille, qui ne la connaissait que depuis cinq minutes, mais qui pourtant la traitait de chérie et se montrait affectueuse dans ses manières.

"Vous devez me laisser vous regarder", dit Miss Hunstan . Le ton dont Mme Lakeman avait parlé était à peine évident, mais il donnait à ses paroles un charme qui rendait impossible de ne pas les écouter. "Maintenant, dites-moi, est-ce que vous l'aimez ou le détestez, ou êtes-vous simplement déconcerté par ce grand Londres ?" Elle semblait mieux comprendre l'ambiance étrangère que les autres.

"Je pense que je suis perplexe", répondit Margaret. "Tout est si étrange."

" Bien sûr que si ", a déclaré Tom Carringford , " et nous la regardons comme si elle était une curiosité. Quelles brutes nous sommes ! Peu importe, Miss Vincent, " dit-il en riant, " nous avons de bonnes intentions, alors vous pourriez nous dire votre aventures avant le retour de Mme Lakeman .

Il lui a redonné du courage et un sentiment de sécurité. Elle rit un peu en répondant. "Aventures : les gens vivent-ils des aventures à Londres ? Cela ressemble à Dick Whittington."

"Tout comme Dick Whittington", répondit Lena. "Tu devrais porter un chat sous le bras et épouser un prince féerique. N'est-elle pas belle ?" murmura-t-elle à Dawson Farley.

Les couleurs montèrent au visage de Margaret. "Oh, s'il te plaît, ne le fais pas", dit-elle. "Je ne suis pas du tout belle."

"D'où venez-vous, Mademoiselle Vincent ?" » a demandé l'acteur, comme s'il n'avait pas entendu.

"De la ferme Woodside à Chidhurst ."

"Je peux tout vous dire sur elle", a déclaré Lena. "Ma mère était autrefois fiancée à son père, Gerald Vincent…" Margaret se tourna rapidement comme pour l'arrêter. Mais elle n'y prêta pas attention et continua. "Il était alors ecclésiastique, mais il a changé d'avis, a quitté l'Église et a écrit des articles qui ont fait sensation. Tous ses parents étaient furieux et sa mère ne pouvait pas l'épouser. Un petit cri est venu de Margaret.

"Oh ! Comment a-t-elle pu te le dire ?" s'exclama-t-elle.

« De toute façon, vous n'auriez pas dû nous le dire », dit Tom Carringford en se tournant vers Lena : il était presque affligé. "C'est vraiment dommage !"

"Mlle Lakeman ne voulait aucun mal, elle n'est comme personne d' autre", dit Miss Hunstan à Margaret, avec un regard dans les yeux qui comptait plus que ses paroles.

"C'est de l'histoire ancienne, ma chérie, tout le monde le sait", roucoula Lena d'une manière apaisante. "D'ailleurs, je dis toujours tout ce que je sais, sur moi et sur les autres . C'est de loin le meilleur moyen ; comme ça, on n'a pas de choc dans la vie et on ne raconte aucun secret."

"Il y a quelque chose là-dedans", acquiesça M. Farley, puis il se tourna vers Margaret ; "J'ai lu certains articles de M. Vincent. Ils dépassent mes capacités, mais j'ai reconnu leur génie."

" Tu vois?" » dit Lena, avec un haussement d'épaules qui impliquait qu'il était impossible de dissimuler l'histoire d'une personne célèbre. M. Farley la regarda avec impatience, puis la jeune fille inconnue : il était étrange de voir à quel point ils la sentaient différente d'eux.

"Est-ce que tu vas au théâtre ?" » demanda-t-il, essayant de changer la conversation. "Il y a toutes sortes de choses à voir à Londres."

"Nous allons au 'King John' ce soir."

"M. Shakespeare et plutôt lent", ajouta gaiement Tom Carringford .

« Ah, c'est ce que vous pensez, les jeunes gens, » dit M. Farley – lui-même avait moins de quarante ans.

"Dis-moi ce que tu fais à la campagne, petite Margaret ?" » Demanda Lena, avec l'air d'une coupable qui l'aimait, et ignorant le fait que Margaret mesurait bien cinq pieds sept pouces. "Est-ce que vous vous prélassez au soleil tout l'été et vous cachez sous la neige tout l'hiver, ou vous comportez-vous comme le commun des mortels ?"

"Nous nous comportons comme des mortels ordinaires. Père et moi lisons beaucoup de livres..." commença-t-elle.

"Et que fait ta mère ?"

"Mère et Hannah sont généralement occupées avec la ferme et la maison."

"Qui est Hannah ?"

"Ma demi-sœur. Elle est beaucoup plus âgée que moi."

"Tu ne peux pas tout voir ?" » dit Lena en se tournant vers les autres. "Je peux, le plus clairement possible. Mme Vincent et Hannah s'occupent de la ferme, et Margaret et son père s'assoient ensemble et lisent des livres. Les charrettes de la ferme passent, les chiens aboient et les poules errent ; il y a des vaches dans les champs. , des chèvrefeuilles dans les haies et des abeilles dans les ruches au fond du jardin. Dans mes pensées, je les vois tous pêle-mêle et j'entends les notes des grives dans les arbres.

"Déchets!" » a déclaré Tom Carringford . "Votre discours est un peu trop pittoresque, vous savez. Il l'est toujours. Je n'arrive pas à comprendre comment vous parvenez à l'inventer si vite."

"Es-tu impatient, maintenant que tu es venu au monde ?" » demanda Lena, ne prêtant aucune attention à la remarque écrasante de Tom. "Avez-vous envie de courir dessus et d'avoir l'impression de pouvoir le manger ?"

"Déchets!" répéta Tom. "Elle ne ressent rien de tel."

"Tout le monde le fait lorsqu'il est réellement vivant."

"Très bien," dit-il imperturbablement. "Je suis un bébé à naître ou une maman." Puis il se tourna vers Margaret : « Je dois y aller maintenant ; mais j'aurais aimé voir votre père, Miss Vincent. Où logez-vous ?

"Au Langham Hotel, c'est dans Regent Street."

"Oh oui, nous savons ; nous sommes à Londres depuis un certain temps, voyez-vous", a ri M. Farley. Il aimait cette fille ; elle était fraîche et intacte, pensa-t-il. Il avait une curieuse haine envers Lena Lakeman , qui venait d'être intensifiée par son traitement envers Margaret. Il y avait des moments où il avait envie de l'étrangler, juste pour le bien de la communauté. Il détestait ses mouvements frétillants, ses voix basses, ses manières sucrées et les choses scandaleuses qu'elle disait et faisait avec un air d'inconscience.

Tom Carringford discutait avec Miss Hunstan avant son départ. Ils semblaient s'arranger ensemble, car, tandis qu'il lui souhaitait au revoir, il dit : « Très bien, alors ; je le ferai si je peux. Quoi qu'il en soit, puis-je venir à l'heure du thé demain ?

"Vous pouvez venir à tout moment", dit Miss Hunstan , puis elle expliqua à Margaret : "M. Carringford et moi sommes de vieux amis et avons toujours beaucoup de choses à nous dire." Elle s'est levée quand il était parti. « J'y vais aussi, dit-elle ; "mais j'aimerais pouvoir rester plus longtemps." Elle tendit la main à Margaret. « Je vous suis étrangère, dit-elle ; "mais j'aimerais que vous sachiez que je suis une Américaine et une actrice, qui était aussi autrefois une étrangère ici à Londres. J'espère rester quelque temps, et si vous revenez et voudriez venir voir moi, que ce soit au théâtre ou chez moi, j'en serais plus heureux que je ne peux le dire, car vous me rappelez une fille que j'ai connue à Philadelphie, et elle était la chose la plus douce au monde.

« Cela me plairait tellement », dit Margaret avec reconnaissance.

"Écrivez-moi si vous le pouvez, car je ne voudrais pas que vous me manquiez. Quoi qu'il en soit, rappelez-vous simplement que j'habite à Great College Street, à Westminster; et vous le trouverez facilement, car il est tout près de l'abbaye. Non, merci , Miss Lakeman , je ne resterai pas pour le thé. Au revoir.

"Je vais marcher avec vous, Louise", a déclaré M. Farley. "Miss Hunstan est aussi une de mes vieilles amies", dit-il à Margaret. "Nous nous connaissions en Amérique."

Puis, lorsqu'ils furent seuls, Lena s'approcha de Margaret. "Je suis heureuse qu'ils soient partis", a-t-elle déclaré. "Maintenant, nous nous comprendrons beaucoup mieux, et vous devez me dire" - elle s'arrêta pour sonner - "tout sur vous. Nous devrions nous connaître, quand nous nous souviendrons..." Elle avait parlé d'un ton intense. , mais la servante entra et, d'une manière tout à fait ordinaire, elle demanda qu'on lui apporte immédiatement du thé ; puis se retourna et reprit aussitôt l'intensité : « quand on se souvient que ton père et ma mère étaient amants ».

"Oh, ne dis pas ça," répondit Margaret, presque avec véhémence, mais avec une douceur dont son auditeur était difficilement sensible. "Tout était fini avant notre naissance. Je ne pouvais pas supporter que vous parliez de cela, ni des opinions de mon père, comme vous le faisiez lorsque les autres étaient ici; et je ne peux pas maintenant, car nous n'avons que Nous nous connaissons depuis une heure. Il y a certaines choses que nous ne devrions dire qu'à ceux qui sont les plus proches de nous, et même alors très rarement.

Lena se tortilla un peu plus près. "Tu es belle chose ! Imagine que tu saches cela. Mais ne sais-tu pas que certaines personnes ne sont jamais des étrangères ? Et quand maman t'a amené tout à l'heure, j'ai senti que je te connaissais depuis des années. Tu dois aimer maman et moi, Margaret. Les gens le font toujours ; nous comprenons si bien."

"Vous ne le faites pas, vous ne le pouvez pas, sinon vous n'auriez pas parlé comme vous l'avez fait devant ces étrangers."

"N'avez-vous pas entendu ce que j'ai dit ? Je fais partie de ces personnes qui pensent que tout ce que nous faisons et ressentons devrait être diffusé sous la lumière du ciel. Il ne devrait y avoir aucun coin sombre ou endroit secret dans nos vies."

"Mais pourquoi as-tu dit que mon père et ta mère étaient amants autrefois ? Je ne voulais pas savoir qu'il avait jamais aimé quelqu'un d'autre que ma propre chère mère." Margaret était encore indignée.

Lena la regarda avec un sourire perplexe. "Comme tu es gentil et comme tu es préservé du monde", dit-elle. "J'aimerais pouvoir venir vivre dans ta ferme, chérie. Parle-moi de ta mère."

"Je ne peux pas."

"Pourquoi pas?"

"Je n'aimerais pas parler d'elle à quelqu'un que je ne connais pas."

"Est-ce que tu l'aimes beaucoup ?"

"Je l'aime de tout mon cœur. C'est pourquoi—"

"Dis-moi comment elle est."

"Je ne peux pas. Je ne veux pas te parler d'elle."

"Pensez-vous que je n'en suis pas digne ?" » demanda Lena, avec une lueur d'amusement dans les yeux.

"Je ne pense pas que vous soyez digne ou indigne", répondit Margaret ; "mais je ne veux pas te parler d'elle."

"Tu es très curieuse, petite Margaret. Je suis heureuse que nous nous soyons rencontrés." Lena se pencha en avant, comme si elle essayait de plonger dans les profondeurs les plus profondes de l'âme devant elle, mais Margaret avait à moitié peur d'elle, comme de quelque chose d'étrange.

"Je ne pense pas que je sois heureuse", murmura-t-elle en frissonnant.

"Mais tu ne dois pas lutter contre moi, ma chérie, tu ne peux pas", murmura-t-elle en retour ; "Parce que je comprends les gens, ma mère et moi. Le thé est prêt, je vais aller amener ton père ici." Elle se leva et se glissa doucement à travers les rideaux.

VIII

Mme Lakeman regarda triomphalement son ancien amant. "J'ai senti," dit-elle, "qu'il me fallait vous avoir pour moi pendant un petit moment. Je ne pouvais même pas supporter la présence de cette chère enfant." Son auditeur s'agita un peu, mais ne dit rien. "Gerald," sa voix tremblait, mais au fond de ses yeux se cachait l'amusement, "m'as-tu détesté toutes ces années ?"

"Pourquoi devrais-je le faire ? Vous avez fait ce que vous pensiez être juste, et moi aussi." Il y avait une nuance d'impatience dans ses manières, même si elles étaient plutôt polies.

Elle sentit en un instant que la tragédie allait lui tomber dessus ; elle changea de note et essaya un soupçon de comédie. "Je serais restée à tes côtés pour n'importe quoi d'autre", dit-elle, avec un hochement de tête et un sourire qu'elle se voulait pathétique. "Je serais allé à la perdition pour toi avec plaisir... dans ce monde."

"Tout à fait."

"Je pense souvent que vous, les gens qui suppriment le prochain, avez une grande influence sur nous. Vous voyez, cela va être une affaire tellement longue, à tous points de vue."

"Oui." Il avait l'air de s'ennuyer : ce genre de plaisanterie ne l'amusait pas.

"Je ne pouvais pas m'en empêcher. Je ne pouvais pas briser le cœur de mon père et faire scandale dans le diocèse; j'étais obligée de faire ce que j'ai fait", dit-elle avec un petit éclat.

"Bien sûr, je comprends parfaitement cela", répondit-il; "et, pour être franc, je pense qu'il vaudrait mieux ne plus en discuter ."

« Tu me seras toujours cher, reprit-elle comme si elle ne l'avait pas entendu ; "et quand Cyril m'a dit que vous étiez à Chidhurst , j'ai senti que je devais vous écrire et vous demander de venir me voir. J'ai failli prendre une maison là-bas, mais elle est tombée en ruine." M. Vincent se souvint de la remarque de Sir George Stringer et ne dit rien. "Peut-être aurais-je dû être plus impatient si j'avais su - et pourtant je ne pense pas que j'aurais pu le supporter ; je ne pense pas que j'aurais pu passer un été là-bas avec vous et - et - votre femme" - elle s'arrêta. , comme si le dernier mot était plein de tragédie, et répété, sur un ton plus bas : « avec toi et ta femme à seulement un kilomètre de là. Je ne supporterais pas de la voir », et tout à coup elle fondit en larmes.

M. Vincent la regarda maladroitement. Elle voulait qu'il la calme, lui dise quelque chose de regret, peut-être qu'il l'embrasse s'il savait encore comment le faire – elle en doutait. Mais il ne faisait aucun signe, il restait immobile, tandis qu'elle le croyait idiot de sa peine. Après un moment de silence, il lui tendit la main et lui toucha le bras.

"C'est une bonne chose que tu n'aies pas pris la maison, alors", dit-il, et ce fut tout.

Elle essuya ses larmes et se demanda un instant que faire de cet homme de bois, qui semblait incapable de répondre à ses humeurs intéressantes.

"Dis-moi comment elle est", murmura-t-elle à moitié.

Il réfléchit un instant. "Je ne pense pas être doué pour décrire les gens", répondit-il d'un ton tout à fait ordinaire.

«Je l'imagine», commença-t-elle et s'arrêta, comme si elle essayait de retenir juste le fantôme d'un ton moqueur qui viendrait dans sa voix, «une créature chère, bonne et utile, une femme intelligente et dirigeante, qui a l'air après tout et vous met parfaitement à l'aise.

"Je crois que je suis plutôt à l'aise", répondit-il pensivement.

"Oh ! Et est-ce que tu aides à la ferme ?" » demanda-t-elle avec une possibilité de mépris – cela dépendait de sa réponse.

"Non, j'ai peur de ne pas faire ça. Je m'en remets à elle et à Hannah. Hannah est la fille de son premier mari."

"J'ose dire qu'il était très différent de toi," et sa lèvre se retroussa.

"Je ne sais pas s'il l'était ou non, je ne l'ai jamais vu." Son attitude recommençait à être impatiente.

« Dites-moi encore une chose », dit-elle après un moment d'hésitation ; "est-ce que tu l'aimes beaucoup ?"

Il la regarda avec presque du ressentiment. « Je ne vois pas votre droit de poser cette question », dit-il ; mais puisque vous l'avez fait, je vous dirai certainement que je tiens à elle plus qu'à toute autre femme au monde.

"Gérald !" s'écria-t-elle et fondit de nouveau en larmes ; "Je sens que tu ne m'as jamais pardonné, que tu me mépriseras toujours."

« C'est absurde », a-t-il déclaré ; "et je ne comprends pas où vous voulez en venir. Nous avons rompu il y a des années. Vous avez épousé un autre homme et vous étiez probablement très heureux avec lui. J'ai épousé une autre femme et je suis très heureux avec elle, et là il n'y a plus rien à dire."

Elle se releva et tourna le dos au feu sourd et couvant ; on avait laissé le temps baisser, car la journée avait été comme une journée d'été.

"Tout comme vous les hommes", s'exclama-t-elle avec un petit rire et un changement soudain de manière. "Vous êtes des créatures curieuses ; parfois je me demande si vous êtes autre chose que des animaux supérieurs. Serrez-vous la main, mon vieux, et soyons amis. Nous sommes tous les deux des personnes d'âge moyen. Regardez mes cheveux gris." Elle baissa la tête presque gaiement et posa son doigt sur une ligne étroite : « Un peu trop tard pour avoir du sentiment, n'est-ce pas ?

"Oui, je pense que ça l'est", fut-il surpris, mais nettement soulagé. "Maintenant, tu me diras peut-être quand Cyril t'a écrit ?"

"Il y a environ deux mois. Pauvre vieux, son mariage n'allait pas grand-chose... eh ... non ." Elle vérifia le dernier mot et le termina avec un souffle coupé. — C'est vraiment dommage, tu sais, d'épouser une femme de music-hall. Heureusement qu'ils n'ont pas d'enfants, n'est-ce pas ?

"Peut-être que c'est le cas, dans l'ensemble."

"Je n'aime pas le récit de sa santé; on dirait qu'il va mal."

"J'en ai bien peur", acquiesça M. Vincent à contrecœur; puis il ajouta lentement, car il avait toujours détesté faire des déclarations le concernant. "Je sortirai probablement vers lui."

"Je savais que tu le ferais", cria-t-elle avec une petite lueur d'approbation. Mais il n'a pas non plus réagi à cela. "Bien sûr, si quelque chose arrivait, le titre vous reviendrait ?"

Il leva les yeux avec une vive indignation. Mais avant qu'il puisse parler, le rideau fut tiré et Lena apparut.

"Tu viens prendre le thé ?" » demanda-t-elle en les observant tous les deux avec un long regard. "Cette douce chose que tu m'as apportée tout à l'heure et je t'attends." Elle s'approcha de M. Vincent et lui tendit la main. « J'ai tellement entendu parler de vous, » dit-elle avec une parfaite maîtrise de soi, « et j'ai souvent souhaité vous voir. Elle ouvrit ses grands yeux sombres comme pour montrer qu'ils étaient pleins d'appréciation.

« C'est votre fille, je suppose ? il a demandé à sa mère.

La question ressemblait tellement à Gerald, pensa Mme Lakeman ; il s'est toujours assuré même de ses faits les plus insignifiants.

"Oui, c'est ma fille, ma brebis, ma Léna." Elle passa son bras autour des épaules de Lena, et une fois de plus il y eut un frémissement dans sa voix ; mais il ne répondit toujours pas. Il les regardait tous les deux avec un peu de gêne, les situations dramatiques le dépassaient et il n'avait pas la moindre idée de ce qu'il devait faire ensuite.

Mme Lakeman sourit intérieurement. Cet homme était un parfait idiot, pensa-t-elle. « Vas-y, chérie, dit-elle, nous arrivons.

Lena lança à M. Vincent un autre de ses longs et intenses regards alors qu'elle se détournait. « Venez, » dit-elle ; "J'ai hâte de t'entendre parler."

"C'est très gentil de ta part, mais je ne sais pas si j'ai quelque chose à dire." Le soupçon de favoritisme dans ses manières l'amusait, mais cela l'irritait aussi, et il voulait sortir de la maison. Mme Lakeman fit un pas vers les rideaux à travers lesquels sa fille avait disparu, puis s'arrêta et, comme si, après un dernier effort , elle avait rassemblé son courage, elle dit : « Dites-moi une chose : Margaret est-elle comme sa mère ?

Il réfléchit un instant avant de répondre. "Je pense qu'elle l'est," dit-il lentement. "Elle a les mêmes yeux et la même bouche, et la même distinction de port."

"Oh!" L'exclamation était presque ironique. Puis ils se dirigèrent vers la pièce sombre au parfum irrésistible de fleurs. Lena préparait le thé, tandis que Margaret examinait les arrangements avec beaucoup d'intérêt. Ils étaient si différents de tous ceux qu'elle avait vus auparavant. À Woodside Farm, une nappe était étalée sur la table en chêne au milieu de la pièce, un pain et une grosse noix de beurre, un gâteau copieux, de la confiture et toutes autres choses susceptibles d'aider à préparer un repas convenable étaient disposés. Parfois, un savoureux plat de jambon et d'œufs apparaissait, ou de poulet frit dans de la pâte, dont la cuisine était une fierté pour Hannah ; des assiettes et des couteaux furent disposés pour chaque personne, et des chaises dressées ; dans l'ensemble, c'était une affaire beaucoup plus professionnelle, mais bien moins élégante que cette affaire délicate à laquelle présidait Lena.

« Au revoir, ma chère Margaret », lui dit Mme Lakeman dix minutes plus tard ; "Tu ne sais pas ce que ça m'a fait de te voir", et elle l'embrassa sur chaque joue. "Tu devras venir et rester avec nous un jour. Gérald, tu la laisseras venir, n'est-ce pas ?"

"Certainement, si elle le souhaite."

" Elle et Lena doivent être amies ; nos enfants devraient être amis. Et vous et moi, " dit-elle avec une émotion plus profonde dans la voix, " ne devons plus nous perdre de vue. "

"Bien sûr que non", répondit-il, et cette fois il réussit à la regarder avec son vieux sourire, dans lequel il y avait toujours un charme. Cela lui a touché le cœur et a fait d'elle une femme naturelle. Avec quelque chose comme un soupir, elle le regarda descendre les escaliers.

« Je pourrais l'aimer maintenant, pensa-t-elle, et aller au diable pour lui aussi, avec tout le plaisir du monde. Mais il est si abominablement bon qu'il sera probablement fidèle à sa fermière jusqu'à ce qu'il en ait le souffle coupé. son corps."

"Eh bien, voudrais-tu y aller et y rester un jour ?" M. Vincent a demandé à Margaret.

"Non", répondit-elle rapidement, puis elle ajouta à contrecœur et parce qu'elle ne pouvait pas s'en empêcher ; "Je ne sais pas pourquoi, père, mais j'ai l'impression que je ne veux plus jamais y retourner."

"C'est vrai", dit-il. Elle ne comprenait pas très bien ce que signifiait la réponse, mais elle frotta son épaule contre la sienne en signe de pure sympathie. Un hansom laisse peu de place à la variété des caresses, mais cela suffit assez bien.

IX

Le lendemain matin, à dix heures, Tom Carringford apparut au Langham.

"Mlle Vincent m'a dit que vous restiez ici, alors j'ai osé venir", expliqua-t-il avec une franchise enfantine qui conquit immédiatement M. Vincent. « S'il te plaît, pardonne-moi, et ne trouve pas ça vraiment cool de ma part de venir si tôt. J'avais peur que tu me manques si j'attendais.

"Je suis très heureux de vous voir", a déclaré M. Vincent. "J'ai bien connu ton père." Et en un instant, Tom fut tout à fait à l'aise.

"Qu'avez-vous pensé du 'Roi Jean'?", a-t-il demandé à Margaret.

"C'était splendide ; et un théâtre est un endroit merveilleux. Comment les gens peuvent-ils qualifier cela de méchant ?"

"Eh bien, ce n'est pas le cas," rit-il, "à moins qu'ils ne soient idiots, alors peut-être qu'ils le font", ce dont elle rit aussi et pensa à Hannah. "J'imagine que les scènes avec Arthur t'ont donné quelques mauvais moments, n'est-ce pas ?" Il a demandé.

"Elle a pleuré", a déclaré son père, visiblement amusé par ce souvenir.

"C'est d'accord." Tom rayonnait de satisfaction. C'était une gentille fille, pensa-t-il, alors bien sûr, elle pleurait ; elle devrait pleurer en voyant ce genre de chose pour la première fois. Puis il se tourna vers M. Vincent. « Mon père serait heureux de penser que je vous avais enfin vu, » dit-il ; "Il se demandait souvent pourquoi tu n'étais jamais venu."

"Je ne suis venu nulle part depuis plus de vingt-cinq ans", a répondu M. Vincent. "Si je l'avais fait, il m'aurait vu." Il regardait Tom avec un véritable plaisir, ses six pieds de taille et ses larges épaules, son visage franc et ses yeux bleu clair. C'était le genre de garçon qu'un homme aimerait avoir pour fils, pensa-t-il ; puis, après un moment d'hésitation caractéristique, il dit : « Stringer nous a dit que vous alliez parfois à Hindhead ; peut-être qu'un jour vous viendrez nous voir ?

"Je devrais l'aimer," dit Tom chaleureusement.

« Vous avez quitté Oxford, bien sûr ?

"Oh oui, l'année dernière."

"Des ambitions ?"

"Beaucoup. Mais je ne sais pas s'ils aboutiront à quelque chose. Je crois qu'il y aura actuellement un sous-secrétaire impayé, et bientôt j'espère entrer à la Chambre. La politique est plutôt basse, vous savez, Miss Vincent, alors ils me conviendront. Qu'avez-vous pensé de Miss Hunstan ? Je l'ai vue hier soir ; elle était tombée amoureuse de vous.

"L'avait-elle fait ?" S'exclama Margaret joyeusement. "Je suis tellement contente. Je l'aime, même si je ne l'ai vue qu'un instant."

"Je vais le lui dire. Tout le monde le sait. Ma mère lui était dévouée, c'est une des raisons pour lesquelles je le suis. Elle est très amusante aussi, même si, bien sûr, elle s'entend un peu", a-t-il ajouté avec le splendide insolence de la jeunesse. "Il y a quelque chose de plus derrière cette visite", et il regarda M. Vincent. "Je me demandais si vous y alliez vraiment aujourd'hui ?"

"A 2h50 de Waterloo. Nous ne pouvons pas rester plus longtemps."

"Eh bien, je sais que c'est audacieux, mais ne pourriez-vous pas tous les deux venir déjeuner avec moi ? J'ai la petite maison de mon père dans Stratton Street, et j'aimerais penser que vous y étiez. Ce serait très gentil de votre part."

M. Vincent secoua la tête. "Pas le temps."

"Tu devras déjeuner quelque part," plaida Tom.

"Oui, mais je dois me rendre presque immédiatement chez mon avocat et à un ou deux autres endroits, et je ne sais pas trop combien de temps cela me prendra."

"Est ce que tu y vas seul?"

"Oui."

"Alors regardez ici," s'exclama Tom, ravi de sa propre audace, "si vous allez voir des avocats et des gens, ne pourrais-je pas emmener Miss Vincent et lui montrer quelque chose ? Galeries d'images, Tour de Londres, British Museum, Maisons du Parlement, au sommet du Monument, ce genre de chose, vous savez. Nous prenions un fiacre et ferions la moitié de Londres en quelques heures.

« Pourrais-je, père, puis-je ? » demanda-t-elle avec impatience.

M. Vincent les regardait tour à tour. Ils étaient un garçon et une fille, pensa-t-il. Tom avait vingt-deux ans et Margaret dix-huit, deux enfants sauvages, et avant la naissance de l'un ou l'autre, leurs pères étaient de vieux amis. Pourquoi ne devraient-ils pas sortir ensemble ?

« C'est très gentil de votre part, dit-il, et cela lui éviterait de passer une matinée ennuyeuse.

"Ça ne sera pas ennuyeux si je peux m'en empêcher," répondit Tom triomphalement.

« Je peux vraiment y aller ? Margaret a pleuré et embrassé son père. "Oh, père, tu es un chéri."

Elle aussi était chère, pensa Tom, tout comme le vieil homme, alors qu'il décrivait M. Vincent dans ses pensées.

Le « vieil homme » avait sa propre idée. « Ramenez Margaret ici et déjeunez avec nous », dit-il ; "Il y aura peut-être juste assez de temps pour cela, et nous irons vous voir à une autre occasion."

"Bien bien!" Et Margaret découvrit bientôt que c'était son expression préférée. "Il en sera comme vous le dites. Maintenant, Miss Vincent, nous avons un dur travail devant nous." Cinq minutes plus tard, M. Vincent les regarda démarrer. Depuis le chalet, ils lui firent signe de la main et il se détourna avec un sourire.

"La vraie chose à faire", dit Tom à Margaret, était de voir les grands espaces verts au milieu d'une ville merveilleuse, et les châtaigniers qui dans un mois seraient en fleurs à Hyde Park, ainsi que le Round Pond et la Serpentine. "Mais comme, après tout," poursuivit-il, "vous avez probablement des arbres et des étangs à Chidhurst , nous commencerons par aller à Saint-Paul. Je crains, vu le temps limité dont nous disposons, que la Tour et le Monument doit être laissé tranquille. Une pensée brillante lui vint alors qu'ils redescendaient le Strand vers les Chambres du Parlement. "Nous apporterons à Miss Hunstan un tas de fleurs de Covent Garden - vous devez voir Covent Garden, vous savez. Salut ! chauffeur de taxi, venez ici - Covent Garden ; nous voulons acheter des fleurs."

"Oh, mais je n'ai pas emporté d'argent avec moi."

"J'en ai… des tas", rit-il, ravi de son innocence. "J'avais l'idée que nous pourrions faire quelque chose, tu sais. Maintenant, nous y sommes. Vous devez sauter le pas, si cela ne vous dérange pas."

Ils marchaient de long en large sous l' arcade centrale , regardant les magasins, aussi heureux et naïfs qu'Adam et Ève dans le premier jardin quand le monde leur appartenait à eux seuls. Ils choisirent une pile de fleurs, comme Tom l'appelait ; il en remplit les bras de Margaret juste pour le plaisir de la regarder.

"Vous faites toute une image chargée d'eux", a-t-il déclaré. « Écoute, j'aimerais aussi t'offrir des roses, si tu les veux ? dit-il presque humblement. « Nous les récupérons à Londres, voyez-vous, avant vous à la campagne ; et je veux que vous en rapportiez avec vous.

"Je voudrais en apporter à ma mère", répondit-elle, bien sûr inconsciente de leur valeur.

"Bien ! Vous nous en prendrez un tas, je voudrais lui en envoyer, si vous me le permettez. Mais ils vous retrouveront à Waterloo dans une caisse, ils seront alors frais au dernier moment."

Margaret avait l'impression, tandis qu'ils repartaient, qu'elle avait trouvé un compagnon de jeu, un camarade, quelqu'un qui rendait la vie complètement différente. Elle n'avait jamais été sur un pied d'égalité avec un jeune auparavant – avec quiconque riait, bavardait et regardait le monde du même point de vue qu'elle pensait qu'elle et Tom, même si jusqu'à hier elle n'avait pas posé les yeux sur elle. sur lui. C'était un nouveau plaisir que le monde lui soit soudainement apparu. Voilà ce que c'était d'être un garçon et une fille ensemble, d'avoir un frère, d'avoir des amis, ce que ce serait si un jour elle se mariait : les gens allaient alors rire et parler et se réjouissaient d'être ensemble. . Oh, ce merveilleux mot ensemble !

"Nous n'irons pas à l'abbaye", dit Tom, "parce que vous l'avez fait hier, et avant d'inspecter la Chambre des communes…"

« Un jour tu seras là !

« Un jour , j'y serai, » répéta-t-il ; " mais avant de vous montrer le siège identique dans lequel j'ai l'ambition de m'asseoir, nous allons nous débarrasser de ces fleurs. Great College Street est ici, juste au coin. Je me demande si elle est chez elle. Jolie petite rue, n'est-ce pas ? n'est-ce pas ? avec ses maisons basses d'un côté et le vieux mur de l'autre.

« Et les arbres qui surplombent… »

"Nous voilà."

Il s'envola et frappa à la porte. Elle fut ouverte par une femme aux cheveux gris, d'âge moyen, au visage aimable, trop ridé pour son âge. Miss Hunstan était allée répéter, dit-elle.

"Oh, quel ennui !" Tom était découragé. Puis une pensée heureuse le frappa. "Écoutez, Mme Gilman, nous lui avons apporté des fleurs. Nous laisserez-vous venir les mettre dans ses pots ?"

"Bien sûr," répondit-elle. "Je vais te chercher de l'eau tout de suite", et elle s'enfuit en laissant la porte de la rue ouverte.

"Entrez", cria-t-il à Margaret. "Mme Gilman me connaît et elle nous laissera les organiser." Le hall de la petite maison à l'ancienne était lambrissé comme celui de Mme Lakeman , mais il était très étroit et peint en blanc, et il n'y avait aucune friperie autour. Le salon de Miss Hunstan était au rez-de-chaussée ; il était petit et les murs étaient assortis aux lambris extérieurs. Les deux fenêtres étaient hautes et laissaient entrer la lumière et les siècles passés d'au-delà. Devant eux se trouvaient des rideaux de mousseline, frais et blancs, avec des volants sur leurs bords. Il y avait des appliques en laiton dans le mur avec des bougies et des abat-jour en soie bleue, mais la lampe de lecture sur la table suggérait qu'elles étaient rarement utilisées. D'un côté de la cheminée se trouvait un bureau couvert de papiers, et au-dessus une bibliothèque ; çà et là une photographie, au-dessus de la cheminée un autotype de la Madone Sixtine dans un cadre brun foncé, et en dessous, rempli de fleurs blanches, se trouvait un vase de poterie verte bon marché ; il y avait d'autres pots du même genre dans la pièce, mais ils étaient tous vides.

"Nous allons les remplir", dit Tom triomphalement.

Margaret regardait leur travail avec ravissement. "J'aime faire ça", a-t-elle dit. "Mais cela semble tellement étrange d'être ici dans la chambre d'un étranger parmi les choses qui contribuent à constituer une vie - et l'étranger absent."

Il la regarda un instant. "D'une manière ou d'une autre, ce n'est pas une étrangère", répondit-il. "Beaucoup de gens vous sont inconnus, peu importe depuis combien de temps vous les connaissez , mais elle ne l'est pas, même au début, si elle vous aime bien. Mettons ces jonquilles dans ce truc. D'accord ?"

« On dirait qu'ils sortent de la terre verte », dit-elle ; "Les pots devraient toujours être verts, tu ne crois pas ? ou bien en verre clair, comme l'eau."

"Bien", dit-il, et il continua à y fourrer les fleurs. Finalement, il ne restait plus que les roses blanc pâle.

"Nous allons les mettre ici", dit Margaret, et elle posa le pot près de la photographie d'une femme mince et mignonne à gauche du bureau.

"C'est sa mère", dit Tom à moitié tendrement; Margaret rapprocha les roses et l'aimait pour son ton. Puis, quand toutes les fleurs furent disposées dans la petite chambre bleue et blanche, et que la fraîcheur du printemps fut propre, ils rirent de nouveau comme les enfants légers qu'ils étaient et sortirent vers leur fiacre.

"Au revoir, Mme Gilman," cria Tom en fermant les portes. "Dites à Miss Hunstan que nous l'avons fait, Miss Vincent et moi, et que nous lui avons laissé notre bénédiction."

X

La charrette brune attendait à la gare, successeur de la lourde charrette d'autrefois, plus légère et mieux construite, et l'épi, un torchis neuf, se précipitait avec lui comme une coquille de coque. Hannah n'était pas là, seulement le garçon qui sortait avec le lait le matin. Il s'est assis derrière et s'est occupé des bagages, pendant que M. Vincent conduisait avec sa fille à ses côtés, content et heureux. La visite à Londres les avait rapprochés. Pour Margaret, cela avait été un étrange retour en arrière ; car elle avait à peine réalisé jusqu'à présent que son père avait dû avoir une histoire avant le jour où il avait franchi les portes de la ferme et vu sa mère pour la première fois. Elle avait entendu Hannah en parler – la venue de l'étranger, telle qu'elle était restée dans l'esprit d'Hannah pendant toutes les années qui avaient suivi. Margaret pensait aussi à son grand-père et à son oncle, dont elle ignorait les relations lorsqu'elle est partie hier. Elle était heureuse qu'ils aient été des gens de position, même s'ils avaient dépensé leur argent ou avaient fait des choses indésirables, comme semblait l'impliquer quelque chose dans les manières de son père ; car cela faisait apparaître la vie de son père comme une chose plus importante, non pas à elle, mais au monde, qui autrement aurait pu considérer qu'elle n'était qu'un des détails de la ferme de Chidhurst . Elle regarda la lande pendant qu'ils roulaient à côté. Les touffes de genêts et d'ajoncs ressortaient depuis hier pleines et dorées au soleil. Le vert frais des myrtilles se montrait , la bruyère luttait pour fleurir ; c'est ainsi que les possibilités de la vie avaient fait irruption dans son imagination, et si certaines l'émerveillaient, d'autres la remplissaient de joie. Un bonheur déraisonnable et indéfinissable qui ne pouvait être exprimé en mots lui monta au cœur lorsqu'elle pensa à Tom Carringford . Elle pouvait encore entendre ses rires et ses joyeuses conversations alors qu'ils formaient un écrin dans la chambre de Miss Hunstan ; elle voulait déjà le revoir, et quelque chose lui disait qu'il voulait la revoir.

Les portes de la ferme étaient grandes ouvertes. C'était bon de revoir le coin du jardin hollandais, et sous le porche, comme Margaret l'avait prévu, sa mère l'attendait. M. Vincent prit la main de sa femme sans un mot et la regarda en face avec un petit sourire.

"Nous sommes rentrés à la maison", a-t-il déclaré. Elle lui tendit la main un instant, puis se tourna vers Margaret, qui vit avec surprise qu'elle était plus intelligente que d'habitude. Elle portait son cachemire gris et la broche avec la topaze dedans, et l'un de ses meilleurs mouchoirs ajourés était glissé sur le devant de sa robe. Un sourire vint à ses lèvres alors qu'elle répondait à la question dans les yeux de Margaret.

"Hannah n'est pas allée à la gare", dit-elle, "car M. Garratt est venu cet après-midi. Le thé est prêt depuis une heure et plus, mais nous vous attendions."

Une nappe fraîche était sur la table du salon, il y avait un vase de fleurs au milieu, la meilleure porcelaine était éteinte et des scones fraîchement cuits et d'autres bonnes choses étaient visibles. Près de la cheminée se tenait Hannah, l'air un peu provocante et plutôt honteuse. Margaret remarqua que ses cheveux étaient plus serrés que jamais et brillaient plus que d'habitude. À son cou se trouvait un nœud de mousseline et de dentelle dont elle semblait inconfortablement consciente. À côté d'elle, vif et sérieux, avec une expression heureuse et satisfaite sur le visage, se tenait un jeune homme de vingt-huit ans. Il était juste et avait un air intelligent avec lui. Ses cheveux étaient soigneusement séparés au milieu et légèrement bouclés aux pointes. Il avait une petite moustache qu'il caressait beaucoup et qu'il ramenait vers ses oreilles. Il portait un manteau coupé et une cravate bleu marine à pois blancs, et une chaîne de montre en or errait sur son gilet. Margaret comprit tout de suite qu'il était tout à fait différent des hommes qui étaient les amis de son père, de M. Carringford , par exemple, ou de Sir George Stringer, avec qui elle s'était sentie naturelle et chez elle. Il y avait quelque chose chez cet homme qui la rendait hautaine et sur la défensive avant même qu'elle lui ait parlé.

"Votre train a dû être en retard. Tea attend depuis si longtemps", a déclaré Hannah. "Cependant, j'espère que vous vous êtes bien amusés." Son attitude était plutôt aimable, mais un peu confuse, comme il fallait s'y attendre.

"Voici M. Garratt", a déclaré Mme Vincent. "Vous aimerez le rencontrer, père ; il a toujours connu les gens de James à Petersfield ."

"Comment allez-vous, monsieur; je suis ravi de faire votre connaissance, j'en suis sûr", a déclaré M. Garratt. « J'espère que vous avez passé une agréable visite à Londres ?

"Comment vas-tu?" Répondit M. Vincent, se demandant si ce jeune homme plein d'entrain pouvait vraiment être amoureux de la calme Hannah.

"Et Miss Vincent, je suis ravi de vous rencontrer", a poursuivi M. Garratt d'un ton cordial. "J'ai souvent entendu parler de vous et j'espère que vous vous êtes bien amusé depuis votre absence."

"Oui, merci," répondit Margaret d'un ton lointain.

"J'ose dire que tu es revenu prêt pour ton thé." C'était une petite blague. "Il n'y a rien de tel qu'un voyage en chemin de fer, avec le pays au bout, pour se mettre en appétit", ce à quoi elle ne répondit rien, estimant instinctivement qu'il serait sage de tenir M. Garratt à distance.

Ensuite, l'affaire du thé fut abordée, réfléchie et presque silencieuse, comme c'était la coutume à Woodside Farm. Le silence intrigua un peu M. Garratt, car c'était sa première visite ; puis il se demanda si c'était un compliment qu'on lui faisait, et si ces gens tranquilles étaient timides devant lui.

"Y a-t-il beaucoup à faire à Londres ?" » a-t-il demandé à M. Vincent, pensant peut-être qu'il était censé diriger la conversation.

"Je suppose que oui", répondit M. Vincent un peu froidement.

"Je pense toujours moi-même que ça fait du bien de monter. J'ose dire que vous trouvez la même chose ? Avez-vous séjourné dans l'un des hôtels du Strand ?"

"Nous avons séjourné au Langham."

"C'est plutôt fanfaron là-bas, tu sais." M. Garratt pensait que ce serait une remarque agréable.

"C'est très calme", dit M. Vincent avec hauteur.

"Es-tu allé quelque part, père ?" » a demandé Mme Vincent.

"Oui, nous sommes allés à l'abbaye de Westminster."

"Magnifique bâtiment, l'abbaye de Westminster", intervint M. Garratt. "Qu'en avez-vous pensé, Miss Vincent ?"

"Je ne pense pas pouvoir le dire pour l'instant", répondit Margaret; "c'est seulement hier que je l'ai vu."

"Tout à fait vrai; il ne faut pas se décider trop tôt", remarqua joyeusement M. Garratt, ce à quoi Hannah leva un peu brusquement les yeux.

« Pour ma part, dit-elle, j'aime que les gens sachent à la fois ce qu'ils pensent et ce qu'ils pensent.

"Eh bien, tu vois," répondit-il en la regardant, "ce n'est pas difficile parfois." Sur quoi la couleur apparut sur son visage et l'amabilité sur son expression. « Qu'avez-vous vu d'autre à Londres, Miss Vincent ? il se tourna de nouveau vers Margaret.

Quelque chose a poussé M. Vincent à répondre à sa place, et avec une extrême gravité : « Nous sommes allés au théâtre.

"Je suis désolée de l'entendre", a déclaré Hannah.

"Et comment as-tu aimé ça ?" M. Garratt a demandé à Margaret, comme s'il n'avait pas entendu la remarque d'Hannah.

"C'était merveilleux", répondit-elle. "J'ai hâte d'y retourner."

"C'est un lieu d'iniquité", dit fermement Hannah.

M. Vincent la regarda. Une réponse acerbe lui vint aux lèvres, mais il se souvint que le jeune homme de Petersfield était un prétendant et qu'il était attendu depuis longtemps. Avant qu'il puisse parler, Margaret intervint rapidement :

"C'est une pièce de Shakespeare que nous avons vue."

"J'en ai lu un bon nombre", remarqua Hannah, pas du tout apaisée.

" Alors, bien sûr, vous savez, Miss Barton, qu'ils sont pour la plupart historiques, " dit M. Garratt d'une voix conciliante, " et on peut dire que le lire, ou même le voir jouer, nous rend familier avec les connaissances historiques ; » une phrase à laquelle M. Vincent a poussé un petit reniflement, mais n'a rien dit.

Hannah était ravie à la perspective d'une dispute. « L'histoire peut nous enseigner quelques leçons, M. Garratt, » dit-elle, « mais nous pouvons les lire, tout comme nous pouvons lire d'autres leçons. Il n'y a aucune raison d'en faire davantage ; et quant à la comédie qui nous apprend l'histoire, une fois les gens ont été emmenés dans leurs tombes , ils pourraient y rester couchés et ne pas être ressuscités et utilisés comme des marionnettes qui dansent au rythme de l'imagination de l'homme. M. Vincent leva les yeux ; il commençait à s'intéresser. "De plus," continua Hannah, "c'est se moquer de Dieu, car Lui seul peut ressusciter les morts."

"Ce que vous dites est très vrai, Miss Barton," répondit M. Garratt en jetant un autre regard furtif à Margaret, "et je n'ai jamais pensé moi-même que Shakespeare soit aussi intéressant qu'une bonne pièce moderne."

« Alors, allez-vous au théâtre, M. Garratt ? » demanda-t-elle en posant rapidement la théière, mais en gardant toujours la main sur la poignée.

"Je n'en fais pas une habitude, Miss Barton, mais si l'on est à Londres, on est tenté de faire comme Londres. De plus, je crois qu'il faut voir le monde tel qu'il est, plutôt que d'attendre parce qu'il n'est pas. comme on veut qu'il soit", a-t-il ajouté avec un air de moraliste, mais derrière cela se cache une capacité évidente de jouissance.

"Le monde devrait devenir un désert pour les malfaiteurs…" commença Hannah, comme si elle essayait de se souvenir d'un fragment d'un sermon.

« Il devrait y avoir une voix qui crie dans le désert, Miss Barton… » M. Garratt s'arrêta, car il lui vint à l'esprit qu'il allait peut-être trop loin.

"Ou à quoi servirait le désert ?" » a demandé M. Vincent. "Nous avons fini le thé, je pense ?" Il se leva et se dirigea vers le meilleur salon. Les années qu'il avait passées hors du monde, tel qu'il l'avait connu autrefois, le rendaient un peu intolérant à l'égard de beaucoup de choses, de ce jeune homme vulgaire et de bonne humeur, soucieux de la principale chance parmi elles. Mais M. Garratt ferait assez bien pour Hannah – en fait, rien ne pourrait être mieux, car de toute évidence il n'était pas étroit, et cela pourrait avoir un bon effet sur elle. Pour lui, pour sa fille et pour sa femme, il y avait un autre plan, un autre point de vue. La visite à Londres lui avait fait voir encore plus clairement qu'avant la manière dont il avait épousé la femme, et pour la première fois, après toutes ces années et à l'automne de leurs jours, il était presque son amant.

Comme si sa pensée l'avait amenée à lui, elle passa la tête par la porte et demanda, comme elle le faisait toujours :

"Es-tu occupé, père, ou dois-je venir te voir un petit moment ?"

Il se leva et alla vers elle. "Je te voulais", dit-il. "Viens t'asseoir près de la fenêtre, il y a bien des choses à dire." Elle avait l'impression que le ciel avait projeté sa joie dans son cœur ; mais seulement pour un instant, puis la peur prit la place.

"Les nouvelles sont mauvaises en provenance de Londres ?" elle a demandé.

"Ce n'est pas bon", dit-il. "C'est une des raisons pour lesquelles je veux te parler, chère épouse." Il s'arrêta un moment avant de continuer. " Je vous ai dit deux ou trois fois que vous ne savez rien de moi ni de mon peuple. Maintenant que je vais probablement partir très bientôt et que Margaret a grandi, je pense que vous devriez les connaître : on ne peut jamais savoir si "Il n'y a pas grand-chose à leur honneur à dire - ni au mien, je le crains", ajouta-t-il, puis, très brièvement, il lui donna les éléments de l'histoire familiale et lui fit connaître les possibilités dans le avenir. Elle n'était pas ravie – il savait qu'elle ne le serait pas ; mais elle fut surprise et un peu offensée.

"Je ne pensais pas qu'il y avait ça derrière", a-t-elle déclaré ; "Je ne sais pas ce que les gens diront."

"Y a-t-il une occasion de leur dire?"

"Je ne pense pas que ce soit le cas", répondit-elle distraitement, puis, avec un regard anxieux dans ses yeux clairs, elle dit la seule chose qui l'avait blessé depuis toutes les années où il la connaissait. "Père, tu ne l'as pas retenu parce que tu ne nous pensais pas assez bien ?"

Il se retourna rapidement. " Si c'était quelque chose de ce genre, " répondit-il, " c'est parce que je ne me croyais pas assez bon. Mon peuple menait une vie inutile et extravagante, et la mienne n'a pas été bien meilleure. J'ai eu honte que vous sachiez quoi que ce soit nous concernant, et ce n'était pas nécessaire à notre contentement ici.

"Non," dit-elle lentement, "ce n'était pas le cas."

"Il n'est pas non plus plus nécessaire de raconter nos affaires aux gens maintenant que cela ne l'a été jusqu'à présent. Si Cyril meurt , je ne modifierai pas mon nom - à quoi me servirait un titre ? Je n'ai pas de fils pour me succéder, personne à ma place." tous hériteront de tout, sauf Margaret, pour qui cela n'a pas d'importance. »

"Je suis heureuse que vous l'ayez dit à Margaret", répondit Mme Vincent. Elle resta un moment silencieuse, puis reprit pensivement : « Elle change en elle-même, je le sens. Elle ne sera pas toujours contente ici. Elle déploie déjà ses ailes, comme un jeune oiseau qui attend de voler."

"Eh bien, en tout cas, elle ferait mieux de rester tranquillement ici jusqu'à mon retour", dit-il. « À propos, un vieil ami à moi a pris le presbytère : Sir George Stringer ; il viendra certainement vous voir.

"Nous devenons très grands, père", dit-elle tristement, un peu irritée par cela dans son cœur. Elle avait été si contente de sa propre situation dans la vie, et n'avait jamais souhaité la voir ni élevée ni abaissée ; le premier lui paraissait indigne, le dernier eût signifié une humiliation.

"Cela ne fait aucune différence, chérie", dit-il. « Nous étions une bande de vauriens et de délabrés , qui mettions sous nos pieds les privilèges que nous avions ; et quant à moi, je n'ai même pas assez de grâce pour m'emmener à l'église le dimanche. Je veux tout oublier sauf la vie des gens. vingt dernières années, toi et Margaret.

Elle posa lentement ses mains sur ses épaules.

"Père," dit-elle, "tu ne sauras jamais ce que tu as été pour moi, jamais dans ce monde."

"Oui," répondit-il; "Je sais bien."

"Et je ne pouvais pas supporter que tu sois autre chose que ce que tu as toujours été."

"Je ne serai jamais autre chose", répondit-il en se baissant et en l'embrassant. "Nous n'en parlerons pas à Hannah," poursuivit-il, "et je ne pense pas que Margaret le fera. Il n'y a aucune raison d'en faire un mystère; si cela sort, tant mieux, mais sinon nous pouvons être silencieux."

"Je préférerais qu'elle ne le sache pas", répondit Mme Vincent, "à moins qu'elle ne le découvre ; elle ne ferait que parler et penser des choses que je ne supporterais pas."

Pendant ce temps, Towsey et Hannah débarrassaient les ustensiles de thé : Margaret sortit sous le porche et regarda le jardin et le bois de hêtres qu'elle aimait s'élevant au-delà. M. Garratt jeta un rapide coup d'œil vers la cuisine et, en un instant , il fut à ses côtés.

"Voulez-vous faire une petite promenade, Miss Vincent ?"

Ses yeux en disaient plus que ses paroles. Elle fit un pas en avant et se plaça près d'un buisson de lilas.

"Non," dit-elle, "j'entre directement."

Le coucher de soleil avec une mèche d'or touchait ses cheveux ; une brise murmurante portait un message des roses sur sa joue, et elle était jeune, jeune, l'aube était dans ses yeux, elle semblait écouter le chant des oiseaux, appartenir aux fleurs qui jaillissaient de la terre. Elle était complètement différente d'Hannah. Une douzaine de possibilités lui traversèrent l'esprit. Son cœur battait plus vite, son élocution habituelle lui manquait, il se tirait sur sa moustache et pensait qu'il n'avait jamais vu une fille pareille auparavant - mais tout à coup il fut rappelé au bon sens.

"M. Garratt," dit Hannah, sa voix était sévère et inébranlable, "si vous voulez voir la tombe de votre tante Amelia, je vous y emmènerai."

XI

M. Vincent est parti pour l'Australie une semaine après sa visite à Londres. Au cours des premières heures de sa navigation, Mme Vincent et Margaret mesurèrent dans leur cœur chaque longueur que le navire parcourait, tandis qu'Hannah se demandait si le Seigneur le laisserait arriver sain et sauf à la fin de son voyage et priait avec ferveur pour les Juifs, les Turcs et les infidèles. Car Hannah ne feignait pas de regretter son départ. " Ce sera bien pour lui de s'absenter ", dit-elle à sa mère, " et il serait bon que la place soit laissée un peu à ceux qui y tenaient avant son arrivée et qui le seront après son départ. " Il n'était plus question de sa suprématie après le départ de M. Vincent, et sa mère était comme de la cire entre ses mains.

Mais ce n'était pas seulement pour la paix, et à cause du vague sentiment qu'elle devait à Hannah une réparation indéfinie pour le fait qu'elle avait mis un autre homme à la place de son père, que Mme Vincent céda ; c'était aussi que le vif intérêt qu'elle avait autrefois porté au travail de la ferme s'était peu à peu endormi, voire à moitié oublié, dans son grand amour pour l'homme qu'elle avait vu pour la première fois alors que l'âge mûr l'avait déjà rattrapée. Il y avait aussi une autre raison, mais elle existait à l'insu de tous , même d'elle-même. Mme Vincent était devenue moins active depuis un an ou deux, plus silencieuse et réfléchie. Ses cheveux étaient plus gris, les rides de son visage étaient plus profondes, des douleurs sourdes l'assaillaient parfois et une léthargie qu'elle ne parvenait pas à vaincre. Elle l'attribuait, comme ceux qui l'entouraient, aux années qui s'accumulaient et à la précipitation du temps ; de temps en temps, elle se disait qu'elle « n'était pas bien, qu'un jour elle verrait un médecin », mais elle rejetait cette idée avec la conviction que ce n'était rien, seulement qu'elle vieillissait – la pire maladie de l'humanité. tout cela, pensait-elle, puisque chaque heure de la vie qu'elle passait dans le monde qui tenait son mari était douce. Curieusement, elle et Hannah avaient été presque soulagées quand il était parti. C'était la bonne chose pour un homme de sortir et de voir le monde ; aucune femme ne devrait l'attacher pour toujours ; elle éprouvait même un petit plaisir désintéressé en se rappelant que c'était elle qui l'avait proposé la première. Pendant son absence , elle résolut de bien se reposer et de dormir sa fatigue et tout le malaise qu'elle engendrait, afin d'être forte pour l'accueillir à nouveau. Mais après l'excitation de le préparer et les adieux passionnés mais peu démonstratifs, une réaction est venue. Elle s'enferma une ou deux fois dans sa chambre, pour qu'on ne pût soupçonner ses larmes ; ou, lorsqu'elle s'était habituée à son absence, elle restait assise à réfléchir dans la pièce à vivre ou sur le porche, essayant d'imaginer ce qu'il faisait et de se représenter son environnement.

« Il faut que je sois bête pour continuer ainsi à mon âge », se disait-elle ; "Je ne le laisserais savoir aux filles pour rien au monde."

Pour Margaret, le départ de son père apportait toutes sortes de restrictions et de limitations ; mais sa mère était trop absorbée par ses propres rêves pour s'en apercevoir, ou pour se rapprocher d'elle plus qu'auparavant, et ainsi compenser la perte de sa compagnie. Ainsi Hannah était libre de montrer l'aversion qu'elle avait toujours ressentie et de l'inquiéter avec de mesquines tyrannies.

"Le meilleur salon sera utilisé par quiconque le voudra jusqu'à son retour", annonça-t-elle aussitôt. "Elle a été gardée à l'écart assez longtemps, comme si la maison entière n'était pas digne d'être habitée par ceux qui la possèdent, à moins que ce ne soit parfois à titre de friandise."

"C'était séparé parce que mon père voulait lire, écrire et se taire", a déclaré Margaret.

" Eh bien, personne n'a besoin de lire et d'écrire maintenant ; vous pouvez faire des choses plus utiles, et cela n'en sera que meilleur ; quant à être tranquille, eh bien, il y en a d'autres qui voudront se taire parfois, et ce sera faites pour eux. M. Garratt vient dîner chez lui le dimanche et nous y resterons l'après-midi - si nous ne nous promenons pas. Mère est toujours sous le porche et nous ne voulons pas que vous traîniez autour de nous. ".

"Je suis heureuse de m'en aller", dit rapidement Margaret.

" De toute façon, vous faites de votre mieux pour garder ses yeux fixés sur vous ; mais vous n'avez pas besoin de penser que vous l'attirerez vers vous ; il est peu probable qu'il pense quelque chose par un incroyant. "

"Je ne veux pas de lui", s'écria Margaret, et elle s'enfuit vers la hêtraie qui se dressait derrière la ferme comme si elle constituait la couronne du paysage. Ici, d'une manière inconséquente née de l'instinct qui ne vient qu'au cœur d'une femme, elle attendait Tom Carringford ou des nouvelles de lui. Cette heureuse matinée à Londres avait changé tout le cours de ses pensées, avait mis dans sa vie quelque chose d'étrange et de doux qu'elle n'essayait pas de définir et qu'elle savait à peine exister. Mais elle voulait le revoir – et elle attendit, rêvant comme sa mère, mais différemment. Il viendrait, ou il écrirait, et bientôt ; elle le sentait et le savait. Mais les jours passaient, les semaines et le premier mois d'absence de son père, et rien ne se passait. Elle était un peu déçue, mais elle se trouvait déraisonnable, car, bien sûr, il pensait à son poste de sous-secrétaire, à bâtir des châteaux concernant sa carrière parlementaire - dans l'esprit de Margaret, il était sûr de devenir un jour premier ministre - ou à sortir avec lui. ses amis; et elle pensait avec inquiétude aux Lakeman : il n'avait pas le temps d'aller à Hindhead, ni de se souvenir de l'invitation de son père. Et pourquoi devrait-elle s'attendre à ce qu'il écrive ? Il viendrait peut-être lorsque Sir George Stringer serait établi dans la maison de la colline.

Mais il n'y avait aucun signe de Sir George. Chaque jour, au petit matin ou au crépuscule, elle se précipitait à travers les champs, vers la route sur laquelle l'église et le jardin de l'entrée de sa maison se faisaient face de chaque côté ; mais les portes étaient toujours fermées, et une chaîne autour d'elles, fermée par un cadenas, indiquait qu'il n'était pas encore attendu. Puis elle s'éloigna lentement et avec une sourde déception dans le cœur, que le caractère et la tyrannie d'Hannah accentuèrent jusqu'à ce qu'elle puisse à peine le supporter. Les fondations de la vie semblaient s'effondrer – elle le sentait en passant devant les fenêtres du meilleur salon vide, ou en voyant sa mère, toujours droite, mais plus âgée et plus grave, assise sous le porche. Le bonheur du foyer, le cher foyer de toute sa vie, avait décliné ces derniers temps.

« Est-ce que tu vas bien, maman ? » demanda-t-elle un jour, inquiète. "Parfois, je pense que tu souffres." C'était cinq semaines après le début de l'activité de M. Vincent.

"Ce n'est rien", répondit Mme Vincent. "Je vieillis, Margey ; à cinquante-six ans, les douleurs ont le droit de prendre une certaine emprise sur quelqu'un. J'irai mieux quand ton père reviendra ; peut-être en ai-je fait un peu trop avant son départ."

"Oui, tu l'as fait, chérie", répondit Margaret en baisant les mains – des mains grandes et capables, que même les rudes travaux agricoles n'avaient jamais rendues grossières.

"Il y aura de nombreux mois de repos avant son arrivée", a poursuivi Mme Vincent; "Peut-être vaut-il mieux qu'il s'absente un moment."

"Mais, maman chérie, tu étais si active il y a peu de temps."

"Vous voyez, Hannah est plus âgée et aime faire les choses elle-même", répondit Mme Vincent ; "et c'est aussi bien ; cela me donne le temps de réfléchir à toutes les années en arrière. Je n'ai jamais pu le faire auparavant. Ne vous inquiétez pas pour moi, Margey ; quand les gens s'entendent, ils aiment se taire. " Il était évident que sa mère voulait qu'on la laisse tranquille, et Margaret a respecté son souhait, même si cela lui rendait la vie plus difficile.

Et puis il y avait M. Garratt, vif et vulgaire, avec l'apparence d'une éducation de mauvaise qualité et la vivacité d'une intelligence déterminée à « avancer » et à tirer le meilleur parti des chances. Ses allées et venues n'auraient eu que peu d'importance pour Margaret s'il l'avait laissée seule. Mais c'était précisément ce qu'il ne ferait pas. Elle lui parlait le moins possible et montrait inconsciemment qu'elle le considérait comme une personne plutôt inférieure ; mais M. Garratt a fait face à tout et était un jeune homme difficile à confondre .

De plus, M. Garratt traversait récemment une phase aiguë, car des possibilités s'étaient présentées qui le rendaient perplexe et distrayant. Il avait saisi l'occasion d'améliorer son entreprise en établissant une succursale à Guildford, où il se proposait de vivre pendant les mois d'été, laissant plus ou moins la succursale de Petersfield se débrouiller seule. Les terres avaient augmenté dans le Surrey ; il y avait beaucoup d'achats et de ventes à faire parmi les gens, qui étaient impatients de construire les maisons de briques rouges dont Sir George Stringer s'était moqué, et il était venu à l'esprit de M. Garratt que la mode pourrait être utilisée à son avantage. profit. En plus, il en avait assez de Petersfield . Guildford était plus proche de la ville ; "Une meilleure classe de personnes y va", dit-il avec la connaissance qui irritait Margaret. C'était récemment devenu une règle qu'il se présentait le dimanche matin et se rendait à l'église avec Mme Vincent et Hannah, puis revenait avec elles au repas de midi, qui ne variait jamais : bœuf froid et plum-pudding cuit au four en hiver, froid. l'été, la tarte à l'agneau et aux fruits était toujours mangée en silence, comme si le sabbat était un temps de pénitence, et après cela il devait se soumettre, comme il le savait bien, à un *tête-à-tête* dans le meilleur salon. Mais pendant qu'il préparait sa maison et son bureau à Guildford , il trouvait souvent possible de prendre le train de l'après-midi pour Haslemere , et à Haslemere , il louait une petite charrette à chiens avec un gros poney gris et se rendait à Chidhurst , où il resta prendre le thé, puis rentra en voiture au crépuscule du début de l'été. C'était sur la ligne qu'il devait adopter ces après-midi, qui étaient en quelque sorte plus faciles que les visites du dimanche, qu'il s'exerçait mentalement. Il avait d'abord considéré Hannah d'un point de vue matrimonial sur les conseils de sa mère, à qui la vieille Mme James Barton, de Petersfield , avait assuré qu'elle posséderait finalement Woodside Farm. Il avait semblé à M. Garratt qu'au moment où il serait prêt à prendre sa retraite, la ferme serait une excellente retraite pour ses vieux jours, et qu'entre-temps Hannah ferait de lui une épouse attentionnée. Mais c'était un jeune homme clairvoyant, qui avait une manière de considérer les choses dans toutes leurs dimensions, c'est pourquoi il s'était volontairement tenu longtemps à l'écart, pour la simple raison qu'il n'y avait pas lieu de se presser. Il savait à quoi ressemblait Hannah et était parvenu à la conclusion que, dans l'ensemble, elle s'en sortirait. Mais elle ne lui inspirait aucune manifestation de sentiment, et il n'y avait aucune raison pour qu'il perde son temps avec elle quand il sentait qu'il pourrait être employé tout aussi agréablement et peut-être plus avantageusement à la maison. C'est simplement pour s'assurer que les choses se déroulaient de manière satisfaisante qu'il se rendit enfin à Woodside Farm, et non par désir particulier de la voir.

Puis, à sa grande surprise, Margaret était apparue. Elle lui coupa le souffle, et étant un jeune homme intelligent, il vit tout de suite qu'elle et son père appartenaient à une classe tout à fait différente de celle à laquelle il était habitué. Il se demandait comment elle était arrivée là. Comment son père était arrivé là-bas et qu'est-ce qui l'avait poussé à épouser Mme Vincent et à s'installer à la ferme. « Il doit y avoir une vis desserrée quelque part », pensat-il ; mais que lui importeraient une douzaine de vis si seulement – car cela lui vint aussitôt à l'esprit – il pouvait épouser Margaret ? Cette pensée l'enivrait ; elle était jeune et belle ; elle faisait danser le sang dans ses veines comme il ne l'avait plus fait depuis qu'il avait vingt-deux ans, lorsqu'il était tombé amoureux de la fille d'un dentiste qui l'avait abandonné pour le commissaire d'un paquebot naviguant sur l'Atlantique : et cette jeune femme n'avait pas joué un rôle important dans celui-ci. Avec une femme comme Margaret, se disait-il, on ne savait pas ce qui pourrait être fait, ni jusqu'où il pourrait s'élever en ces temps démocratiques. Il regarda le visage d'Hannah ; il était décoloré et quelque peu abîmé par les intempéries ; il y avait des lignes de colère dessus – elles deviendraient plus profondes au fil du temps ; le grisbleu dur de ses yeux le glaçait, ses cheveux bien tirés en arrière le repoussaient, ses manières suggéraient que le temps la rendrait mégère. La vie avec elle signifierait une sorte de maison propre et bien ordonnée, mais pas un pigeonnier gai et agréable. Heureusement, il ne s'était engagé d'aucune manière ; il s'était simplement montré extrêmement poli et amical, et était entré dans cette scène qui, dans la classe juste au-dessous de celle qu'il considérait comme la sienne, était connue sous le nom de « walk-out », sorte de prélude aux fiançailles. Mais il n'avait pas dit un seul mot d'amour ; il l'avait regardée, c'est vrai, mais un chat peut regarder un roi. Le pire, c'était qu'il ne parvenait jamais à faire la moindre impression sur Margaret ; au mieux, elle était seulement polie avec lui ; elle parlait le moins possible et disparaissait généralement peu après son arrivée ; il y avait des moments où il trouvait ses manières un peu méprisantes ; néanmoins, il résolut de ne pas s'engager dans une autre direction tant qu'il ne s'était pas assuré que cela était impossible. Il regarda dans le miroir et arriva à la conclusion qu'il n'était en aucun cas méchant ; il considérait la boucle de ses cheveux et la beauté de sa moustache comme des points forts de son apparence.

« Elle est un peu jeune, se dit-il, et elle ne sait pas encore ce qu'elle fait. Une fille ne fait pas grand chose avant vingt-deux ans. Elle a alors eu le temps de regarder autour d'elle chez elle, et de voir qu'il n'y a peut-être pas toujours de place pour elle. D'ailleurs, elle sait alors quand un garçon vaut la peine d'avoir, et ne se donne pas autant d'airs qu'au début. Je me demande si ma robe est assez à la hauteur ? Elle a un œil vif, et elle est allée à Londres, et ils pensent toujours qu'ils en savent beaucoup après ça. Il réfléchit à ce point avec beaucoup d'attention, de sorte que la prochaine fois qu'il se rendit à Haslemere , il porta des guêtres ternes sur ses chaussures qui n'étaient en aucun cas mal faites ; un mouchoir blanc, fin et légèrement parfumé de rose blanche, sortait de sa poche de poitrine, et il tenait à la main une cravache, car il avait décidé qu'au lieu de conduire, il se rendrait à la ferme en voiture.

Il aurait l'air plus fougueux, pensa-t-il, de trotter le long de la lande, devant l'église, le long de la route et dans l'allée verte, pour arriver avec fracas au porche, que de paraître dans le piège le plus soigné. Il y avait une jument décente à embaucher chez "The Brown Bear" à Haslemere . Il écrivit au propriétaire et se sentit très excité par une image imaginaire de lui-même et par l'effet qu'elle aurait sur Margaret.

XII

M. Vincent s'était arrangé pour que, pendant son absence, ses deux cents par an soient payés à Margaret. Le legs de cinq cents livres dont il avait parlé serait, il le savait, plus que suffisant pour ses besoins de voyage. Le paiement du peu de revenus à Margaret avait été la suggestion de Mme Vincent. « Vous voyez, je n'en voudrais pas, » dit-elle, « et il vaudrait mieux qu'elle l'ait. Alors, si quelque chose arrive pendant votre absence, il sera là, et sinon, elle le gardera, et quand si tu reviens, nous ferons quelque chose avec." Margaret n'en fut informée qu'après le départ de son père.

"Tu te sentiras très riche", dit sa mère.

"Eh bien, oui," répondit Margaret, et en vérité, cela ressemblait à une fortune posée à ses pieds. "Toi et moi pourrions partir en voyage, maman chérie."

Mais Mme Vincent secoua la tête. "Je suis mieux à la maison", répondit-elle; "Voyager n'est pas pour les personnes âgées."

Puis, non pas comme si elle avait généré cette pensée dans son propre esprit, mais comme si elle lui était venue d'une ville lointaine, par-delà les collines du Surrey, Margaret se demanda ce que cela ferait d'aller seule à Londres, d'être parmi les gens là-bas, voir les rues et entendre le grondement de la circulation, vivre seule, comme le faisait Miss Hunstan , dans des chambres blanches et bleues dans une vieille rue pittoresque avec une femme aux cheveux gris pour la servir, et , avant tout, faire quelque chose dehors, à l'air libre. Elle en était venue à se rendre compte qu'il existait une grande route à travers le monde sur laquelle les gens se frayaient un chemin. Elle y avait beaucoup pensé ces derniers temps. D'ailleurs, la fascination du théâtre s'était emparée d'elle. Toutes choses ont un commencement, pensa-t-elle ; l'actrice qui jouait Constance dans « King John », même si ses tons semblaient venir d'un cœur qui n'avait qu'à se sentir vivement pour les produire, avait déjà fait un début. Quelle chose merveilleuse cela doit être de faire quelque chose, ou de faire quelque chose qui compte dans le monde ! Si seulement elle avait été plus âgée, ou si elle en avait discuté avec son père, ou si une nécessité étrange et dure devait la surprendre et la pousser à aller de l'avant, elle aurait eu l'impression que des capacités cachées pourraient se développer et que la force lui reviendrait. Ce n'était qu'un rêve, bien sûr, mais le rêve était un refuge contre Hannah et une retraite vers laquelle elle pouvait se précipiter à volonté ; c'était encore mieux que les livres. Après tout, seules les choses que les gens avaient entendues, vues et pensées étaient rassemblées et mises dans des livres ; mais si elle partait à la découverte du monde , elle pourrait les obtenir elle-même. « Je veux savoir des choses », avait-elle dit à son père ce matin-là à Londres ; «Je veux connaître les choses et les faire», s'écria-t-elle un après-midi dans les bois et au milieu du calme de l'été à venir à Chidhurst

. Depuis le départ de son père, elle s'était rapprochée de la nature sous les grands ormes de sa cathédrale. Les mystères et les immensités qui l'entouraient semblaient murmurer des secrets sur le monde qu'elle avait envie de comprendre.

Près de six semaines depuis le départ de son père et, à l'exception des allées et venues de M. Garratt, la vie était pratiquement arrêtée à Woodside Farm. « Si seulement Sir George Stringer arrivait, se dit-elle un après-midi, j'aurais l'impression que c'était le début d'un nouveau chapitre. Cela faisait un ou deux jours qu'elle n'avait pas osé visiter la maison sur la colline, mais elle allait y aller maintenant, pensa-t-elle – quelque chose lui disait qu'il y aurait des nouvelles. « J'y vais tout de suite, s'écria-t-elle, et s'il n'y a aucun signe , j'attendrai une semaine entière.

Elle traversa rapidement un bosquet et un sous-bois, traversa un fossé dans les champs, traversa les champs et sortit près de l'église jusqu'à la route. Elle vit en un instant que les portes de la maison étaient ouvertes et son cœur fit un bond. Il arrivait, peut-être était-il déjà venu, et saurait quelque chose sur Tom Carringford . Elle monta quelques marches dans l'allée, entre les mélèzes et les sapins avec les petits rosiers mensuels devant, et se demanda si elle oserait monter à la maison et le demander - le vieil ami de son père ne le prendrait pas mal. . Puis elle a rencontré l'homme à tout faire qui s'occupait du jardin. Sir George était venu la veille au soir, lui dit-il, venu pour une semaine, mais il était absent ; Je suis parti en avion, probablement pour voir une partie du pays aux alentours.

Margaret sortit de la porte avec un sourire aux lèvres, pour se retrouver face à face avec M. Garratt sur son cheval. Il passait prudemment, ne s'attendant pas du tout à la voir, mais dès qu'il le fit, il se releva et essaya d'avoir l'air intelligent et indifférent. Elle rit et lui fit un signe de la tête parce qu'elle était si heureuse et parce que cela l'amusait de voir la chérie d'Hannah passer, suprêmement satisfaite de lui-même, de ses guêtres, de sa cravache et de son chapeau melon. Il tira sur sa moustache en voyant Margaret et souleva son chapeau avec un petit geste.

"Eh bien, M. Garratt," dit-elle, "je ne vous connaissais pas !"

Il était ravi de ses manières ; il l'a pris comme un hommage à son apparence améliorée ; il tenait fermement ses rênes et se balançait un peu sur sa selle, comme si son cheval était rétif.

"Rouler, c'est un peu plus vivant , Mademoiselle Vincent, que se traîner dans une trappe ; bien sûr, s'il y a quelqu'un à côté de vous, c'est différent." Il essaya de donner du sens à son ton.

"Tu devrais demander à Hannah de te rencontrer à la gare dans le chariot marron", dit-elle méchamment, "et de te reconduire."

"Je ne sais pas si ce serait un plaisir ou non, Miss Vincent." Elle le dépassa pendant qu'il parlait et se plaça près de la porte qui donnait sur le champ.

"Je suis sûre que ce serait le cas", répondit-elle en défaisant le loquet. "Nous nous reverrons tout à l'heure", et elle lui fit un petit signe de tête en signe de congédiement. "Je vais par ici."

En un instant, il descendit de cheval et se tint à ses côtés. "Je peux conduire la jument à travers l'herbe et avoir le plaisir de vous accompagner en même temps", dit-il rapidement. Ils restèrent un moment à se regarder, et l'intolérance qu'elle avait toujours ressentie à son égard revint.

"Je ne suis pas encore sûre de rentrer chez moi", dit-elle, "ou de revenir par ici, après tout."

" N'importe quel moyen me conviendra, je ne suis pas pressé. Nous pourrions avoir une petite conversation sur Londres et les théâtres ", ajouta-t-il avec une inspiration soudaine. "Miss Barton est plutôt stricte, vous savez."

"Hannah a été élevée dans l'idée que le théâtre est un mauvais endroit, alors elle a tout à fait raison de ne pas y aller et de désapprouver les gens qui y vont - mon père ne pense pas que ce soit mal."

"Moi non plus, Miss Vincent." À ce moment-là, ils traversaient champ à pied, lui conduisant la jument, et elle empruntant le sentier étroit ; "En fait, même si je n'aimerais pas le dire à Miss Barton, je l'aime beaucoup. Eh bien, quand j'étais debout il y a une semaine, il y a un mois, j'y suis allé quatre fois." Il la regarda d'un air entendu, comme pour établir une confiance. "Je suis allé voir "La Leçon des Amoureux" - une belle pièce, Miss Vincent; cela faisait sentir" - M. Garratt baissa la voix à ce stade : « Qu'est-ce que le véritable amour ? Oh, dis-je, il y a un escalier dans ce prochain domaine ; je ne le savais pas. Je vais devoir reprendre la jument. Il mit le pied à l'étrier, sauta en selle et s'avança d'un air de chasseur parlant devant une porte à cinq barreaux ; puis descendit de cheval et attendit Margaret. "Permettez-moi de vous donner un coup de main", dit-il, et il lui serra les doigts alors qu'elle descendait.

"S'il vous plaît, ne le faites pas", dit-elle avec hauteur.

"Je le referais", a-t-il dit, "pour voir la couleur venir comme ça ; on ne sait pas ce qu'on ressent."

"Je ne souhaite pas savoir. Ayez la gentillesse de vous rappeler que vous venez voir Hannah."

"Mais ce n'est pas Hannah que je veux venir voir."

Elle se retourna rapidement vers lui. "Il n'y a qu'Hannah qui souhaite te voir, comprends ça."

"Oh, dis-je, quel crachat ! Écoutez, Miss Vincent, ne vous fâchez pas. Vous et moi devrions être amis, vous savez ; et je ne veux aucun mal."

Après tout, il n'était que vulgaire, pensa Margaret. "Je suis sûre que vous ne voulez pas de mal..." dit-elle, mais pas très gracieusement.

Il estime que ce serait une bonne chose de revenir à des sujets neutres.

« Connaissez-vous le monsieur qui a pris la maison près de l'église ? Il a demandé. "Vous sembliez vous intéresser à lui."

« C'est un ami de mon père », daignait-elle lui dire.

" Il doit être un grand, de toute façon, c'est un "Monsieur". Vous savez, j'ai l'idée que vous et votre père êtes aussi des grands. Eh bien, vous et Miss Barton êtes aussi différents que la craie du fromage - il n'y a pas de différence entre vous et Miss Barton. tu ne la regardes pas quand tu es là.

Margaret marchait sans un mot, mais il la suivait docilement ; c'était la même chose pour M. Garratt.

"Tu es carrément belle, c'est ce que je pense. Je dis ! Il y a Hannah debout près du porche, qui regarde dehors", car à ce moment-là, ils étaient à moins d'un demi-champ et de toute la longueur du jardin de la maison. "Elle sera folle quand elle me verra marcher avec toi, tu sais. Maintenant, alors," ajouta-t-il en touchant sa propre épaule avec la cravache à la main tandis qu'elle faisait un signe d'impatience, "ne sois plus désagréable, il y a une chère fille. Parlons du théâtre ; tu aimes ça, tu sais, et il ne nous reste que cinq minutes. Je vais te dire ce que tu aurais dû voir : « L'École du scandale » et Miss Hunstan . dedans."

"Oh, tu l'as vue !" S'exclama Margaret en faisant un pas plus près de lui.

Hannah, qui regardait depuis le porche, l'a vu. Un rose profond lui montait aux joues et au bout de son nez. Quelqu'un dans le meilleur salon, regardant à travers la petite fenêtre en treillis, le vit aussi et en tira des conclusions.

"Oh, tu veux en savoir plus sur elle, n'est-ce pas ?" » dit M. Garratt triomphalement. "Maintenant, pourquoi ça?"

"Je l'ai rencontrée chez un ami quand j'étais à Londres avec mon père."

"Vraiment ? Eh bien, je ne dirais pas ça à Hannah si j'étais toi ; elle leur demanderait d'organiser une prière dans la chapelle pour toi."

"Parlez-moi de Miss Hunstan – elle jouait Lady Teazle –"

"Oh, vous avez entendu parler de Lady Teazle , n'est-ce pas ? Eh bien, elle était tout simplement splendide. Vous auriez dû la voir plaisanter sur son vieux mari, et la façon dont elle tenait sa tête lorsque l'écran est tombé. Un de mes amis était à New York quand elle a fait son coming-out pour la première fois, il y a quinze ans maintenant ; ça avance, n'est-ce pas ? »

"Qu'a-t-elle fait en premier ?"

"Elle a continué en soutenant la traîne d'une princesse, mais elle l'a fait avec un tel air que les jeunes gens entraient juste pour la regarder. Puis Dawson Farley est allé là-bas avec une compagnie anglaise et l'a repérée, je suppose. ", et lui a donné un petit rôle à jouer. Elle avait à peu près votre âge", a ajouté M. Garratt d'un ton significatif. "Les gens disaient qu'ils allaient se marier, et on en parlait beaucoup, mais cela ne s'est pas produit, et elle a parcouru les États-Unis en jouant, et est devenue une houle, et il est devenu une houle ici. Maintenant elle est ici aussi, dans le rôle de Lady Teazle . Je me demande si elle voit un jour Dawson Farley ?

"Oh oui. Je les ai rencontrés tous les deux quand j'étais à Londres ; il a dit qu'ils étaient de vieux amis."

« Vous semblez avoir fait beaucoup de choses lors de votre visite, et cela n'a duré qu'une nuit prise en sandwich, je pense ? dit-il en se précipitant après elle, mais handicapé par le fait de devoir conduire son cheval.

"Avez-vous vu Miss Hunstan dans autre chose ?" » demanda Margaret, sans prêter attention à sa remarque.

"Je l'ai vue une fois dans un spectacle mixte, je me suis levée pour une œuvre caritative – des acteurs et des actrices s'exhibant par petits morceaux, vous savez."

"Qu'a-t-elle fait?"

"Elle a récité un poème d'un Américain appelé Field. J'ose dire que vous savez tout sur lui, étant amateur de poésie ?"

"Non, je n'ai jamais entendu parler de lui."

M. Garratt était triomphant. " Vraiment ! J'ai acheté ses poèmes et j'en ai récité un moi-même lors d'un divertissement que nous avons organisé pour la nouvelle chapelle de Midhurst... "

"Oh!"

"Je pourrais te prêter le livre", mais elle ne répondit pas. " Je m'intéresse vivement à la plupart des choses, " continua-t-il vivement, car il voyait que leur conversation devait nécessairement se terminer dans un instant, " et j'aimerais beaucoup avoir un peu plus de conversation avec vous que je ne le fais. à l'heure actuelle. Je pense que nous avons un point de vue similaire sur beaucoup de choses. Maintenant, Miss Barton et moi avons un point de vue différent. À vrai dire, je n'aime pas trop aller à la chapelle et chanter des psaumes. Je crois qu'il faut voir un peu de la vie, et Londres est l'endroit idéal pour le voir. Je dis (il s'approcha d'elle) J'aurais aimé que nous soyons là ensemble, n'est-ce pas, hein ? et il lui a donné un petit coup de pouce.

Elle s'arrêta et rougit de rage. "Non, je ne le fais pas", répondit-elle, "et vous ne me toucherez plus, M. Garratt ; je n'aime pas les gens qui me sont trop familiers." Elle se frotta le coude comme s'il avait été piqué et continua son chemin.

"Eh bien, vous avez une façon de parler plus simple que n'importe quelle autre jeune femme que j'ai jamais rencontrée dans ma vie", dit-il en la rattrapant, "mais je vais vous dire quelque chose avant de nous séparer : il n'y a pas de raison. je ne ferais rien au monde pour toi. Peut-être penses-tu que je suis un peu libre dans mes manières, mais nous ne pouvons pas tous être aussi élevés et puissants que vous - nous ne sommes pas faits comme ça, vous savez. ".

Margaret franchit la porte du jardin sans un mot. M. Garratt a dû rester immobile et tenir son cheval. "Hannah!" Margaret a appelé. Il avait l'air alarmé, comme s'il pensait qu'elle allait peut-être raconter des histoires. "Vous feriez mieux de venir, M. Garratt est là."

Hannah arriva rapidement dans le jardin, son visage très rouge et son expression loin d'être agréable.

"Comment allez-vous, Miss Barton ?" M. Garratt a crié agréablement. "J'ai rencontré Mademoiselle Vincent sur la colline et j'ai conduit la jument à travers champs pour le plaisir de sa compagnie."

"C'était un rendez-vous ?" » demanda-t-elle brusquement.

« Pas de son côté, » dit-il en guise de petite plaisanterie, « et pas du mien », ajouta-t-il rapidement, car Margaret s'était arrêtée et il semblait y avoir une explication sur ses lèvres ; "seulement un plaisir inattendu. Dois-je emmener la jument à l'écurie, Miss Barton ?"

"Jim!" Hannah appela à pleine voix, et un garçon apparut de l'un des bâtiments latéraux. "Venez prendre le cheval de M. Garratt... et donnez-lui du maïs", ajouta-t-elle, car elle se rendit soudain compte qu'elle ne se montrait pas très aimable devant son prétendu prétendant. "Margaret, tu ferais mieux d'entrer dans la maison ; il y a quelqu'un avec maman, et elle te veut."

Margaret était à mi-chemin dans un chemin secondaire sur la gauche, mais elle tourna aussitôt, remonta rapidement le jardin et disparut sous le porche.

« Que faisait-elle ? M. Garratt a demandé à Hannah, alors qu'ils marchaient le long de la haie d'ifs, à contrecœur de sa part, mais elle était une personne dominante et difficile à contrecarrer. "Tu vas rencontrer quelqu'un ?"

"Oh, elle se rendait seulement dans ce bois là-haut - c'est ce qu'elle fait le dimanche matin au lieu d'aller à l'église comme une chrétienne et de rentrer chez elle à pied avec sa mère", répondit Hannah avec ressentiment, car si Margaret s'était occupée de ses affaires religieuses, correctement, pensa-t-elle, il n'aurait pas été nécessaire que M. Garratt revienne à côté de Mme Vincent. "De nos jours, M. Garratt, les gens ne semblent plus attirés par l'idée d'aller au paradis, comme avant, et ils n'ont pas peur du châtiment éternel comme ils devraient l'être."

"Eh bien, vous voyez, Miss Barton, selon eux, il n'y a rien à gagner à mourir, et la seule chose à faire est de tirer le meilleur parti de ce qu'ils ont."

"M. Garratt, je n'aime pas la façon dont vous parlez ; ce n'est pas un esprit respectueux."

"Ce n'est pas censé être autre chose, je vous l'assure, Miss Barton," répondit-il d'un ton d'excuse, en tapotant sa jambe droite avec la cravache qu'il tenait toujours à la main. Elle leva les yeux et vit son nouveau chapeau melon et le mouchoir blanc dans sa poche de poitrine, et son attitude s'adoucit.

« Quand pensez-vous vous installer à Guildford, M. Garratt ? elle a demandé.

"Je serai là-bas dans six semaines", répondit-il; "Ils repeignent les cadres des fenêtres en ce moment. J'espère que vous et Mme Vincent viendrez un jour", ajouta-t-il après une pause. "J'aimerais avoir votre opinion sur les lieux."

"Je serai prête à vous le donner", dit-elle modestement, et elle attendit avec impatience, mais il ne dit rien de plus. Il pensait encore à Margaret.

« Connaissez-vous quelque chose sur les gens de Vincent ? En a-t-il d'autres en Australie, à part ce frère ? Il a demandé.

" Il n'a jamais parlé d'eux, pas même de son frère, jusqu'à l'année dernière. Je dois vous dire franchement, M. Garratt, que je ne l'ai jamais aimé. C'est un homme qui a rejeté la religion et a élevé son enfant pour faire la même chose. " même."

"Vous savez, cela me frappe d'une manière ou d'une autre," a déclaré M. Garratt, en toute confidentialité, "qui ont fait quelque chose de louche; ou peut-être qu'il a fait quelque chose de louche lui-même, on ne sait jamais. Il se peut qu'il ait soudainement eu peur de " Il a été découvert et s'est complètement retiré. Vous n'avez que sa parole pour dire qu'il a un frère, je suppose ? "

Hannah le regarda, consternée. Cette idée recouvrirait de nombreux sentiments et instincts étranges qu'elle avait encouragés à l'égard de M. Vincent. Qu'il soit une sorte de criminel déguisé lui semblait tout à fait réalisable lorsqu'elle se souvenait de ses opinions, et qu'il abandonne sa femme et sa fille serait une conséquence naturelle de cette décision.

"Il avait des lettres avec le cachet de la poste australien", dit-elle, se souvenant de cette preuve de véracité de son beau-père.

"Ils pourraient être gérés", répondit M. Garratt, d'une manière entendue qui ajoutait à la consternation d'Hannah.

"Il y a quelqu'un qui le connaît qui est venu voir maman maintenant. Je cherchais Margaret et je ne suis pas resté pour entendre son nom."

"C'est probablement le monsieur qui a pris la maison sur la colline; nous pourrions aller voir à quoi il ressemble", dit rapidement M. Garratt, et il se tourna vers la maison, ravi à l'idée de rencontrer sur des termes plus ou moins égaux certains celui que, dans le cours normal des choses, il aurait dû traiter avec le respect dû à un supérieur.

Mais Sir George Stringer avait disparu. Il allait justement partir quand Margaret revint.

« Je suis venu ici pour le plaisir de rendre visite à ta mère et de te revoir », avait-il dit. "Vous aviez évidemment une conversation des plus intéressantes lorsque vous traversiez le champ - j'espère qu'elle n'a pas été interrompue," il la regarda avec curiosité et vit les couleurs monter sur son visage.

« Ce n'est que M. Garratt », expliqua Mme Vincent ; "Il vient souvent de Guildford pour nous voir."

"Je n'en doute pas", répondit Sir George. Margaret n'a pas eu le courage de contredire l'erreur et Mme Vincent ne l'a pas vu. "Vous m'auriez vu avant", poursuivit-il, "mais j'ai eu une sœur malade à Folkestone . Je crains de ne pouvoir rester plus longtemps maintenant, mais je reviendrai dans un jour ou deux."

Margaret se dirigea vers le portail avec lui, confuse et mortifiée, mais elle fit un effort pour arranger les choses.

"Je ne savais pas que tu étais ici—"

"Ne vous excusez pas", dit-il avec bonhomie. "Je vais rester au moins quinze jours et tu me verras très souvent. Est-ce que toi et ta mère êtes seuls ici ?"

"Il y a Hannah—"

"Oh oui, la femme au visage acéré qui m'a laissé entrer, je suppose ? Elle te surveille. Je l'ai vue dans le jardin te regardant approcher avec beaucoup d'anxiété et pas beaucoup d'approbation." La mouche attendait dans la ruelle plutôt que près du porche. Il entra avant de tendre la main.

« Sir George, je veux vous dire… » commença-t-elle et s'arrêta, car c'était si difficile.

"Je sais," et il rit encore. " À propos, j'ose dire que vous recevrez Carringford la semaine prochaine ; il va à Hindhead ; il a dit qu'il devrait venir vous voir et me chercher en chemin. Au revoir, " et dans un instant il avait commencé. Elle le regardait presque désespérée. Supposons qu'il parle de M. Garratt à Tom Carringford ! Oh, mais quand il reviendrait – il disait tout à l'heure qu'il devrait venir souvent – elle lui expliquerait. Seulement, c'était une chose si difficile à expliquer, cela demandait tant de courage, et pourquoi cela importait-il à M. Carringford ? Peut-être aussi vaudrait-il mieux laisser cela tranquille, et il oublierait M. Garratt ; en outre, M. Walford, le pasteur, ne manquerait pas de rendre visite à Sir George, et si par hasard il mentionnait Woodside Farm, il lui dirait probablement que M. Garratt sortait avec Hannah – il était toujours à l'église avec elle le jour même. Dimanche matin. Elle se rappelait avec joie que Sir George les y verrait ensemble, et que dans un petit endroit comme Chidhurst, tout était connu et parlé.

"Mon Dieu ! comme elle est belle", pensa Sir George en s'éloignant, "et quel dommage qu'elle soit laissée à ces deux femmes !" Car lui et Mme Vincent avaient passé dix minutes gênantes, ne sachant absolument pas quoi se dire, et il en était naturellement arrivé à la conclusion qu'elle était une femme belle mais tout à fait ordinaire de sa classe. — Et puis le jeune commerçant, avec ses cheveux frisés et frisés qui ressortent sous le bord de son chapeau melon, et son air de borneur. Vincent devrait être fusillé pour l'avoir laissée à lui. Cela ne le regardait pas, bien sûr, mais cela le contrariait tellement qu'il avait l'impression de ne pas pouvoir se résoudre à rendre une nouvelle visite à la ferme.

XIII

M. Garratt a loué la jument sur laquelle il avait fait une apparition si réussie au mois et a décidé de profiter de ses longues promenades à travers la belle campagne du Surrey. Il réfléchit bien et arriva à la conclusion qu'il valait mieux garder l'apparence de prêter attention à Hannah, de peur de perdre l'oiseau dans la main avant d'être sûr d'attraper celui dans la brousse. Mais il trouvait cela difficile, car sa voix lui faisait grincer des dents, et sa conversation, qui tournait toujours autour de sujets évangéliques et s'en prenait à son beau-père et à Margaret, l'irritait au point qu'il y avait des moments où il aurait pu la secouer. . Il était pleinement conscient des charmes de la propriété qui lui appartiendrait un jour, et il voyait assez clairement ses qualités économes ; mais ce n'était pas tout ce qu'un homme voulait, se dit-il. Il voulait en outre une femme qu'il pourrait aimer, regarder, et dont il serait fier, et dont d'autres hommes lui envieraient la possession.

« Si seulement Margaret faisait preuve d'un peu de bon sens, pensa-t-il, elle pourrait monter à mes côtés deux ou trois fois par semaine. Elle serait superbe dans cette habitude, et cela ne me dérangerait pas de le supporter. Les gens s'énerveraient un peu s'ils nous voyaient un jour traverser Guildford ensemble au trot ; quant à Hannah, elle n'est pas digne de se lécher les bottes. Même d'un point de vue mondain, il en était arrivé à la conclusion que Margaret lui conviendrait mieux. « Elle en retirerait un », pensa-t-il, « car je suis certain qu'elle est une grosse, même si elle ne le sait peut-être pas elle-même, tandis que l' autre en garderait un là où on est pour le reste de ses jours. Il retoucha la jument dans son enthousiasme, et passa devant l'église et vers l'allée verte au petit galop.

Sir George Stringer, caché derrière la verdure de son jardin, le vit passer. « Ce jeune borneur s'en prend encore à la fille de Vincent », se dit-il. "Je préfère l'épouser moi-même plutôt que de le laisser l'avoir - non pas qu'elle regarderait un vieux grizzli de cinq ans l'aîné de son père. J'en parlerai à Hilda Lakeman ; peut-être qu'elle demandera à la fille là-bas et obtiendra le des bêtises de sa part. » Il monta en ville le lendemain et prit soin de déjeuner sur le quai, puis de s'asseoir une heure dans la salle parfumée aux fleurs ; mais Mme Lakeman n'était pas aussi prête à aider dans cette affaire qu'il l'avait imaginé.

"La famille de Gerald est dans une situation plutôt difficile", dit-elle avec un amusement méprisant. " Je ferais n'importe quoi pour lui, mon cher vieux ; mais si sa copine est amoureuse de ce jeune homme, à quoi bon l'amener en ville ? Je ne pourrais pas en assumer la responsabilité, je ne pourrais pas en effet, vieil ami.

"Est-ce que la petite Margaret semblait aimer son commerçant ?" » demanda Lena en s'asseyant sur un tabouret bas près de sa mère et en levant les yeux vers Sir George.

"Eh bien, je les ai vus se rapprocher en traversant le champ, et flâner hors de vue derrière la haie avant d'entrer dans le jardin, et elle rougit en parlant de lui."

"Chère petite Margaret," ronronna Lena, "pourquoi ne l'épouserait-elle pas et ne serait-elle pas heureuse ? Ce serait bien mieux que d'intervenir. Je dois en parler à Tom, il sera tellement amusé."

"J'aimerais que Tom l'épouse", dit Sir George avec ferveur.

« Il vient aujourd'hui ; je lui dirai ce que vous dites.

"Alors tu y réfléchiras. Je devrai l'inviter à Chidhurst , je pense."

"Je pense que vous feriez mieux de nous inviter", a déclaré Mme Lakeman . "Je voudrais voir Mme Gerald."

" Bien sûr que je le ferai. Vous devez venir pour un week-end. "

"Plus tard, avant d'aller en Écosse en août", répondit Mme Lakeman . "Tom vient avec nous", ajouta-t-elle en regardant Lena du coin de l'œil.

Lena se leva et se dirigea d'un pas nonchalant vers les rideaux. « Il arrive à quatre heures », dit-elle à voix basse. "Je pense que je vais aller l'attendre."

Puis Mme Lakeman a adopté son attitude la plus dramatique, retenue, mais pleine d'émotion. "George Stringer", dit-elle d'une voix épaisse et dure, "J'ai aimé Gerald Vincent autrefois et je ferais tout au monde pour lui, mais je ne peux pas confier, même à sa petite amie, le bonheur de mon propre enfant. Vous n'interférerez pas, n'est-ce pas, vieil ami ? Vous ne jetterez pas Margaret Vincent sur son chemin ?

"Je ne comprends pas", dit-il lentement. "Que veux-tu dire?"

Elle lui tendit les mains.

"Que Dieu me pardonne d'avoir trahi le secret de mon enfant" - elle parvint à mettre un ton sincère dans ses paroles et en fut très contente - "mais je pense, car je ne peux pas la révéler plus explicitement que cela - je pense elle aime Tom.

"Il n'a pas proposé?"

"Pas encore. Mais il lui est dévoué. Il la voit tous les jours de sa vie, fait tout ce que nous faisons, va partout où nous allons. Il ne peut pas vivre sans elle", dit-elle avec un petit sourire en coin ; "il ne lui est pas encore venu à l'esprit que la fin doit être la seule pour deux enfants qui s'aiment, mais ce sera le cas."

Sir George la regarda et hésita. "Humph ! Il va très bien ?"

"Plutôt aisée", répondit-elle avec une lueur dans ses yeux bleus. "Cela n'a aucune importance", a-t-elle poursuivi avec désinvolture. "Mais je ne peux pas jouer avec le bonheur de mon enfant, George, et j'aime ce garçon et je le veux pour moi."

"Très bien, ma chérie, très bien", dit-il, et, voyant que c'était ce qu'on attendait de lui, il lui prit les deux mains dans les siennes. "Il vaut toujours mieux ne pas interférer avec les jeunes." Et donc Mme Lakeman était satisfaite. Mais Sir George s'en alla avec un sentiment de malaise à l'arrière de la tête. "Je me demande si Hilda Lakeman mentait", se dit-il. "Je ne la comprends jamais, et pour ma vie, je ne pourrai jamais vraiment croire en elle. Elle est délicate, délicate."

Il a vu M. Garratt à la gare de Haslemere attendant le train de Guildford. « J'aimerais lui donner un coup de poing à la tête », pensa-t-il, mais ce désir, bien entendu, ne faisait aucune différence.

Pendant ce temps, les choses ne s'étaient pas améliorées à Woodside Farm. Une jalousie féroce faisait rage dans le cœur vierge d'Hannah ; elle avait même du mal à ne pas toucher à Margaret. « Je voudrais te botter les oreilles et t'enfermer dans ta chambre », dit-elle méchamment, lorsqu'elle ne put plus se contrôler.

"Hannah, c'est dommage !" » dit Mme Vincent, mais même ses efforts pour maintenir la paix semblaient quelque peu vains.

"C'est dommage que tu ne sois pas allé en Australie avec ton père", a poursuivi Hannah. "Vous n'êtes qu'un obstacle ici."

"Oh, s'il m'avait pris !" Margaret répondit avec ferveur.

"Peut-être qu'il ne voulait pas de toi. Nous n'avons que sa parole, il y a ce frère en Australie... et qu'est-ce que ça vaut, j'aimerais savoir ?"

Mme Vincent leva rapidement les yeux de son siège sous le porche. "Je vais vous faire parler avec respect de l'homme qui est mon mari", dit-elle doucement.

" Et honte à toi, mère, qu'il le soit. Il a miné votre foi et vous a fait oublier l'enfant de votre premier mari. "

"Hannah, tu vas te taire", répondit Mme Vincent, avec un peu de son ancienne dignité. "Nous avons chacun gardé notre façon de penser, et aucun des deux ne s'est mêlé à l'autre. Et je n'ai jamais oublié votre père, ni ce qui lui était dû; mais il faut profiter de la vie, et j'étais un jeune femme quand il est mort.

Quelque chose dans sa voix toucha Hannah. "Je le sais, maman," dit-elle, "et j'ai essayé d'être une bonne fille avec toi, et si parfois j'ai pensé que je n'avais pas eu ma part de ce que tu ressentais, pourquoi il est tout à fait naturel que je "Je devrais me plaindre. Ce qui s'est mis entre nous et essaie de s'interposer entre moi et ce qui m'est dû, c'est l'art qui n'a aucun principe sur lequel s'appuyer."

"Si seulement je pouvais m'enfuir ! Si Mme Lakeman me demandait de rester avec elle, ou si seulement j'étais comme Miss Hunstan et que je pouvais agir et vivre seule jusqu'au retour de mon père," se dit Margaret, jusqu'à ce que l'idée prenait une emprise de plus en plus profonde sur elle.

Pourquoi ne le ferait-elle pas ? Toutes choses ont un début, tous les voyages un point de départ. M. Garratt lui avait raconté comment Miss Hunstan avait commencé par retenir la traîne d'une princesse et comment, étape par étape, elle était parvenue à sa position actuelle. Elle aurait aimé pouvoir voir Miss Hunstan . Ils ne s'étaient rencontrés qu'une seule fois, et pendant quelques minutes, mais elle avait dit à Margaret qu'elle aimerait la revoir et, comme Tom l'avait dit, certaines personnes n'étaient jamais des étrangères. Elle avait très envie d'aller à Londres et de lui demander conseil, et elle ne pensait pas que son père serait en colère ou s'y opposerait s'il savait tout ce qui se passait à Woodside Farm. Il ne voyait aucun mal au théâtre, et elle n'était pas assez sophistiquée pour comprendre les difficultés que rencontrait une jeune fille de moins de vingt ans qui se rendait à Londres avec la vague idée qu'elle pourrait « continuer son chemin ». Sans la malheureuse rencontre avec M. Garratt, elle aurait pu consulter Sir George Stringer. Elle avait espéré qu'il reviendrait, mais les jours se passaient sans aucun signe de sa part. Une demi-douzaine de fois, elle se dirigea vers sa maison, se demandant si elle oserait monter jusqu'à la porte et le demander hardiment, et une demi-douzaine de fois son courage lui fit défaut.

« S'il ne vient pas demain, je me forcerai d'aller vers lui », dit Margaret, alors que près de quinze jours s'étaient écoulés et qu'il n'était pas apparu ; mais encore une fois elle hésita. Tom Carringford était peut-être là, et elle avait peur de le rencontrer, de peur qu'il n'ait entendu parler de M. Garratt et qu'il ne soit différent. Puis une note arriva de Sir George. Il retournait à Londres, partait quand il écrivait et regrettait de ne pas avoir pu rejoindre la ferme ; il espérait le faire plus tard. Et ainsi tout espoir dans cette direction s'est évanoui. Un jour, elle en a parlé à sa mère, mais cela n'a rien apporté.

"Tu ne pouvais pas aller à Londres seule, Margey ", a déclaré Mme Vincent. "Je n'ai jamais été strict dans mon cœur comme James Barton ou Hannah, mais je n'aimerais pas que vous fassiez une démarche de ce genre dans le monde sans l'approbation de votre père."

"Mais, maman chérie, tout le monde a une vie à vivre, et à quoi me sert-il ici ? Hannah s'occupe de toutes les affaires agricoles, et tu ne veux rien de moi. Je lis, je réfléchis et j'attends, et je je ne sais pas pourquoi, à moins que ce ne soit pour le retour de mon père.

"C'est un sentiment qui nous vient tous", a répondu Mme Vincent. "C'est le battement de l'oiseau qui essaie de quitter son nid. Mieux vaut attendre que ton père vienne et te mette en route." Puis Mme Vincent ferma ses lèvres – ses belles lèvres courbées – et ne dit rien de plus. Toutes ses pensées étaient tournées vers l'homme d'Australie, l'homme plus jeune qu'elle, auquel son cœur se serrait, et toutes ses heures se passaient dans un rêve à ses côtés jusqu'à ce qu'elle n'ait plus d'énergie pour la vie réelle qui l'entourait, mais laissa tomber par ignoré.

XIV

Enfin, l'après-midi d'un jour où Hannah était plus que d'habitude insupportable, Margaret décida d'écrire à Miss Hunstan , lui demandant si elle pouvait vraiment aller la voir si elle allait à Londres. C'était dans sa propre chambre au-dessus du porche – une petite pièce, avec une fenêtre grillagée et un siège, et une armoire à l'ancienne encastrée dans le mur.

« J'écrirai tout de suite, s'écria-t-elle, à l'instant même. Cela la réconfortait même de voir l'adresse sur l'enveloppe, car elle l'avait écrite en premier. Quand la lettre fut terminée , elle eut l'impression d'avoir fait un pas vers la liberté : elle posa ses coudes sur la table et, posant son visage dans ses mains, essaya d'imaginer ce que serait la liberté et tout ce qui pourrait en résulter. . Et puis, faible au loin, comme dans un rêve, elle entendit le bruit des sabots d'un cheval. Ils se rapprochaient de plus en plus le long de la route. Elle se leva et regarda dehors, mais il n'était pas possible de voir le cavalier, car en été les haies étaient épaisses et vertes. Nous étions maintenant en juin et la joie du chèvrefeuille et du voyageur grandissait.

"Encore M. Garratt, je suppose", se dit-elle désespérée. Le bruit des sabots se rapprocha ; ils étaient entrés par la porte, après la mare aux canards, les dépendances et les meules de foin, et au coin du jardin. Ils s'arrêtèrent sous le porche et elle entendit le garçon crier : « J'arrive, monsieur », et courir pour prendre le cheval. « Il se rend généralement lui-même à l'écurie », pensa-t-elle ; mais elle avait décidé que c'était M. Garratt, et elle était déterminée à rester dans sa chambre tout l'après-midi. On frappa à la porte d'entrée, pourtant grande ouverte, et elle sursauta, car M. Garratt ne frappait jamais ; il est entré comme s'il sentait qu'un jour il serait le maître. Towsey sortit de la cuisine et traversa le salon jusqu'au porche.

"Est-ce que Mme Vincent est à la maison ?" Il n'y avait alors aucun doute.

"C'est M. Carringford ", se dit Margaret, et son cœur bondit de bonheur.

"Et Miss Vincent est-elle à la maison ?" » l'entendit-elle demander davantage, tandis que Towsey lui faisait entrer dans le meilleur salon. "Oui ! Oui ! Elle était à la maison", pensa-t-elle en dansant en éventail dans sa chambre ; mais elle s'arrêta brusquement. Supposons qu'il ait entendu parler de M. Garratt ? Oh, quelle bonne chose que Sir George soit parti, pour l'instant, après tout, Tom ne le savait peut-être pas. Elle s'arrêta devant son verre et, en un instant, elle détacha ses cheveux et sourit en voyant l'éclat doré dedans, et les tordit en un nœud assez soigné. "Et mon collier de dentelle", dit-elle, et elle l'épingla autour de son cou et l'attacha avec une petite broche en forme de cœur que sa mère lui avait offerte pour son anniversaire ; "et mes plus belles chaussures, car celles-ci sont en mauvais état au niveau des orteils." Alors elle était prête.

Elle s'arrêta un moment en haut de l'escalier pour regarder la chambre de sa mère, dont la porte était ouverte. Elle contenait une grande et maigre armoire et un lit à l'ancienne mode avec un grand paravent sur un côté, le plus éloigné de la porte. Elle porta la main à sa gorge, car quelque chose comme un sanglot lui montait – et pourtant elle était si heureuse. Devant la porte de sa mère, encore plus près de l'escalier, il y avait une petite pièce qui servait de débarras et de penderie : la plus belle robe de sa mère et un long manteau qu'elle portait en hiver, ainsi que de nombreuses choses peu utilisées, étaient rangés. là, ou accrochés à des crochets. Elle les regardait comme pour marquer quelque chose dans sa mémoire, ou parce qu'elle avait peut-être la connaissance inconsciente d'un jour qui n'était pas encore venu. Alors qu'elle descendait le vieil escalier poli, elle entendit Hannah bouger vivement dans la cuisine.

"Elle prépare des scones au cas où il resterait prendre le thé", pensa Margaret avant d'entrer sagement dans le meilleur salon. Sa mère était assise dans le fauteuil recouvert de chintz près de la fenêtre, et Tom était assis en face d'elle, près du bureau. Il avait l'air grand et fort alors qu'il sautait et s'avançait pour la saluer.

"Comment vas-tu?" il a dit. "M. Vincent m'a dit que je pourrais venir, vous savez, et me voici. J'ai entendu dire qu'il était parti." Sa voix était assez cordiale, mais dès le premier instant, Margaret comprit qu'il était différent – différent du matin où il lui avait dit au revoir au Langham, parlé de venir à Chidhurst et prédit qu'ils feraient un autre tour de Londres. ensemble. Il était un peu plus distant, avait-elle l'impression qu'il pensait moins à elle, comme s'il l'aimait moins, comme s'il avait entendu parler de M. Garratt et la méprisait. Cela la glaça ; elle n'avait rien à dire après un simple accueil, et Mme Vincent, pensant que, maintenant que Margaret était venue, M. Carringford lui parlerait naturellement, se tut également. Puis Tom s'est exclamé...

"Quand allez-vous recevoir une lettre de M. Vincent ?"

"Nous l'attendons tous les jours maintenant", répondit Mme Vincent en se tournant vers Margaret. "M. Carringford est venu de Hindhead", a-t-elle déclaré, "et je l'ai remercié pour les roses et lui ai dit que je ne me souvenais pas du jour où on m'en avait envoyé auparavant."

"Mlle Vincent et moi avons fait une expédition ensemble—"

"Oh oui, nous en avons souvent parlé ensemble."

Margaret aurait aimé que sa mère ne dise pas cela ; cela lui faisait monter les couleurs au visage ; mais heureusement Tom ne la regardait pas, et alors Mme Vincent ajouta simplement, de la manière à moitié campagnarde dans laquelle, pour une raison étrange, son discours était retombé depuis le départ de son mari : « Vous serez fatigué après votre promenade, M. Carringford , vous devez rester pour une tasse de thé.

"J'aimerais bien, si je peux."

"Et pendant que ça se prépare, Margaret pourrait te montrer le jardin, si tu veux le voir." Elle l'a dit avec la dignité indigène qui a toujours été impressionnante. Cela a eu son effet sur Tom.

"J'aimerais beaucoup le voir", dit-il, et cinq minutes plus tard, lui et Margaret marchaient dans l'allée verte du jardin hollandais. Presque sans le savoir, elle le fit franchir le portail du jardin vers le bois, et traverser un coin de verdure, à travers un enchevêtrement de sous-bois , jusqu'aux grands ormes et hêtres. Ils avaient à peine parlé en chemin ; ils se sentaient contraints et gênés ; mais quand ils atteignirent le sommet, les choses parurent s'arranger dans leurs esprits, et ils se regardèrent un moment et rirent comme s'ils trouvaient bon de se retrouver. Puis Tom se débarrassa de sa maladresse ; le bonheur enfantin était de nouveau sur son visage, et elle était presque satisfaite. "Je dis, quel bois !" il s'est excalmé.

"C'est à mon père et à moi ; nous l'appelons notre cathédrale."

"Bien bien!" il a répondu. « Quand reviens-tu à Londres ?

Elle joignit les mains et le regarda. "Je ne sais pas, mais j'ai terriblement envie d'y retourner. Pensez-vous que je pourrais y aller seul ?"

"Eh bien, non ! Mais vous pourriez venir rester chez les Lakeman . Si vous le faites, vous devez vous dépêcher, car ils partent en Écosse à la fin du mois de juillet. Encore un mois, vous savez. D'une certaine manière, je pense plutôt que vous les verrez ici d'abord. Stringer ne peut plus repartir avant la mi-août, sauf les week-ends, et ensuite il doit se rendre à Folkestone ; il y a une sœur malade. Lakemans m'a dit il y a un jour ou deux qu'ils venaient ici du samedi au lundi ; il leur avait offert la maison.

"Quand?"

"Je ne sais pas quand, mais très bientôt, je pense. Farley viendra aussi ; il a pris un théâtre et va produire cet automne une chose légendaire, 'Prince de... quelque chose', comme on l'appelle."

"Est-ce qu'il y aura une princesse dedans ?"

"Je m'y attendais. Pourquoi ?"

"Quand Miss Hunstan est sortie la première , elle est montée sur scène en tenant le train d'une princesse."

« En général, ils commencent ainsi, vous savez. À propos, Stringer a dit que vous vous promeniez dans les champs avec un ami. Est-ce que c'était quelqu'un en particulier ?

"C'était M. Garratt."

"Qui est M. Garratt ?"

"Il était agent immobilier à Petersfield . Il est à Guildford maintenant. Il vient d'y prendre une maison."

"Un gentleman marié ?"

"Non", a-t-elle ri; "C'est pour ça qu'il vient. Il ne vient pas pour moi", ajouta-t-elle précipitamment, mais il ne la comprit pas.

"Un succès ?" » demanda-t-il rapidement – « bien sûr que non ».

"Pas encore ; Hannah ne l'encouragera pas."

Il se trompa complètement sur son ton, se dirigea vers le bord de la couronne et regarda la vue.

"Ce sont des lignes plutôt dures", a-t-il dit ; "Mais ce n'est pas grave si vous vous rattrapez, bien sûr. Je dis que c'est magnifique ici", continua-t-il ; "Amenez-vous jamais M.... comment s'appelle-t-il ?... Garratt ici ?"

"Non," répondit-elle rapidement.

"Eh bien, tu l'as emmené à travers le terrain ?"

"Je l'ai rencontré par hasard et Hannah était très en colère..." commença-t-elle, mais s'arrêta dans une pure confusion.

"Vous semblez avoir plutôt peur d'Hannah", dit-il, car il ne lui est tout simplement jamais venu à l'esprit qu'il devrait être question de faire l'amour entre M. Garratt et Hannah. Margaret était une fille tellement gentille, pensa-t-il ; c'était dommage qu'elle flirte, car peut-être, après tout, ce n'était qu'un flirt avec un agent immobilier local ; cela la mettait à un tout autre niveau que la fille qu'il avait connue à Londres. Aussi la conversation n'était- elle plus très facile entre eux, chacun se sentant un peu indigné contre l'autre. « Est-ce que tu vas rester ici tout l'été ? » demanda-t-il lorsqu'ils revinrent au jardin.

"Je suppose que oui", répondit-elle, "à moins que j'aille à Londres. Je veux faire ça plus que tout au monde."

"Une fugue romantique avec le monsieur dont nous avons parlé ?"

"Oh, comment peux-tu ! Il n'est rien pour moi ; il le sait : c'est Hannah."

Elle était tout simplement magnifique quand les couleurs lui montaient au visage, pensa-t-il, et il souhaita à M. Garratt au fond de la mer.

"Quand est-ce que ton père revient ?" » demanda-t-il d'un ton contenu.

« Nous ne le saurons que lorsque nous aurons reçu sa lettre, » dit-elle avec impatience ; Quelque chose n'allait pas dans cette interview, et il semblait impossible de remédier à la situation.

"Vous devez prévenir les Lakeman quand ils arriveront ; alors j'entendrai."

Le thé était prêt à leur retour, un thé généreux, servi comme d'habitude dans le salon. Tom prit place à côté de Mme Vincent et lui parla gaiement, tandis que son regard errait sur la table avec la satisfaction d'un écolier. Margaret se rappela comment il avait parlé d'entrer à la Chambre des Communes ; mais il ne ressemblait pas du tout à un politicien, pensa-t-elle, il était si magnifiquement jeune, et lui et elle s'étaient si bien compris à Londres. Mais maintenant, il semblait lié pieds et poings liés aux Lakeman , et il pensait qu'elle se souciait de cet horrible M. Garratt.

"J'aime le grand thé et la confiture", a-t-il déclaré. "Venez-vous déjà à Londres, Mme Vincent ?"

"Non", répondit-elle; "mais parfois j'ai pensé que j'aimerais accompagner Margaret pendant que son père est absent."

"Penses-tu cela, maman chérie ?" » demanda Margaret surprise.

« Mieux vaut venir et rester avec moi. Je pourrais vous accueillir tous les deux. »

Hannah versait le thé, saisissant la théière d'une main ferme, la déposant avec détermination sur le plateau lorsque les tasses étaient remplies. "Mère est mieux là où elle est", dit-elle sans lever les yeux. " Towsey , il n'y a pas de bassine sur la table. Je reste à la maison, M. Carringford , même si j'ai parfois pensé que j'aimerais monter moi-même pour les réunions de mai. "

"Les réunions de mai ? Bien sûr, je sais. Au début, je pensais que vous parliez de courses, mais c'est à Exeter Hall que vous pensez ? J'ai bien peur que M. et Miss Vincent n'y soient pas allés lorsqu'ils étaient en ville."

"J'ai bien peur que non, M. Carringford ."

« Bon Dieu, quelle ogresse ! il pensait. "Mais ils ont passé un très bon moment", dit-il à voix haute.

"Margaret m'en a parlé si souvent", a déclaré Mme Vincent, et Tom, se tournant vers elle pendant qu'elle parlait, réalisa soudain que cette mère de Margaret, devenue vieille et grise, était belle. Il regarda autour de lui dans le salon ; ses yeux s'attardaient sur les poutres noires, sur la grande cheminée et sur le carrelage rouge ; cela donnait un tableau paisible, pensa-t-il, malgré l'ogresse.

"Vous a-t-elle parlé de Miss Hunstan ?" Il a demandé. "C'était plutôt une chance de la rencontrer."

"Elle m'a tout raconté sur elle", répondit Mme Vincent, "et comment vous êtes allée dans ses chambres et avez mis les fleurs dans les pots. Cela m'a fait espérer - cela et ce que mon mari m'a dit - qu'un jour vous viendrez et retrouvez-nous ici."

"Merci", dit-il simplement.

"Qui est Miss Hunstan ?" demanda Hannah.

Tom répondit avec un sourire radieux : "Eh bien, Louise Hunstan , l'actrice, tu sais !"

"Je ne savais pas, M. Carringford . Je n'aime pas les théâtres ou autres lieux de ce genre, et j'ai été surpris que M. Vincent y emmène Margaret. Je ne vois pas que les gens s'en portent mieux..." Elle s'arrêta, car il y avait des pas sur le chemin extérieur, et un instant plus tard, M. Garratt entra avec l'air d'être tout à fait à l'aise.

"Comment allez-vous, tout le monde ?" il a dit. Il portait ses plus beaux vêtements et des guêtres sur ses chaussures. Le mouchoir dans sa poche de poitrine était plus parfumé que d'habitude. Il le sortit, le secoua et le remit, tandis qu'une bouffée de rose blanche flottait sur la table. Ses cheveux étaient étroitement bouclés aux pointes ; il y passa ses doigts tout en ôtant son chapeau melon.

"Nous ne vous attendions pas, M. Garratt," dit Hannah avec une soudaine gentillesse, et elle lui fit de la place à côté d'elle.

"Je ne savais pas que tu avais de la compagnie," répondit-il avec désinvolture. "J'espère que je ne vous dérange pas ? Mme Vincent, comment allez-vous ? Miss Margaret, votre humble servante", et à contrecœur, il s'assit à côté d'Hannah.

"Voici M. Carringford , un ami de mon mari", a déclaré Mme Vincent à son visiteur.

"Comment faites -vous ?" Tom leva les yeux et hocha la tête.

"Comment faites -vous ?" M. Garratt hocha la tête en retour, essayant de le faire facilement. "Au début, je pensais que c'était Sir George Stringer jusqu'à ce que je me souvienne qu'il était d'âge moyen."

"Nous ne vous attendions pas aujourd'hui, M. Garratt", remarqua Hannah en versant son thé.

"J'ai dit à Miss Vincent que je devrais venir." Il regarda Margaret, déterminé à se montrer devant l'étranger.

"Je ne me souviens pas que tu l'aies fait..." commença Margaret.

"Oh, viens maintenant, tu savais que je voulais t'apporter ce livre de poèmes dont je t'ai parlé. Tu l'auras si tu es bon."

"Vous feriez mieux de le donner à Hannah, M. Garratt. Elle l'appréciera plus que moi. Je n'avais aucune idée que vous vouliez l'apporter."

Tom leva les yeux et se demanda ce que tout cela signifiait.

"Eh bien, mais qu'est-ce que j'ai dit l'autre soir ?"

"Je ne sais pas," répondit froidement Margaret. "Je ne me souviens jamais des choses que tu dis."

Mais M. Garratt ne devait pas être snobé. "Oh, allez, ne vous exhibez plus", rit-il et se tourna vers Tom. "Miss Vincent est une jeune femme difficile, je vous l'assure", dit-il avec un air de compréhension. "Mais peut-être que tu l'as découvert aussi."

"Comment aurais-je dû le découvrir ?" » demanda Tom avec raideur.

"Eh bien, vous voyez, j'ai entendu quelques choses - pas de jalousie - ce n'est qu'une blague", commença Margaret ; "Vous êtes une des amies londoniennes de Miss Vincent, je crois ? C'est vous qui lui avez offert les roses qu'elle a ramenées. Vous voyez, je sais tout cela." Il rit de satisfaction et donna un coup de pied à Hannah sous la table par pure légèreté d'âme et pour garder tout le monde à la remorque, comme il se disait.

"Nous avons certainement acheté des roses à Covent Garden", dit Tom en se levant pour partir. Il n'en pouvait plus de ce type, pensa-t-il.

"Je ne vous en ai pas parlé, M. Garratt", dit Margaret avec indignation. "Oh, n'y allez pas, M. Carringford ."

"Je sais que vous ne me l'avez pas dit", a déclaré M. Garratt avec un clin d'œil. "C'est Miss Barton qui m'a donné cette petite information – vous l'avez gardée pour vous." Tom avait hésité, mais cela l'a décidé. M. Garratt n'était pas le genre de personne avec qui il pouvait se résoudre à rivaliser.

"Eh bien, au revoir, Mme Vincent", dit-il en lui serrant la main, puis celle de Margaret et Hannah. Il fit un signe de tête à M. Garratt et se dirigea vers la porte.

"Mais vous devez attendre que votre cheval soit ramené", a déclaré Mme Vincent. "Hannah, tu vas le dire à Sandy ou à Jim ?"

"C'est prêt", proposa M. Garratt. "Je me demandais à qui c'était quand je suis entré dans l'écurie tout à l'heure. Je t'y emmènerai, si tu veux", ajouta-t-il gracieusement à Tom.

"Je vous en prie, ne vous inquiétez pas," répondit Tom d'une manière désinvolte.

"Aucun problème du tout." M. Garratt ouvrait la voie comme s'il était le maître de la maison, tandis que Margaret s'occupait d'eux et se sentait comme si elle était torturée.

« Vous aimez les balades ? » » demanda M. Garratt pendant qu'ils avançaient.

"Je suppose que oui," dit Tom d'un ton lointain.

"Je voudrais vous montrer la bonne petite jument que je monte. Je pense que parfois j'enverrai un garçon pour Margaret. Nous aimons tous les deux la campagne et les déplacements." Il l'appelait Margaret délibérément et avec un air d'habitude, car il vaudrait mieux, se dit-il, étouffer ce Johnnie le plus tôt possible.

"Est-ce qu'elle aimerait ça ?"

"Plutôt ! Faites-lui confiance", avec un clin d'œil complice.

"Bête!" pensa Tom en montant. "Eh bien, bonsoir", dit-il à haute voix à M. Garratt, et il partit au trot vif, se demandant comment Margaret pourrait le supporter.

"Il sait aussi se donner des airs", se dit M. Garratt en le regardant. "Je suis plutôt surpris qu'il ne m'ait pas offert de pourboire alors qu'il y était. J'aimerais éliminer tous ces types et leur montrer la voie à suivre, mais nous le faisons", a-t-il ajouté. ne pensant pas à lui-même mais à sa classe - "et une fois que nous aurons le dessus, nous le garderons, et leur montrerons que nous pouvons être aussi grands que n'importe qui d'autre." Il retourna lentement vers la maison, pensant à Margaret. Il se mettait à la hauteur de ses habitudes, et il savait garder son sang-froid – et l'homme qui attendait avait gagné. Il l'aimait bien, mais son sentiment était plus piqué que passionnel, et il sentait que la maîtriser serait pour sa vanité une satisfaction plus grande que toute autre qu'il pouvait imaginer. « Et elle est si belle ! » — il revenait toujours à cela. "Même s'il y a une chance pour elle, je préfère me faire tirer dessus plutôt que d'embrasser cette vieille poule aigre, Hannah. J'aurai Margaret si je meurs pour elle. J'aurais aimé y penser et essayer de savoir si ce type " Je ne savais rien des relations de Vincent. Je suppose qu'il a manigancé quelque chose, mais je m'en fiche, la fille ne s'en porte pas plus mal. "

Pendant son absence, l'orage avait éclaté dans le salon, mais heureusement les circonstances l'ont obligé à être bref.

"J'aimerais savoir ce que vous pensez de vous-même maintenant, avec votre ruse et votre tromperie ?" Hannah avait demandé à Margaret.

"Je ne vous laisserai pas parler à votre sœur de cette façon", commença Mme Vincent; mais ses remontrances étaient devenues inefficaces ces derniers temps.

"M. Garratt vous a dit qu'il venait, n'est-ce pas, même si personne d'autre dans la maison ne le savait ?" Hannah a continué. "Tu as bien pris soin qu'ils ne le fassent pas."

"S'il me l'avait dit, je l'avais oublié", répondit Margaret avec mépris.

« On peut vous faire confiance pour oublier n'importe quoi, si cela vous convient. Quelle est cette poésie qu'il vous a apportée, j'aimerais la savoir ?

"Je ne savais pas qu'il avait l'intention de l'apporter. Il a dit quelque chose à propos des poèmes d'Eugene Field l'autre jour et qu'il en avait récité un lors d'un festival dans une chapelle."

La mention de la chapelle a quelque peu apaisé Hannah sans pour autant maîtriser sa jalousie. "Eh bien, il faudra faire quelque chose", dit-elle. "Je ne vais pas tolérer votre conduite, et vous le découvrirez." À ce moment-là, M. Garratt entra avec un peu d'inquiétude, comme s'il était conscient que les choses n'allaient pas bien. Margaret leva les yeux et lui parla rapidement.

"M. Garratt, je veux vous dire que si vous m'avez apporté un livre de poèmes , je préférerais ne pas l'avoir."

"Pourquoi, quoi de neuf maintenant ?"

« Rien ne va plus », dit-elle avec ce que M. Garratt appelait son air haut et puissant.

"Eh bien, regarde ici..." mais elle s'était détournée.

"Mère, allons-nous dans le jardin ?" elle a demandé.

"Il fait un peu frais ce soir", répondit Mme Vincent.

"Tu as pris l'habitude d'avoir froid ces derniers temps," dit Hannah avec inquiétude. Il faut reconnaître qu'elle a toujours pris soin de la santé de sa mère.

"J'ai pris du temps pour ressentir mes années."

"Entrons dans le meilleur salon, chérie", dit tendrement Margaret. "Je pourrais jouer avec toi pendant un petit moment. Tu aimes toujours ça," et elle passa ses bras autour des épaules de sa mère.

M. Garratt fit un rapide pas en avant. "J'aimerais aussi vous entendre jouer, Miss Margaret, s'il n'y a pas d'objection. J'aime la musique, comme je pense vous l'avoir dit." Il se tenait devant la porte du meilleur salon et attendait.

Margaret se tourna et lui fit face. "Reste avec Hannah. Je veux avoir ma mère pour moi seule", dit-elle.
"Eh bien, c'est une belle poignée !" Remarqua M. Garratt alors qu'elle fermait la porte et tournait la poignée avec un clic.
"Tu devrais vivre dans la même maison qu'elle", dit Hannah, "alors tu le saurais."
"Elle aurait pu laisser la question un peu ouverte, en tout cas ; alors nous aurions dû l'entendre."
"Es-tu aussi anxieux que ça ?" » demanda Hannah d'une voix sarcastique.
"Eh bien, tu vois, ça rend les choses un peu vivantes."
"Quand j'étais à Petersfield l'autre jour, ta mère m'a demandé si je veillerais à ce que l'herbe de la tombe de ta tante Amelia soit tondue. J'ai apporté les petites cisailles et j'ai pensé que tu pourrais peut-être venir le faire la prochaine fois que tu viendrais. "
"Maudite tombe de ma tante Amelia!" dit-il entre ses dents.
"M. Garratt, vous vous oubliez !" s'écria-t-elle avec étonnement.

"Elle suffit à faire en sorte que n'importe qui n'oublie rien," dit-il en désignant le meilleur salon.

« Vous lui prêtez beaucoup trop attention. »

"De toute façon, elle ne rend pas le compliment."

"Et pour ma part," dit Hannah avec indignation, "je ne comprends pas pourquoi vous venez ici."

Ce à quoi M. Garratt lui fit face carrément. "Maintenant, écoute, Hannah," dit-il, "elle se met assez en colère; ne commence pas, car deux d'entre vous dans une même maison seraient un peu plus que ce qui est nécessaire."

Elle s'assit sans un mot et ferma fermement les lèvres. Le bout de son nez est devenu d'un rose plus foncé. Ses paupières battirent rapidement pendant une minute de haut en bas. Elle avait l'air désespérée, même un peu tragique. M. Garratt, le cœur tendu vers Margaret, obstiné et déterminé à ne pas se laisser contrarier, éprouvait néanmoins une pointe de pitié pour la femme devant lui ; peut-être inconsciemment, il reconnaissait les limites et les impossibilités de sa vie.

"Voilà, viens," dit-il, à moitié gentiment. "Viens, Hannah." Le son de son prénom l'apaisa considérablement. " Allons faire une petite promenade ; mais je ne vais pas m'attarder sur la tombe de quelqu'un. Ce sera déjà assez pénible quand je reviendrai sur la mienne. "

XV

Les lettres de M. Vincent n'étaient pas satisfaisantes. Son frère n'allait pas mieux, mais la fin ne risquait pas d'être immédiate. Un spécialiste de Melbourne avait même déclaré qu'il pourrait continuer un an supplémentaire. Le cœur de Mme Vincent se serra en le lisant. C'était une femme étrange, aux perspectives larges, et elle savait parfaitement que le temps, qui l'avait durement éprouvée, avait tempéré les années pour son mari ; il y avait des jours où il ressemblait encore presque à un jeune homme, et en secret elle s'inquiétait de son âge. Elle savait aussi, même si aucune pensée de ce genre ne lui était jamais venue à l'esprit, que c'était un peu dur pour lui d'être lié à une femme plus âgée que lui, incapable de lui offrir la compagnie dont il avait insensiblement besoin. Elle ne se sentait pas bien ces derniers temps et trouvait une vague consolation dans la possibilité que cela indiquait. Mais elle voulait le revoir, même pour un petit moment, alors elle pourrait être contente. Ceux qui l'entouraient ne devinaient rien de tout cela : il leur semblait seulement qu'elle était devenue plus silencieuse et plus rêveuse qu'auparavant.

Margaret apprit avec désespoir l'absence probablement prolongée de son père. Quelque chose doit arriver, pensa-t-elle ; elle-même doit s'écarter, ou M. Garratt doit se fiancer avec Hannah. Car les choses ne s'étaient en rien améliorées. Il y avait une sorte de lutte. Du côté de Margaret, il s'agissait de rester hors de sa vue, du sien de lui parler seule pendant quelques minutes ininterrompues ; mais jusqu'à présent, aucun d'eux n'avait réussi, et son attitude envers Hannah restait ce qu'elle avait toujours été. Une ou deux fois , Margaret eut l'idée de solliciter hardiment une entrevue, puis de lui dire que ses attentions la rendaient tout simplement malheureuse, voire même de se jeter à sa merci ; mais quelque chose dans son comportement suggérait que M. Garratt savait déjà tout, sauf l'impossibilité de son propre succès. Pendant ce temps, les cinquante livres, que son père lui avait demandé de recevoir chaque trimestre, arrivèrent pour la seconde fois.

"Tu es sûre que tu veux que je l'aie, maman ?" elle a demandé.

"Oui, Margey . J'ai dit à ton père que je le souhaitais."

"J'ai l'impression de rouler dans la richesse", a-t-elle déclaré. C'était un mois après la visite de Tom Carringford – un mois entier, et il n'y avait eu aucun autre signe de sa présence – et le dernier samedi de juillet. Le repas de midi venait de se terminer et Hannah allait et venait entre le salon et la cuisine, tandis que Margaret était assise sous le porche avec Mme Vincent. "Mère," murmura-t-elle, "j'ai pensé ces derniers temps que j'écrirais à nouveau à Miss Hunstan ."

"La comédienne ?" Mme Vincent a chuchoté en retour, de peur qu'Hannah ne comprenne le mot.

"Oui, la comédienne", dit Margaret avec un rire dans les yeux. "Elle est bonne et douce. La mère de M. Carringford l'aimait. Elle a répété dans la lettre qu'elle m'a envoyée que je devais aller la voir si j'étais à Londres. Je veux y aller bientôt. J'ai peur qu'elle le soit. à l'étranger si je ne le fais pas ; car elle partait en Allemagne en août.

"Mais tu ne peux pas y aller avant le retour de ton père."

"Je ne peux pas rester ici à moins que quelque chose n'arrive pour améliorer les choses. Oh, maman," dit-elle avec ferveur, après une pause, "je déteste tellement M. Garratt."

Hannah entendit les derniers mots et s'arrêta.

— C'est dommage que vous ne le lui disiez pas, dit-elle, au lieu de toujours chercher à l'attirer à vous. Vous faites honte de votre audace.

"Il est venu en premier grâce à Hannah, Margey , ma chère, et il est aussi bon que son promis-mari", a insisté Mme Vincent.

"Mais il n'a pas parlé—"

"Et je ne le ferai jamais si tu peux l'aider," répondit rapidement Hannah. "En outre, à mon avis, il ne veut pas être lié à un incroyant — et peut-être à quelque chose de pire. C'est exactement ce qu'il pensait qui arriverait à propos des affaires australiennes."

"Que veux-tu dire?" Mme Vincent leva les yeux consternés.

"Ce que je veux dire, c'est que nous ne savons rien de... père," répondit Hannah, hésitant avant de prononcer le dernier mot. "Nous n'avons jamais vu quelqu'un qui lui appartenait; nous avons seulement sa parole pour dire qu'il a ce frère; car tout ce que nous savons, c'est le contraire, il a peut-être épousé une autre femme avant de venir ici et est retourné vers elle. " Rien ne l'oblige à ce qui est bien, ni ne l'aide à choisir entre le bien et le mal. Pour ma part, j'espère seulement que je pourrai être hors de propos avant qu'il n'y revienne - si jamais il s'y remet. remets les pieds dedans — car je déteste le sol sur lequel il marche, et le sol sur lequel Margaret marche aussi — alors maintenant je l'ai dit : je crois que le Seigneur pourvoira à eux deux un jour selon leurs mérites. "

Mme Vincent se leva de sa chaise et se plaça dos à la cheminée. Son visage était tiré et hagard, ses lèvres étaient presque rigides, mais sa voix était claire et basse. Il tomba sur Hannah comme un coup de fouet.

"Tu es une femme méchante, Hannah," dit-elle, "et j'ai honte de toi. Je sais tout de lui, et cela suffit. J'ai tenu ma langue parce que tu ne l'as jamais traité comme il fallait, et ses affaires ne vous regarde pas. Mais vous devriez avoir honte de vos pensées ; et quant à la religion, c'est vous qui la voulez, pas lui. C'est mener une bonne vie, dire la vérité et bien penser. d'autres qui font la religion et gagneront le ciel - c'est ma conviction. Ceux qui font différemment valent comme nier Dieu. Je l'ai dit à vos grands-parents il y a longtemps, et je vous le répète aujourd'hui. La diction de Mme Vincent n'était pas toujours strictement correcte, mais son sens était assez clair.

"Et je sais tout sur mon père aussi", dit doucement Margaret – car d'une manière ou d'une autre elle était désolée pour Hannah – "et je ne vois pas pourquoi tu devrais le détester – ni même pourquoi tu devrais me détester." Elle fit un pas dans le jardin et tandis qu'elle se tenait la tête levée, regardant les hautes forêts au-delà, Hannah sentit insensiblement qu'il y avait entre eux une différence contre laquelle il était inutile de lutter - et pas seulement une différence d'apparence. , mais une différence de classe. C'était l'une des choses qu'elle détestait le plus.

"Je sais", a-t-elle dit, "que ce fut une mauvaise journée pour moi lorsqu'il a traversé le village de Chidhurst pour la première fois jusqu'à la ferme Woodside."

" Mère, " dit Margaret en se retournant, " quelqu'un est venu à la maison près de l'église. Je suis passé devant ce matin et j'ai vu les bagages entrer. M. Carringford a dit que Sir George allait les prêter d'un samedi à Lundi à quelques amis de mon père . Peut-être qu'ils sont venus.

"Encore plus de ses belles plumes", dit Hannah avec mépris. "C'est dommage qu'il soit resté plumé si longtemps."

"Hannah, tais-toi", dit sévèrement Mme Vincent. "Va à ton travail et ne reviens plus vers moi avant d'avoir appris le respect de ceux qui sont meilleurs que toi." C'était presque un ordre, mais Mme Vincent avait été ramenée à son ancien moi, celui des années passées.

Heureusement , Towsey est apparu sur les lieux.

"Sandy veut savoir s'il doit être ici demain pour prendre le cheval de M. Garratt. Vous avez dit quelque chose à propos de son absence."

Hannah s'est dépêchée de parler au vieux vacher qui attendait habituellement la jument de M. Garratt le dimanche matin avant d'aller à l'église.

"M. Garratt ne rentrera pas tôt demain", dit-elle. "Il conduit un piège depuis Guildford, et il lui faudra tout ce qu'il sait pour arriver ici à l'heure du dîner. Si tu viens après l'église, Sandy, ça ira." C'était un arrangement que M. Garratt avait pris, à la surprise d'Hannah, lors de sa dernière visite. Ce serait mieux

que le train, avait-il expliqué ; mais c'était un long chemin, et il lui serait
impossible d'arriver avant le milieu de la journée.

XVI

Margaret avait bien deviné. Mme Lakeman et Lena, ainsi que Dawson Farley, qui, comme d'habitude, étaient avec eux, étaient chez Sir George Stringer du samedi au lundi, tandis que Sir George lui-même était à Folkestone avec sa sœur. Dawson Farley se réjouissait de l'absence de leur hôte, car il avait souhaité avoir une conversation avec Mme Lakeman , et cette visite promettait de lui donner une bonne opportunité. Alors qu'ils étaient assis ensemble après le déjeuner, il délibérait intérieurement sur la manière de commencer. Lena s'était éclipsée et se tortillait dans la verdure.

"Nous allons tout de suite nous rendre à la ferme", a déclaré Mme Lakeman . "Je veux voir à quoi ressemble la femme au look distingué", a-t-elle ajouté avec son sourire en coin qui lui est propre. "Gerald s'en est très bien sorti, mais je pense qu'il s'ennuie terriblement."

"Pourquoi l'a-t-il épousée ?"

Mme Lakeman haussa les épaules. "Pauvre gars, il ne se souciait pas de ce qui lui arrivait ; mais ce n'était pas de ma faute — sur ma parole, ce n'était pas le cas, Dawson. Mon père a fait une horrible dispute." Mme Lakeman a toujours été un peu argotique.

Dawson Farley la regarda et hocha distraitement la tête. Il comprenait parfaitement tout ce qu'elle voulait dire, mais il était occupé avec ses propres pensées. C'était une femme curieuse, pensait-il, une femme curieuse, capable, qui ne l'ennuyait jamais et savait faire les choses admirablement. Il lui était souvent venu à l'esprit que ce serait une excellente chose de l'épouser. Le pire, c'était qu'il ne supportait tout simplement pas Lena. Elle ressemblait tellement à un serpent avec ses torsions et ses tortillements, et les choses malveillantes qu'elle disait avec un air inconscient. La mère, en revanche, était une excellente critique et une excellente compagne, et remplirait admirablement son objectif. Il n'était pas amoureux d'elle, bien sûr — elle était trop vieille pour cela — et c'était aussi bien, car être amoureux de sa femme était un état qui ne durait naturellement pas longtemps. Heureusement, elle n'était pas une femme jalouse et ne serait donc pas susceptible de lui en vouloir s'il choisissait de flirter avec sa principale dame ; au contraire, s'il lui racontait tout cela, il était certain que cela l'amuserait, et elle avait un si bon sens pour les effets dramatiques faits maison que même la pire crise domestique serait suivie d'une réconciliation, ne serait-ce que pour le souci de contraste. Elle était un peu irréelle, mais qu'importe ? les tragédies de la vie étaient liées aux réalités, mais il y avait de la comédie à partir des imaginaires.

Le pire, pour sa propre paix, était qu'au fond de sa vie il y avait toujours Louise Hunstan . Il avait été amoureux d'elle autrefois ; mais il était heureux qu'il n'en soit rien résulté, car il n'aurait pas pu supporter une femme dans sa propre profession : si elle avait réussi , il l'aurait détestée ; si elle avait échoué, il l'aurait méprisée. Il avait découvert Louise, c'était le plus dur ; elle avait lâché le train de la princesse pour entrer en sa compagnie et jouer avec reconnaissance de petits rôles. Ils étaient tombés amoureux l'un de l'autre, et le bonheur et l'amour l'inspiraient ensemble jusqu'à ce que, presque sans le savoir, elle se fasse une réputation. Si seulement elle avait réussi grâce à ses conseils, s'il avait pu considérer cela comme un cadeau pour elle, il aurait pu lui pardonner plus facilement et même l'aimer à travers cela. Mais elle s'était lancée, souvent contrairement à ses conseils, et s'était fait une réputation. Dans son cœur, elle l'avait déposé à ses pieds et s'en réjouissait, pensant que cela le rendrait fier d'elle, mais cela éveillait une misérable jalousie et les séparait. Il lui fit comprendre qu'il ne croyait pas tout à fait à son succès ; que c'était un hasard, dû à la bonté des critiques et à la bêtise du public, et qu'elle disparaîtrait avec sa jeunesse ou sa fraîcheur. Au début, elle l'a cru, mais petit à petit, elle a compris. Elle prit néanmoins soin de lui pendant un certain temps, même si c'était dans un brouillard d'amertume et de déception. Puis leurs fiançailles se sont effondrées et il est retourné seul en Angleterre, tandis qu'elle est restée aux États-Unis pendant cinq années de dur labeur. À la fin, elle revint en Angleterre. C'est alors que la mère de Tom l'a rencontrée, lui a pris la main et l'a aidée jusqu'à ce qu'elle ait obtenu un poste permanent. Ici, elle et Farley étaient devenus amis dans une certaine mesure, mais il ne supportait pas l'irritation de son succès ; il trouvait même un secret plaisir à ses échecs occasionnels ; et une rencontre entre eux impliquait un embarras de manières qu'aucun des deux ne pouvait mettre de côté.

Après tout, pensa-t-il, Mme Lakeman lui conviendrait bien mieux. Il aimait sa capacité d'adaptation, son vif intérêt pour ses affaires. Ils ne se connaissaient que depuis un an, mais elle était devenue son amie la plus intime, sa copine et sa compagne ; sa société le stimulait ; il le voulait de plus en plus. Pourquoi ne devrait-il pas l'avoir complètement ? Seule la jeune fille faisait obstacle ; mais probablement elle se marierait ; elle avait une curieuse fascination pour certaines personnes et elle avait de l'argent.

« Est-ce que Carringford vient ? Il a demandé. "Je pensais que tu l'avais invité."

« Il dîne et dort ici demain avec un vieil ami ; ils restent ensemble à Frencham . Je ne voulais pas qu'il soit ici tout le temps », dit-elle d'un ton significatif. "Il a assez déliré sur la fille de Gerald Vincent ces deux jours en ville."

"Je pensais que Stringer avait découvert qu'il y avait un 'jeune limiteur' sur le chemin ?"

« C'est terriblement chanceux, n'est-ce pas ? » dit Mme Lakeman , triomphale, et un instant au dépourvu. "Mais Tom est venu après et l'a vu aussi - et a été assez étouffé. C'est extraordinaire à quel point les Vincent se sont complètement effondrés."

Mais Farley ne s'intéressait pas aux Vincent . " Carringford s'occupe beaucoup trop de Lena à moins qu'il n'en résulte quelque chose ", a-t-il déclaré. "Je devrais le lui dire si j'étais toi."

"Il vient nous voir en Écosse le 10. Ils auront des opportunités là-bas", répondit-elle négligemment. "Allons la chercher."

Pendant ce temps, Lena était assise sur une tombe dans le cimetière de l'église, les coudes sur les genoux, le menton dans les mains, regardant vers les collines du Surrey, et elle aussi pensait à Tom Carringford et Margaret. Elle avait été inquiète dès le moment où ils s'étaient rencontrés sur le talus. Elle avait vu la beauté de Margaret et la reconnaissance de Tom, et ils se ressemblaient l'un à l'autre : bien adultes et en bonne santé, un garçon et une fille qui s'accordaient. Elle n'était pas elle-même violemment amoureuse de Tom, mais elle ne supportait tout simplement pas qu'il lui échappe, et sous un prétexte ou un autre, elle l'attirait perpétuellement à ses côtés. C'était assez facile, car ils se connaissaient depuis leur naissance, et Mme Lakeman l'avait aidé avec la maison de Stratton Street lorsqu'il y était resté seul. Depuis la mort de son père et le mariage de sa sœur, elle lui tenait lieu de proche parente. Il savait que Lena l'aimait bien, mais il ne lui était jamais venu à l'esprit que son sentiment était autre chose : elle se tortillait toujours, regardait les gens dans les yeux et les appelait « chéri » ; si cela lui était venu à l'esprit, il l'aurait probablement proposé sur-le-champ, car il n'y avait aucune raison particulière pour qu'il ne l'épouse pas, sinon qu'elle était un peu trop collante, et aimait trop les pièces sombres et les vêtements mous. Il aimait l'air frais et une franchise qu'il pouvait comprendre : il y avait de nombreuses qualités élémentaires louables chez Tom Carringford .

"Il sera très content de nous en Ecosse", se dit Lena. "Nous resterons assis au bord des ruisseaux ou marcherons dans les bois toute la journée; il sentira que nous appartenons l'un à l'autre et me dira qu'il m'aime" - car elle était écoeurante même dans ses pensées secrètes - "Je pense que nous devons être marié cet automne, alors ma mère sera libre. Je me demande si ma mère épousera Dawson Farley. Lena était assez vive et était tout à fait consciente des vagues intentions de l'acteur, aussi peu qu'il les imaginait. Elle leva les yeux vers le bois – la couronne – au loin, puis vers les champs qui menaient à la ferme. Ce devait être le bois de Margaret, pensa-t-elle, car Tom, qui était la franchise même, avait raconté aux Lakeman sa visite à Chidhurst et sa promenade avec Margaret.

Lena aurait traversé les champs jusqu'à la ferme, mais Mme Lakeman , qui avait toujours le sens de l'effet, n'en aurait pas entendu parler.

"Nous rendrons une visite officielle à Mme Gerald Vincent", a-t-elle déclaré, "dans nos plus beaux vêtements et de nouveaux gants, et nous nous dirigerons correctement jusqu'à la porte."

Ils avaient loué un fly open pour les deux jours où ils allaient rester. Rien ne pouvait le rendre imposant : c'était juste un landau délabré, et c'était tout, et le conducteur était un pilote de campagne ordinaire. Il se trouva – bien que cela n'ait rien à voir avec les Lakeman – qu'il s'agissait du même homme, devenu vieux, qui, vingt ans plus tôt, avait emmené les Barton aînés à Woodside Farm lorsqu'ils allaient discuter avec la veuve au sujet de son second mariage. Il y pensait aujourd'hui en parcourant l'allée verte et en franchissant les portes de la ferme, car il avait appris plus tard en quoi consistait leur course.

Mme Lakeman , avec Lena à ses côtés, était assise sur le siège avant, Dawson Farley leur faisant face. "Je n'ai jamais cru qu'il fallait traiter ces gens avec négligence", a-t-elle fait remarquer, tout en tripotant son mouchoir en dentelle - il était parfumé aux violettes - et en retenant son ombrelle en dentelle alors qu'ils franchissaient les portes. Puis elle fut presque surprise. "Quel bel endroit !" s'exclama-t-elle. "Regardez ce porche et ces vieilles fenêtres. Gerald n'est pas si idiot, après tout ! Et un jardin hollandais aussi... eh bien, je pourrais vivre et mourir ici moi-même !"

"Je ne pense pas", a déclaré cyniquement M. Farley.

"C'est exactement ce que je pensais que ce serait", roucoula Lena. "J'étais sûr que Margaret vivait au milieu des fleurs."

Ils s'étaient arrêtés sous le porche. La porte d'entrée était ouverte, mais personne n'était visible.

"Vous devez descendre et sonner, Dawson", dit Mme Lakeman , un peu perplexe, comme si elle s'attendait à ce que les habitants de la maison courent pour la saluer. Puis, soudain, Towsey est apparu. L'allusion de Margaret avait visiblement fait effet, car elle portait la robe noire qu'elle gardait habituellement le dimanche et un tablier blanc qui se rejoignait derrière sa taille généreuse. Au-dessus du porche, depuis la fenêtre de sa propre chambre, Margaret, écoutant et regardant, entendit Mme Lakeman demander, d'une voix claire qui semblait toujours avoir une note de dérision : « Est-ce que Mme Gerald Vincent est à la maison ? "

"Vous devez entrer", dit brusquement Towsey .

Mme Lakeman entra dans le salon, suivie de Lena et de M. Farley. Elle regarda la grande cheminée remplie de bûches et de fougères, les chaises à l'ancienne de chaque côté, la table en chêne au milieu et le coffre contre le mur, puis le porche et la vue magnifique au-delà. À l'intérieur, tout était sombre, frais et immobile ; dehors, l'été était à son apogée et la nature faisait carnaval. Impressionnable et prompte à succomber aux influences, elle était charmée. "J'appelle cela la perfection de la paix et de la simplicité", s'est-elle exclamée alors qu'ils attendaient en groupe.

Une porte à gauche s'ouvrit, une grande silhouette apparut et hésita. Mme Lakeman s'avança avec émotion, tout comme elle l'avait fait avec Gerald, mais il y avait cette fois une nuance de beau patronage dans ses manières. "Ce doit être Mme Vincent, la femme du cher Gérald", dit-elle.

Mme Vincent regardait son visiteur avec un calme émerveillement.

"Oui," dit-elle simplement. "Je suppose que tu es un de ses amis ? Margaret a pensé que tu pourrais venir."

"Je m'appelle Hilda Lakeman . Vous avez entendu parler de moi, bien sûr." Les lèvres de Mme Lakeman se tordirent avec son étrange sourire. "Vous pouvez imaginer que je voulais vous voir. Je me suis fait un devoir de venir tout de suite. Nous resterons chez Sir George Stringer jusqu'à lundi."

"Peut-être entrerez-vous", dit Mme Vincent, un peu maladroitement. Mme Lakeman la suivit dans le meilleur salon et regarda autour de lui avec surprise. La chambre était parfaite à sa manière. Elle avait imaginé quelque chose de plus inconfortable.

"Les livres de mon cher Gérald", se dit-elle à voix basse, en levant les yeux vers les étagères bien remplies, "et sa table à écrire et sa chaise de lecture", ajouta-t-elle avec enthousiasme. "Le piano, je suppose, est celui de Margaret ?" demanda-t-elle d'un air de savoir tout placer et tout valoriser ; car en y regardant de plus près , elle avait décidé qu'après tout, Mme Vincent était la simple fermière qu'elle avait imaginée. Elle était grande et, au loin, elle avait un air distingué, c'était vrai ; mais Mme Lakeman pensait que c'était un faux cadeau, un cadeau fortuit d'une nature dilapidée. Ses yeux et sa bouche étaient toujours beaux, mais ses cheveux étaient gris, sa gorge brune et tirée, ses épaules un peu courbées. "C'est une très vieille femme", pensa triomphalement Mme Lakeman , tandis qu'elle traversait la pièce, écoutant le bruissement de sa propre robe et remarquant l'étoffe qu'elle confectionnait maladroitement - comme celle qu'une femme de ménage aurait pu porter - dans laquelle Mme Vincent attendait de voir ce que ses visiteurs allaient faire ensuite. "Je me demande ce qu'elle pense de sa perspective de devenir Lady Eastleigh ?" Mme Lakeman réfléchit, puis, avec une formalité courtoise mais extrême, et le changement rapide de manières qui lui était propre, elle dit : « Voici ma fille, Mme Vincent, elle attendait avec impatience de vous voir ; et je " J'ai osé amener notre vieil ami, M. Dawson Farley. Je suis sûr que vous n'avez besoin d'aucune excuse pour vous présenter une personne aussi célèbre... "

Elle s'arrêta, car Hannah était entrée et se tenait, moitié humblement, moitié provocante, près de la porte. Hannah s'était habillée de son mieux, mais la robe bleue en alpaga, le tablier noir en alpaga et la cravate en mousseline blanche autour de son cou ne faisaient qu'ajouter à son malaise. Ses cheveux étaient bien tirés en arrière et deux épingles à cheveux en corne apparaissaient dans le maigre nœud dans lequel ils étaient rassemblés au sommet.

"C'est Hannah", a expliqué Mme Vincent, "ma fille de mon premier mari."

"Comment vas-tu?" » dit Mme Lakeman avec un étrange sourire, et elle la regarda avec insolence. "Nous sommes ravis de vous voir."

"Comment vas-tu?" Hannah répondit sombrement. "Margaret pensait que tu viendrais. Tu ne veux pas t'asseoir ?" Elle indiquait les sièges aux visiteurs avec un air d'infériorité et une conscience de celle-ci qui satisfaisait grandement Mme Lakeman , dont les instincts dramatiques entraient rapidement en jeu.

« Mademoiselle… laissez-moi voir… c'était Miss Barton, je pense ? Voici ma fille Lena et voici M. Farley. Son attitude était presque moqueuse lorsqu'elle les présentait. "Ah ! voilà notre Margaret. Ma chérie !" " Et elle serra Margaret dans ses bras. " Je vous ai dit que nous devrions venir. Vous saviez que nous devrions le faire, n'est-ce pas ? C'est une chose tellement merveilleuse, " continua-t-elle en se tournant vers Mme Vincent, " de voir l'enfant de Gérald. "

"C'est une belle et grande fille", répondit Mme Vincent en regardant Margaret avec fierté.

"Nous sommes venus te voir chez toi, petite chose," murmura Lena, et elle attira doucement Margaret vers elle.

"C'est très gentil de votre part," répondit Margaret, immédiatement repoussée. "Mais si je suis une grande et belle fille, je ne peux pas être très petite, n'est-ce pas ?"

"Tu es très gentille," murmura à nouveau Lena en lui caressant l'épaule. "Vous vous souvenez de M. Farley, n'est-ce pas, chérie ?"

"Oh oui," dit Margaret en lui serrant la main.

"Il reste avec nous jusqu'à lundi matin", a expliqué Mme Lakeman . "Alors nous rentrons tous ensemble, très tôt, en effet, pour prendre le Scotch Express d'Euston."

"Ce n'est pas un long séjour", a déclaré Mme Vincent avec une retenue toujours impressionnante. "L'endroit en vaut la peine. Vous finirez par le penser."

"J'ose le dire, mais il faut partir lundi pour l'Écosse, et comme je ne peux jamais voyager de nuit, il faut partir d'ici le matin et monter en ville par le train de huit heures pour prendre l'express du jour. " Tom Carringford vient demain après-midi (et elle leva les yeux vers Margaret avec un sourire) pour dîner et dormir. Il est à Frencham maintenant, mon cher garçon, mais il a dit qu'il devait venir passer demain soir avec lui. et monte nous voir demain matin. » Elle souhaitait que Margaret comprenne clairement que Tom leur appartenait.

« Est-ce qu'il va aussi en Écosse ? » demanda Margaret, plutôt boiteusement, faute d'autre chose à dire.

"Pas avec nous. Il est tellement déçu, mon cher garçon, de ne pas pouvoir s'enfuir, mais il vient nous voir dans une semaine ou deux." Elle s'arrêta un instant et se tourna impulsivement vers Mme Vincent. "Mais je veux parler de Gerald", dit-elle. " Il vous a parlé de sa visite chez nous ? Cela faisait des années que je ne l'avais pas vu — M. Farley aussi voulait tellement le rencontrer, " s'interrompit-elle pour ajouter, toujours soucieuse d'inclure toutes les personnes présentes dans son discours. . « Ils auraient dû aller le voir, bien sûr – il avait un rôle magnifique ; mais Gerald emmènerait Margaret au « Roi Jean ». Il pensait que cela l'éduquerait davantage et l'amuserait moins, je suppose.

"Est-ce que M. Farley est un acteur ?" » demanda Hannah.

"Dawson, ça devrait te faire perdre du temps !" Mme Lakeman a ri. "Il y a un endroit au monde, en tout cas, où ils n'ont pas entendu parler de toi." Et puis, se tournant vers Hannah, elle dit d'une manière impressionnante : "C'est le plus grand acteur romantique d'Angleterre, Miss Barton."

"C'est une chose que je n'ai probablement pas entendue", répondit Hannah. "Je ne suis jamais entré dans un théâtre et je n'ai jamais souhaité y entrer."

Lena émit un petit bruit de sympathie. "J'ai toujours aimé les puritains", a-t-elle déclaré. "Ils faisaient tellement d'abnégation."

"Je suis peut-être une personne très méchante", a déclaré Dawson Farley, avec un cynisme agréable, qui a presque séduit Hannah malgré elle. "Mais quand même, ne voulez-vous pas nous montrer votre jardin, Miss Barton ?" Cela lui semblait une pure folie de venir à la campagne et de rester chez soi.

"J'aimerais que vous, les jeunes, alliez tous au jardin. Je veux parler seul à cette chère femme, et nous n'avons qu'un quart d'heure pour rester", a déclaré Mme Lakeman .

"Tu prendras une tasse de thé ?" » demanda Mme Vincent, car il lui semblait toujours qu'une visite n'était pas une bonne chose si elle n'incluait pas de rafraîchissement.

"Non, merci, il faut rentrer. Et maintenant, dis-moi, " continua-t-elle lorsqu'ils furent seuls, "que dit Gérald de Cyril ? Il m'a envoyé un petit mot en arrivant, mais il n'avait pas vu." lui alors." La note n'était qu'un accusé de réception d'un adieu sentimental qu'elle lui avait envoyé, mais Mme Lakeman n'a pas jugé nécessaire d'en parler.

« Il vous a envoyé un mot… d'Australie ? » demanda Mme Vincent, étonnée.

" Bien sûr qu'il l'a fait." Elle posa la main sur celle de Mme Vincent. "Tu sais ce que lui et moi étions l'un pour l'autre autrefois ?"

"Que faisiez-vous?" » a demandé Mme Vincent, la lumière commençant à se faire jour sur elle.

« Il ne te l'a pas dit ? » dit Mme Lakeman à voix basse. « Peut-être qu'il ne supportait pas d'en parler ; mais lui et moi étions tout le monde l'un pour l'autre jusqu'à ce que ses opinions nous séparent. Mon père était le docteur Ashwell, évêque de Barford – bien sûr, vous avez entendu parler de lui ? Son ton laissait entendre que même dans ces régions, son père ne pouvait pas être inconnu. « Lui et ma mère, Lady Mary — elle était Lady Mary Torbey avant de se marier — la vulgarité de l'âme de Mme Lakeman était tout à fait remarquable — étaient dévoués à Gerald ; nous l'étions tous, en fait, et il nous était dévoué. Mais bien sûr , c'était impossible", et elle haussa les épaules.

"Je suppose que tu pensais que cela t'aurait fait du mal de l'épouser, alors qu'il ne faisait pas semblant de croire ce qu'il ne pensait pas être vrai ?" » dit Mme Vincent, de sa manière calme et directe.

"Eh bien, vous voyez, ce n'est pas possible." La femme était horriblement flegmatique, pensa Mme Lakeman . Elle n'était ni impressionnée ni jalouse ; son attitude était plutôt légèrement critique. "Bien sûr, je n'étais pas libre de faire ce que je voulais, comme vous l'étiez. Pauvre, cher Gérald ! Je sais qu'il a horriblement souffert. C'est la malédiction d'une position comme la nôtre. Il faut accepter ses obligations", a-t-elle ajouté. noblement.

"Je ne savais pas que quelque chose pouvait rendre infidèle l'homme qui l'aimait et à qui on était lié par des promesses."

"Je le pensais aussi, mais je ne pouvais pas briser le cœur de mon père. Je ne me suis jamais pardonné" - elle s'efforçait de mettre les larmes aux yeux, mais elles ne voulaient pas - "car je sais ce qu'il a souffert. Il était "Il a été un vagabond pendant des années," poursuivit-elle, "et n'a plus jamais pu s'installer à Londres. Je suppose que c'est ainsi qu'il a trouvé son chemin ici. Parlez-moi de votre mariage." Elle poussa un petit cri, comme si elle avait perdu le courage d'écouter des détails qui la déchiraient encore ; mais une lueur d'amusement sortit de ses yeux bleus. Mme Vincent l'a vu et, même si Mme Lakeman l'aurait imaginée capable de le faire, elle en a compris le sens.

"Je ne devrais pas avoir envie d'en parler à un étranger", répondit-elle. "Il y a des choses qui sont sacrées en dehors de la Bible et qui y sont écrites."

"Je ne suis pas un étranger. Je ne peux pas être un étranger pour la femme de Gérald Vincent." Mme Lakeman a essayé d'être passionnée, mais cela n'a pas très bien fonctionné. « Je ne le dirais à personne d' autre au monde, mais je n'ai jamais cessé de prendre soin de lui, et je ne crois pas... je ne crois pas, répéta-t-elle à voix basse, que il m'a toujours complètement oublié.

"Je ne suppose pas qu'il vous a oublié", répondit calmement Mme Vincent; "mais je suis certain qu'il a été fidèle à sa femme et à son enfant ici."

" Bien sûr qu'il l'a fait."

" Et il les a aimés toutes les années où il les a connus. Vous l'avez laissé partir alors qu'il aurait été gênant de l'épouser ; mais il n'a épousé personne d' autre avant de s'en être complètement remis. Ce n'est pas le genre d'homme à faire quelque chose de déshonorant. »

" Bien sûr que non." Mme Lakeman a commencé à se sentir mal à l'aise.

"Et il vaut mieux que ce qui est passé et mort soit enterré et laissé dans le silence. Je sais" - elle regarda Mme Lakeman droit dans les yeux - "il sent que tout allait pour le mieux; et il a été content et heureux ici. ... Il l'a dit il n'y a pas trois mois, et je pense qu'il aurait été préférable de ne pas remuer le passé.

"Vous avez tout à fait raison", dit chaleureusement Mme Lakeman , car elle était une femme à la vue rapide et aimait plutôt être battue : cela faisait une bonne comédie. "Vous êtes une femme très sensée. Et maintenant, dites-moi, cela ne vous semblera-t-il pas étrange d'être Lady Eastleigh ?"

"Je n'y ai pas pensé", répondit Mme Vincent. "Un homme vivant porte actuellement ce nom et j'espère qu'il le gardera."

"J'ose dire que vous préféreriez qu'il le fasse", a déclaré Mme Lakeman , le patronage revenant dans sa voix. "Ce serait un changement plutôt difficile", a-t-elle ajouté avec humour. "J'imagine Gerald, Lord Eastleigh, vivant à Woodside Farm, avec Miss Barton pour sa belle-fille - le Gerald dont je me souviens avec toutes les femmes à ses pieds."

"Je ne vois pas que cela ferait une grande différence", répondit Mme Vincent, "et j'espère qu'il ne s'appellera pas sous un autre nom que celui sous lequel il est connu. Pour ma part, je n'ai jamais pu voyez pourquoi les gens accordent tant d'importance aux titres. Le plus grand seigneur qui vit ne repose enfin que dans une tombe, et ce n'est pas comme si Gérald avait un fils pour lui succéder, ou s'il venait dans de grands domaines auxquels il fallait penser. Il vivra à nouveau ici et sera exactement le même qu'il a toujours été. Elle regarda courageusement Mme Lakeman , même si son cœur se serrait, car elle savait que l'ancienne vie à Woodside Farm touchait à sa fin. Et s'il rapportait ce titre avec lui, cela ne pourrait-il pas inciter des gens à venir autour de lui qui n'avaient jamais pensé à venir auparavant, des gens qui la penseraient inférieure et lui laisseraient voir ce qu'ils pensaient, tout comme cette Mme Lakeman ? Elle ne pouvait pas le comprendre, car la fierté de sa race était aussi en elle. N'était-elle pas issue d'un peuple qui avait appartenu à la terre – la belle terre de Dieu – et avait passé sa vie à en prendre soin, fidèle à ses femmes, élevant ses enfants dans le bien ? Il n'y avait pas eu de tache sur leurs dossiers depuis des générations : ni ivrogne, ni failli, ni quoi que ce soit de ce genre ne leur appartenait. Soudain, elle se souvint de Mme Lakeman .

"Peut-être que, comme tu dois y aller presque directement, tu aimerais aussi voir le jardin ?" Elle se releva et, pendant un instant, elle eut l'air d'une impératrice mettant fin à une entrevue.

Mme Lakeman a été emportée par ses manières. "Vous êtes une femme très remarquable", dit-elle presque généreusement, "et la personne la plus hors du monde que j'aie jamais rencontrée."

"Mais vous voyez, les modes et les choses dont les gens se soucient à Londres ne nous gênent pas", répondit Mme Vincent avec un sourire. "Es-tu sûr que tu ne resteras pas pour une tasse de thé ?"

XVIIIe

« Laissez-moi m'asseoir sous le porche avec Margaret », dit Lena lorsqu'elles revinrent de leur promenade dans le jardin ; "Je suis assez fatigué. Emmenez M. Farley voir les vaches, chère Miss Barton."

Hannah s'était tenue aux côtés des visiteurs et avait elle-même montré les splendeurs du jardin. C'était sa place, pensa-t-elle, et il était temps qu'elle le prouve.

"Je veux me reposer", continua Lena, "et parler à Margaret de son amant." Elle s'assit et tendit les mains. "Viens à moi, petite Margaret."

"Tout cela n'est qu'une erreur", commença Margaret, consternée.

"Qui est son amant ?" » demanda Hannah en levant brusquement les yeux.

Lena a flairé un morceau passionnant et était heureuse. "George Stringer nous a parlé de lui. Il les a vus ensemble dans les champs." Elle tendit de nouveau les mains, mais Margaret recula avec quelque chose qui ressemblait à de l'horreur. "Il a dit que vous aviez l'air si heureux ensemble, chérie; et que vous vous êtes attardé derrière la haie comme le font toujours les amoureux."

"Ce n'est pas mon amant et je le déteste !" s'exclama Marguerite.

"M. Garratt ne se soucie pas d'elle, je peux vous le dire", a déclaré Hannah avec insistance.

"Oh, mais il le doit," répondit Lena. " George Stringer a dit que vous aviez rougi si gentiment lorsque vous l'aviez emmené à la porte et que vous aviez parlé de lui, puis Tom, notre cher Tom, nous a raconté comment M. Garratt était venu prendre le thé, et il a pris soin de ne pas dire que vous aviez je l'ai emmené au bois de peur qu'il n'y ait de la jalousie.

"Miss Lakeman , je veux que vous compreniez…" commença Margaret.

"Chéri, tu dois m'appeler Lena."

"Que M. Garratt vient ici pour voir Hannah, ma demi-sœur, et non pour me voir."

"Oh, mais Tom a dit que toi et lui vous parliez tout le temps," continua Lena de sa voix sucrée.

"C'est exactement ce à quoi je m'attendais, compte tenu de ce qui se passe", cria Hannah, perdant presque le contrôle d'elle-même. "Mais ce n'est pas Margaret qu'il vient voir."

"Personne ne pourrait venir voir quelqu'un d' autre quand elle est ici", se murmura Lena ; mais Hannah entendit et répondit promptement :

"C'est elle qui se met en avant et s'impose à lui."

"Oh, elle ne pouvait pas, elle a l'air si gentille. Voici M. Farley qui revient de sa petite promenade. Pouvons-nous lui demander s'il pense qu'il est possible que quelqu'un ne vous aime pas ?"

Margaret se tourna et lui lança un regard flamboyant. « S'il vous plaît, taisez-vous », dit-elle ; "Vous ne le pensez peut-être pas, mais vous dites des choses tout simplement épouvantables, et cela donne l'impression que vous les avez dites exprès."

" J'en parlerai à Tom quand il viendra demain ; et je le ferai revenir vous voir si je peux. " Lena avait l'air perplexe et un peu blessée. "Mais nous ne nous sommes pas vus depuis trois jours et je le veux pour moi, tout comme M. Garratt vous veut."

Margaret s'avança et posa sa main sur le bras d'Hannah. "Elle le fait exprès, Hannah," dit-elle avec de la détresse dans la voix, "et parce qu'elle voit que ça te vexe et que je déteste ça."

Lena s'amusait énormément. "Je vous ai encore mis en colère", dit-elle; "Mais vous êtes splendide, tout comme à Londres. N'est-elle pas belle, Miss Barton ?"

Hannah pouvait à peine le supporter. "Je n'ai jamais pu le voir", a-t-elle déclaré alors que sa mère et Mme Lakeman entraient.

Dawson Farley se tenait près du porche. « Êtes-vous susceptible de revenir à Londres, Miss Vincent ? Il a demandé.

"J'espère que je le ferai, et bientôt", répondit Margaret; » puis elle poursuivit avec empressement : « J'ai entendu dire que vous aviez vu Miss Hunstan pour la première fois lorsqu'elle montait sur scène en tenant le train d'une princesse ?

M. Farley la regarda avec curiosité. "Il y a une princesse dans ma nouvelle pièce", a-t-il déclaré. "Veux-tu venir retenir son train ?"

"Je devrais l'adorer !" » répondit-elle et elle marcha avec lui sur le chemin couvert d'herbe.

Pendant ce temps, Mme Lakeman s'amusait aussi. "Et que penses-tu des chances de ton beau-père de remporter le titre ?" elle a demandé à Hannah.

Les lèvres de Mme Vincent se serraient étroitement, mais elle ne disait rien.

"Quel titre ?" Hannah leva rapidement les yeux.

Mme Lakeman sentit qu'il s'agissait là d'une sensation toute nouvelle : elle avait toujours été une joueuse de sensations, une spéculatrice invétérée sur les effets.

"Tu sais que ton beau-père sera Lord Eastleigh à la mort de son frère ?"

"Je n'en sais rien. Pourquoi en a-t-on fait un mystère ?"

"Il n'y a eu aucun mystère là-dedans", a déclaré Mme Vincent avec fermeté. "Je ne pense pas que mon père assumera le titre et, de toute façon, il n'est pas nécessaire d'en parler tant que celui qui le détient est en vie. C'est comme si on le précipitait dans sa tombe."

Mais Hannah ne devait pas se taire. "Je suppose que c'est pour cela que nous n'avons jamais entendu parler de ses relations", a-t-elle déclaré. « Avait-il honte de nous ?

"Une telle chose ne lui est jamais venue à l'esprit", répondit Mme Vincent.

"Et pourquoi ce frère, qui a un titre, est-il allé se cacher en Australie ? A-t-il fait quelque chose qu'il n'aurait pas dû faire ?"

"Il n'a jamais fait autre chose que dépenser son argent trop vite", a répondu Mme Lakeman . « Il a fait un mariage malheureux, bien sûr, cher vieux Cyril ; mais des tas d'hommes font ça. Nous devons y aller, Mme Vincent. Certaines personnes viennent prendre le thé – les Harford de Bannock Chase ; les connaissez-vous ?

"Je les vois à l'église, mais nous ne les connaissons pas", répondit Mme Vincent. Mme Lakeman a dit plus tard à Dawson Farley qu'elle avait dit cela avec l'air d'une duchesse qui avait refusé de leur rendre visite.

"Quand vas-tu te marier, chérie?" elle a demandé à Margaret, alors qu'elle montait dans la mouche. "George Stringer et Tom nous ont parlé de M. Garratt."

"Tout est une erreur…" commença Margaret, avec une détresse passionnée dans la voix.

"Ne la taquine pas," roucoula Lena, "elle n'aime pas ça."

Mme Lakeman la regarda avec un air de sagesse mondaine et dit de manière significative : « Je devrais attendre si j'étais vous. Vous pourrez faire mieux quand votre père reviendra. Elle ouvrit son parasol doublé de soie lilas et encadra son visage dedans. "Au revoir, Mme Vincent, je suis si heureuse de vous avoir vue." Elle fit un dernier effort pour mettre du ressenti dans sa voix et y parvint presque.

Mais Mme Vincent a seulement dit « Au revoir » et s'est détournée presque avant que la mouche ait commencé.

XVIII

Le petit-déjeuner était toujours une demi-heure plus tard le dimanche. Margaret avait passé les premières heures à écrire à son père pour lui faire part de l'impossibilité de rester plus longtemps à Woodside Farm à moins que les relations entre M. Garratt et Hannah ne soient définitivement réglées. Il fallait faire quelque chose, et immédiatement, mais il ne devait pas s'inquiéter pour elle. Elle avait l'intention d'aller voir Miss Hunstan et de suivre ses conseils. Peut-être que si elle pouvait rassembler son courage, elle consulterait Sir George Stringer, mais c'était Miss Hunstan sur qui elle comptait, elle a même demandé à son père de lui adresser sa prochaine lettre juste par hasard. La matinée était étouffante, les notes des oiseaux étaient languissantes, il n'y avait pas un mouvement parmi les branches bien que l'odeur des fleurs montait du lit contre la maison. Elle se dirigea vers la fenêtre et se pencha en avant pour capter toute brise qui pourrait passer par là. Soudain, Mme Vincent et Hannah sortirent du porche et se tinrent à quelques mètres en dessous d'elle. Hannah poursuivait visiblement une conversation.

"Eh bien, je n'ai aucune patience avec eux, ma mère, de braves gens qui se donnent des airs et ont honte de dire qui ils sont et ce qu'ils ont fait; seigneur, ou pas seigneur, il verra que je ne me soucie pas de ses voies. , ni pour Margaret non plus. Il y avait tout de même dans le cœur d'Hannah un étrange sentiment de curiosité. Que lui arriverait-il si son beau-père était Lord Eastleigh ? Que lui diraient les gens de la campagne, ceux qui, de temps en temps, très poliment, il est vrai, lui demandaient d'accepter un présent pour elle-même en payant un quart d'argent. Et M. Garratt, que dirait-il ? Il savait sûrement que Margaret, avec ses manières coincées, ne le regarderait plus maintenant. Très probablement, il s'estimerait chanceux d'avoir Hannah, car elle gagnerait en importance. Mais elle n'était pas sûre, dans l'ensemble, si elle voulait encore de lui, et pourtant, ce serait quelque chose pour s'assurer d'un homme. Elle ne supportait pas d'aller à Petersfield et de voir des femmes plus jeunes qu'elle, dont elle se souvenait comme des filles, marchant avec leur mari ou allaitant leurs enfants, alors qu'elle restait célibataire. "Je me demande ce que M. Garratt aura à dire de tout cela", dit-elle à voix haute, sans le penser.

"Il verra que ce n'est pas bon de s'occuper de Margaret", a déclaré Mme Vincent.

"Pourquoi devrait-il le faire ? Pas qu'il s'en soucie," répondit rapidement Hannah. "Elle n'est pas meilleure qu'hier, ni que moi. Pour ma part, je pense que cette histoire de titres va faire de nous la risée de la place."

"Il n'y a pas lieu d'en parler ; cela ne regarde personne d'autre que la nôtre."

"Je n'ai jamais été du genre à gardèr des secrets."

"Moi non plus", a déclaré Mme Vincent. "Mais j'ai toujours trouvé qu'il y avait plus dans le silence que dans les paroles. J'espère que vous et M. Garratt vous réglerez bientôt, Hannah, car ces querelles me rendent malheureux."

"C'est la faute de Margaret, pas la mienne," répondit Hannah avec obstination. " Après tout, maman, quoi qu'on dise, tu sais que je t'aime. S'il n'y avait pas eu d'étrangers pendant toutes ces années et que j'avais pris soin de toi seule, j'aurais pu être assez contente sans aucune idée de se marier.

"La jalousie est une si mauvaise chose, Hannah."

"Nous sommes nous-mêmes de pauvres choses aux yeux du Seigneur, mère. Si Marguerite pouvait un jour comprendre qu'elle pourrait être différente."

Margaret, au-dessus, n'en pouvait plus. « C'est si méchant d'écouter ici, se dit-elle ; "et même si Hannah a été horrible la nuit dernière, elle va plutôt mieux ce matin et elle aime sa mère. Oh, je suis si heureuse qu'elle l'aime." Puis elle éleva la voix et cria : « Bonjour, maman. J'entends tout ce que vous dites. Passons un bon dimanche, Hannah. Je ne regarderai pas M. Garratt ; je serai complètement désagréable avec lui si cela vous plaira." Ce à quoi Hannah répondit, non sans une trace d'amabilité et avec l'esquisse d'un sourire :

"Tu ferais mieux de descendre prendre ton petit déjeuner; pour ma part, je ne sais jamais pourquoi nous sommes si tard le dimanche matin." Pendant qu'elle parlait, Towsey fit tinter une cloche pour montrer que le repas simple était prêt.

Une fois le petit-déjeuner terminé et les affaires rangées comme d'habitude, il y eut la préparation des plus beaux vêtements et le départ d'Hannah et de Mme Vincent à travers les champs pour aller à l'église. M. Garratt n'arrivait qu'à midi et, pour la première fois, Hannah s'intéressa aux mouvements de Margaret.

"Je suppose que tu vas au bois comme d'habitude ?" elle a demandé.

"J'y vais avec un livre", répondit Margaret.

Puis, avec de l'anxiété dans la voix, Hannah dit : "J'aimerais que tu prennes un livre qui te ferait du bien."

"Cela ne peut me faire aucun mal." Margaret était ravie de trouver Hannah un peu plus douce que d'habitude. "Je vais prendre *Paradise Lost* , c'est un poème."

"Cela semble très approprié", dit solennellement Hannah.

Margaret cligna des yeux avec étonnement et se demanda si Hannah faisait une blague, et le jour du sabbat aussi ! Peut-être que, comme la plupart des gens sont influencés par les affaires du monde, même s'ils protestent contre le contraire, Hannah a été quelque peu apaisée dans son esprit secret par les révélations d'hier concernant la famille Vincent. Certes, le frère australien était parti , selon Mme Lakeman , parce qu'il avait fait un mariage malchanceux. Et Gerald Vincent avait vécu tranquillement pendant vingt ans à Woodside Farm : peut-être lui aussi considérait-il son mariage comme malchanceux et méprisait-il dans son cœur elle et sa mère ; mais même cela n'annulerait pas la relation, ni n'empêcherait la belle-fille de Lord Eastleigh d'être considérée comme une personne plus importante que jusqu'à présent lorsqu'elle se rendait à Petersfield . Il y avait des moments où Hannah avait des visions d'elle-même en aristocrate dans une calèche découverte traversant un parc, ou allant au tribunal dans un train et des plumes ; elle avait souvent entendu dire que les gens portaient des traînes et des plumes lorsqu'ils allaient au tribunal. Elle appelait cela de l'absurdité et de la vanité, mais la vision momentanée d'elle-même traînant et les plumes blanches qui hochaient de sa tête étaient tout de même agréables.

"Eh bien, on verra quand il reviendra", pensait-elle en traversant les champs avec sa mère. "S'il ne veut pas s'appeler Seigneur, et s'il veut quand même vivre ici, autant épouser M. Garratt et en finir avec ça, c'est-à-dire s'il se comporte correctement. Il obtient un bonnes affaires autour de lui à Guildford, et nous ne serons guère considérés comme des commerçants quand ils sauront qui je suis. Mère, " dit-elle à voix haute, " vous ne resterez pas à la ferme si ce que Mme Lakeman a dit est vrai. , et papa revient avec un titre ?"

"Rien ne m'en détournera jamais", répondit Mme Vincent; "Et mon père sera toujours le même à son retour, que son frère soit vivant ou mort. Je suis désolé que vous en sachiez quelque chose, Hannah, car cela ne fera aucune différence d'une manière ou d'une autre."

XIXème

Lena Lakeman , hantant le paysage verdoyant comme un esprit inquiet, regardait Mme Vincent et Hannah entrer dans l'église. "Je me demande ce que fait la petite Margaret de sa matinée quand elle est seule ?" pensa-t-elle en franchissant la porte qui menait à travers les champs et en jouant dans le champ à la recherche de trèfles, en comptant les brins d'une touffe d'herbe, ou en se reposant sous la haie de chèvrefeuille comme un lézard. Par pure somnolence, elle resta là presque sans bouger jusqu'à ce qu'elle entende les voix de la campagne dans l'église chanter "Oh, soyez joyeux dans le Seigneur, vous tous, terres." Elle ouvrit alors les yeux et regarda la beauté qui l'entourait. La terre se réjouissait effectivement, pensa-t-elle, en été. Si seulement Dieu laissait cela durer, son peuple se réjouirait toute l'année ; mais comment pourraient-ils, comment pourraient-ils être religieux, quand le climat était mauvais ? L'une des raisons pour lesquelles les catholiques romains ont pris leur religion si étroitement dans leur vie était peut-être qu'elle s'était produite dans des endroits ensoleillés.

Les voix avaient cessé. Elle essayait de se souvenir de l'ordre des prières, afin de savoir combien de temps les fidèles devaient rester, mais elle ne pouvait pas entendre avec suffisamment de distinction pour reconnaître les paroles. Soudain, il y eut un bruit de roues venant vers l'église et la route qui menait à la ferme. Elle s'assit et écouta, puis s'agenouilla et regarda à travers la haie jusqu'à ce qu'elle aperçut, marchant à vive allure, un gros poney gris et une petite charrette à chiens, dans laquelle était assis un jeune homme épicé avec un mouchoir regardant par sa poche. , une fleur à la boutonnière et un chapeau melon collé joyeusement sur la tête.

"C'est M. Garratt", s'exclama-t-elle, "il va voir Margaret ; ils passeront un bon moment ensemble pendant que les autres seront à l'église." Elle regarda la charrette à chiens disparaître au loin, puis se faufila le long du champ, se tenant près de la haie de peur d'être aperçue depuis la ferme. Et soudain, une pensée la frappa. « Marguerite le conduira dans son bois, se dit-elle ; "Tout à l'heure je devrais les retrouver ensemble, mais il ne faut pas qu'ils me voient venir."

Elle traversa le champ vingt minutes plus tard, se rapprochant de la haie pour ne pas être vue, et se dirigea vers les hauteurs. Sur le flanc de la colline poussait un jeune bosquet qui s'élevait jusqu'aux grands arbres que Marguerite appelait sa cathédrale ; les sous-bois de fougères et de bruyères remontaient avec lui et formaient un mur végétal autour du sommet. Entre les colonnes de la cathédrale et par-dessus le mur vert, on voyait la douce campagne s'étendre sur de longs kilomètres jusqu'aux collines bleues, avec ici et là une tache blanche évoquant une ferme, ou une tache rouge qui trahissait un chalet.

Léna monta doucement et lentement, pour que le mouvement de la végétation ne la trahisse pas, jusqu'à ce que soudain elle entende des voix. Elle s'arrêta et écouta, puis continua avec encore plus de prudence jusqu'à ce qu'il n'y ait plus qu'un écran vert entre elle et les haut-parleurs. Puis elle tomba parmi les fougères et fut complètement cachée, même si elle entendait parfaitement. Margaret parlait et sa voix était indignée...

"C'est mon bois, il m'appartient."

"Oh, viens maintenant!"

"Comment saviez-vous où me trouver ?"

"Hannah me l'a dit elle-même ; elle a dit que tu passais tes matinées ici au lieu d'aller à l'église, alors j'ai pensé que j'allais juste regarder."

Lena, jetant un coup d'œil à travers la verdure, put voir qu'elles se faisaient face : Margaret, la tête renversée, appuyée d'une main contre le tronc d'un arbre. Sur les racines noueuses qui s'élevaient haut du sol et qui formaient visiblement son siège, se trouvait un livre ouvert. M. Garratt, avec une expression triomphante, se tenait à quelques pas.

"Vous devez rentrer immédiatement", a déclaré Margaret.

"Pas moi ! Venez, asseyons-nous et discutons tranquillement, nous n'en avons pas souvent l'occasion."

"M. Garratt, s'il vous plaît, partez s'il vous plaît," dit-elle, "pourquoi devriez-vous essayer de m'ennuyer comme vous le faites. Vous êtes venu ici pour voir Hannah..."

" Eh bien , je ne viens pas maintenant pour voir Hannah—"

"Alors tu ferais mieux de rester à l'écart—"

" J'aimerais rester à l'écart si je t'avais avec moi. Écoute, ne sois pas rouillé et ne sois pas stupide. Je ne suis pas un mauvais type, tu sais, " et il tira sur sa moustache ; "Beaucoup de filles m'ont plutôt aimé, mais je n'ai jamais aimé l'une d'entre elles, même si je les ai un peu plaisantées de temps en temps, parce que j'aimais les rendre folles."

"Je me fiche de ce que tu aimes et je veux que tu partes."

"Mais je ne suis pas sérieux cette fois, donne-toi ma parole. Je t'aime énormément et je leur dirai donc à notre retour, si tu dis que tout va bien—"

"Ça ne va pas !" Margaret a pleuré passionnément.

"Eh bien, tu n'as pas besoin de le faire, tu es terriblement jolie." Il fit un pas plus près. "Je dis, donne-moi un baiser pour continuer."

"Je préférerais mourir", et elle se rapprocha du tronc de l'arbre.

"Eh bien, vous n'avez pas besoin de frémir comme si j'étais des serpents ou du goudron de houille ; vous ne le savez peut-être pas, jeune dame, mais vous n'êtes pas l'argent de tout le monde, malgré votre beauté. Je ne suis pas moi-même un maniaque, et pourtant ce n'est pas simple d'épouser une fille qui ne veut pas entrer dans une église et dont la famille est un mystère. Cela n'ajouterait rien aux affaires, je vous l'assure.

"Ma famille, un mystère ?" dit Marguerite. Lena releva la tête comme un serpent et regarda à travers les feuilles ; elle les voyait très clairement. "Comment oses-tu-"

"Oh, eh bien, nous n'en dirons rien de plus si vous allez exploser. Pourtant, il peut y avoir toutes sortes de crimes dissimulés pour ce que nous savons du contraire, et je comprends que la ferme appartiendra à Hannah de temps en temps… »

"Et c'est pour ça que tu as pensé à l'épouser, je suppose ?" » demanda-t-elle avec indignation.

" Bien sûr que oui, " répondit-il triomphalement, " mais je préférerais que vous n'ayez rien du tout. Je suis complètement fou de vous, Margaret ; je le suis, en effet. "

"Comment oses-tu m'appeler Margaret ?"

" Très bien, alors je t'aime beaucoup, canard, est-ce que ça fera l'affaire ? Et je t'épouserai demain si tu veux — prends une licence spéciale, réveille le pasteur et c'est parti. Tu as Je n'ai qu'à dire le mot. Maintenant, viens, embrasse-nous et dis que tout va bien. Je ne suis pas un mauvais type, je te le dis, et je vais sûrement continuer, et nous ferons toutes sortes de choses. choses quand nous serons mariés, vous pariez. Viens maintenant ?

" M. Garratt, " dit Margaret à voix basse, " c'est très gentil de votre part de vouloir m'épouser, mais... mais je veux que vous compreniez, " et les larmes chaudes coulèrent sur ses joues rouges, " que je peux tout simplement ça ne te supporte pas."

"C'est vrai, tu les distribues, tu sais."

« Et je ne t'épouserais pour rien au monde, poursuivit-elle ; "Soit tu dois te réconcilier avec Hannah, soit tu dois arrêter de venir ici." Elle avait essuyé ses larmes et, rouge et hautaine, elle le regardait en face d'un air suppliant.

"Oh, dis-je, ne continue pas comme ça, je ne te rendrais malheureux pour rien au monde", et il fit un pas en avant.

"Oh, reste en arrière !" dit-elle avec un autre frisson. "Je te déteste-"

"Très bien, déteste-moi", sa vanité blessée l'emporta, "mais j'aurai de toute façon quelque chose pour mes douleurs", et en un instant il s'était précipité en avant et essayait de la serrer dans ses bras.

Marguerite poussa un cri d'effroi qui se termina par un cri d'étonnement, car soudain les feuilles qui formaient un muret à mi-chemin autour de sa cathédrale s'écartèrent et Léna apparut.

"Tu ne dois pas être si cruel !" elle a pleuré. Il lâcha Margaret et resta bouche bée devant Lena, qui se dirigea vers l'arbre.

"J'ai dit que tu devrais nous aimer, petite Margaret; je suis venue te secourir", dit-elle en entourant Margaret de ses bras, à qui il semblait que son Eden était plein de serpents.

"Eh bien, si cela ne vous dérange pas, j'aimerais savoir qui diable vous êtes, mademoiselle ?" » dit M. Garratt, étonné, mais pas du tout confus.

"Je suis l'amie de Margaret," répondit Lena de sa voix sucrée.

« Et quelle est votre affaire ? » » demanda-t-il insolemment.

"Je connais son père et je la connais. Chéri," dit-elle en attirant Margaret vers elle, "je t'ai dit à Londres qu'il était toujours préférable de tout dire sur toi", puis elle se tourna vers M. Garratt. " Elle ne va pas à l'église ; c'est très mal de sa part, mais elle y irait si on la persuadait. Peut-être qu'elle m'accompagnera un jour. Et il n'y a aucun mystère au sujet de sa famille. C'est un très, très c'est un vieux, n'est-ce pas, chérie ? » dit-elle en regardant Margaret. "C'est arrivé avec le Conquérant."

"Eh bien, le mien a peut-être couru avec celui de Noah, d'après ce que je sais du contraire. Qu'est-ce que cela a à voir avec ça ?" » a demandé M. Garratt.

"Il pense ça pour plaisanter, chérie", dit Lena à Margaret. "Il ne veut pas être impoli…" Elle se tenait debout, les bras autour de Margaret, regardant M. Garrett avec un doux reproche .

« Écoutez, je m'en vais, » dit-il avec une inspiration soudaine ; « Bonjour », et en un instant il avait disparu sur le chemin direct vers la ferme.

XX

Hannah, sous le porche, l'a vu arriver.

« M. Garratt, » dit-elle sévèrement, « êtes-vous allé vous promener ? J'ai cru entendre le poney passer quand nous étions à l'église.

"Oui, je suis allé me promener", répondit-il d'une voix rauque, car il commençait à sentir que les choses à Woodside Farm étaient un peu trop pour lui.

" Towsey dit que tu es sorti directement où le poney a été mis."

"Tout va bien. Et alors ?"

"Où est Marguerite ?"

" Là-haut, dans le bois, " dit-il en hochant la tête, " avec une demoiselle qui, à en juger par sa conversation, a avalé une bouteille de sirop apaisant et a laissé le bouchon sortir en elle. "

"Et pourquoi es-tu monté au bois ?" » demanda Hannah sévèrement.

"Parce que j'ai choisi. Écoutez, Miss Barton, je ne veux pas être contre-interrogé, s'il vous plaît."

« Eh bien, ce que j'aimerais savoir, c'est, pour parler clairement, pourquoi venez-vous ici, M. Garratt ? »

"C'est mon affaire", répondit-il. "Si tu veux, je vais mettre le poney immédiatement et en finir avec ça, mais, dans l'ensemble, je préférerais d'abord dîner, vu que j'ai parcouru un bon chemin." Après tout, M. Garratt avait un bon caractère, car il prononça les derniers mots avec un sourire qui apaisa quelque peu Hannah, qui, voyant qu'elle risquait d'avoir le pire, tira ses cornes.

"Je ne voulais pas être désagréable", a-t-elle déclaré, "mais c'est vraiment difficile de comprendre tout ce qui se passe ici."

"C'est exactement ce que je pense. Qui est cette fille avec Margaret ? Elle était comme un serpent surgissant de la verdure et se tortillant - elle disait qu'elle connaissait Vincent."

Alors Hannah, un peu plus apaisée, lui raconta l'histoire de la visite d'hier.

"Eh bien, je suis énervé", répondit M. Garratt après un moment d'hésitation. "Je vous ai dit qu'il y avait quelque chose derrière tout cela. Son frère, Lord Eastleigh - bien sûr, je suis directement au courant de lui. Il adorait énormément le rami - a épousé Bella Barrington, qui chantait au

Cosmopolitan à Hornsey . Route. Un terrain assez bas, je peux vous le dire. Eh bien, je suis... "

"M. Garratt", dit Hannah horrifiée, "c'est un groupe de personnes avec qui nous ne devrions rien avoir à faire."

"C'est nul. Margaret sera une idiote."

"Il n'y a pas d'argent avec ça."

"Eh bien, c'est dommage", a-t-il déclaré, "mais cela ne leur enlèvera pas le titre. J'ai toujours su qu'ils étaient quelqu'un."

"Hannah", dit Towsey en sortant de la cuisine, car ce n'est qu'à Margaret qu'elle fit un préfixe respectueux, "Je suis prêt à ce que tu mélanges la salade."

"Vous feriez mieux d'y aller", a déclaré M. Garratt, "j'ai un appétit sans fin, je vais juste me promener jusqu'au bout du jardin pour l'améliorer." Car, alors qu'Hannah tournait la tête , il avait vu Margaret se diriger vers la porte du jardin hollandais, et M. Garratt était un jeune homme politique.

"Mlle Margaret," dit-il avec déférence, "je tiens à m'excuser pour ce que je viens de dire à propos de votre famille et du fait que vous n'allez pas à l'église - ce sont mes sentiments qui m'ont emporté. Je viens d'apprendre qui vous êtes. J'ai toujours dit que tu ressemblais à quelqu'un, tu te souviens peut-être que je te l'avais dit ce jour-là en traversant les champs. Et quant à ne pas aller à l'église, eh bien, je suis tout à fait d'accord avec ce que je crois que pense Mme Vincent, c'est ce que l'on fait. ce qui compte à l'extérieur, pas ce que l'on fait à l'intérieur. »

"C'est très gentil de votre part de dire tout cela, M. Garratt, mais s'il vous plaît, laissez-moi passer." Il marchait à ses côtés sur le chemin vert.

"Vous savez quels ont toujours été mes sentiments", dit-il, "et si un véritable dévouement…" il avait l'impression que c'était la bonne ligne.

"S'il vous plaît, ne dites rien de plus." Elle était presque affligée, car à travers le porche, dans le fond sombre, elle pouvait voir la silhouette courroucée d'Hannah.

"Si la vraie dévotion compte pour quelque chose," poursuivit-il, "eh bien, vous l'obtiendrez de moi. Je comprends qu'il n'y a pas d'argent pour venir avec ce titre, et cela ne fera aucune différence en quoi que ce soit. , et vous voudrez que quelqu'un vous aime quand même. Nous voulons tous cela, Miss Margaret, et... "

"Margaret, tu ferais mieux d'entrer et de ne pas faire attendre le dîner", appela Hannah d'une voix stridente. "J'aurais dû penser que vous en aviez assez de M. Garratt, de le rencontrer dans les bois alors que d'autres personnes étaient à l'église."

M. Garratt était très silencieux pendant le dîner. Il devait décider de sa propre ligne de conduite. Il en arriva à la conclusion que le plan le plus sûr était de rendre tout le monde apaisé, mais cela lui coupa le souffle de penser que lui, Jimmy Garratt, agent immobilier de Petersfield et Guildford, petit-fils maternel de James Morgan, épicier à Midhurst, voulait épouser Miss Margaret Vincent, comme il la décrivait maintenant pour lui-même ; pourtant, il n'y aurait rien de perdu à continuer ainsi ; En plus, c'était un beau garçon, beaucoup de filles l'aimaient et, après tout, Margaret n'avait pas d'argent. Ce serait une bonne idée, pensa-t-il, de l'emmener à Guildford et de lui laisser visiter la maison ; il y avait un vrai salon et une véranda qui en faisait partie, et il pouvait se permettre de la laisser dépenser un peu d'argent ; elle devait faire tout ce qu'elle voulait, et si les gens s'entendaient bien à notre époque, peu importe ce qu'ils étaient au début. Il y en avait beaucoup au Parlement qui n'étaient rien, pourquoi n'entrerait-il pas aussi au Parlement un jour - il avait toujours été plutôt doué pour parler, et d'ailleurs il pourrait éventuellement obtenir son propre titre. ? Il lui suffisait de gagner de l'argent, de faire paraître son nom dans les journaux et de donner beaucoup à une œuvre caritative qui tenait à la royauté, et le voilà.

"Vous êtes très absent aujourd'hui, M. Garratt", dit Hannah en lui donnant une grande portion de tarte aux framboises et aux groseilles.

"Il fait très chaud, Miss Barton ; très chaud, en effet."

"Je trouve toujours", a déclaré Mme Vincent, ouvrant ses belles lèvres et ressemblant à une femme de légende, avec ses cheveux gris et ses pommettes saillantes, "que l'été est un moment pour réfléchir plus que pour parler."

« Vous avez raison, Mme Vincent ; n'êtes-vous pas d'accord, Miss Margaret ?

"Je ne sais pas," répondit négligemment Margaret. "L'été est beau, bien sûr ; on a toujours l'impression que le monde s'est enroulé un peu plus près du ciel..."

"Je pensais que tu ne croyais pas à un tel endroit", dit sèchement Hannah.

Mme Vincent regardait sa plus jeune fille avec des yeux affectueux. "Le cœur croit parfois à une chose et la tête en croit une autre", a-t-elle déclaré. Mais Margaret mangea sa tarte en silence, et M. Garratt, pesant encore les chances de son avenir, suivit son exemple.

XXI

Le thé du dimanche était terminé. Hannah avait réussi à monopoliser M. Garratt tout l'après-midi. Il devenait désespéré. « Elle rendrait fou un homme », pensa-t-il ; "Eh bien, la façon dont elle se promène dans cette cuisine avec les choses à thé est suffisante pour faire s'éloigner n'importe qui. à l'époque où elle avait quarante ans. Il regarda vers la porte du meilleur salon. Mme Vincent et Margaret étaient là ; il se leva et entra hardiment. " Puis-je me permettre de demander un peu de musique ? " Il a demandé.

Margaret s'était levée rapidement à son entrée. "Oh, mais c'est dimanche", répondit-elle.

"Je pensais qu'il n'y aurait peut-être aucune objection à quelque chose de sacré", a-t-il déclaré. Son attitude était respectueuse et tout à fait différente de celle du matin ; et il avait été attentif à Hannah tout l'après-midi, ce qui avait calmé Margaret.

"Nous avions l'habitude de chanter et de jouer des hymnes à l'époque de notre mère", a déclaré Mme Vincent ; "Le vieux piano n'a été donné à l'école qu'à la mort de James. Il était usé et j'ai pensé qu'ils en seraient heureux." La séquence n'était pas très claire, mais personne ne s'en aperçut. "J'aimerais que tu puisses jouer des hymnes, Margey ."

"Oh, mais je peux jouer quelque chose d'assez beau", répondit-elle en se dirigeant vers le piano.

"Permettez-moi", dit M. Garratt en l'ouvrant.

Il se tenait derrière elle dans une attitude tandis que les magnifiques accords de Chopin roulaient vers le haut - vers les livres de Gérald Vincent, et jusqu'à la femme aux cheveux gris dans le fauteuil recouvert de chintz, avant de s'échapper par la fenêtre ouverte dans le jardin hollandais et le bois indéfini. au-delà, comme s'ils cherchaient la cathédrale.

"Margaret", cria Hannah en sortant précipitamment de la cuisine, "ferme le piano tout de suite. Dimanche, ce n'est pas le moment de jouer."

"Il n'y a rien de frivole", a déclaré Margaret; "c'est une marche funèbre."

"Je ne le ferai pas", répondit Hannah avec obstination, toujours jalouse des réalisations de Margaret. "Il y a une secousse dedans, et c'est une pièce qui ne convient que pour les jours de semaine."

"Auparavant, on enterrait les gens le dimanche ; quel mal peut-il y avoir dans une œuvre funéraire ?" » a demandé Mme Vincent.

"Cela a été joué à ma demande", a déclaré M. Garratt. "Je le demanderai la prochaine fois en semaine, Miss Margaret. Je serai bientôt de retour", ajouta-t-il d'un ton plus bas.

Hannah s'approcha du piano, le verrouilla et mit la clé dans sa poche. "M. Garratt", dit-elle en se tournant vers lui, "je pense que vous feriez mieux de décider qui vous venez voir en semaine ou le dimanche, alors nous le saurons."

"Je le savais depuis le début", a-t-il déclaré, mettant toute prudence aux oubliettes.

"Eh bien, tu ferais mieux de parler et d'en finir avec ça."

"Ce n'est pas vous, Miss Barton ; alors maintenant vous le savez."

Mme Vincent se releva et le regarda, grave et affligée.

"Et, je vous prie, qui est-ce ?" Hannah a demandé ; cela semblait une question inutile, mais rien d'autre ne se suggérait et il fallait dire quelque chose.

"Eh bien, puisque vous voulez savoir, c'est Miss Vincent. J'ai été amoureux d'elle dès le premier instant où je l'ai vue, et c'est la vérité. Quant à vous, Miss Barton, votre caractère est un peu plus que Je peux rester debout et je ne serais pas embauché pour vivre avec toi. »

"M. Garratt—" commença Mme Vincent.

"Mme Vincent," dit-il en se retournant brusquement vers elle, "laissez-moi parler. Je suis venu ici pour soigner Miss Barton, je l'avoue franchement; mais je n'étais pas amoureux d'elle, je voulais seulement l'être, et j'ai découvert que je ne pouvais pas l'être. Ce n'est pas bon, son caractère est bien plus que ce que je pouvais risquer, alors maintenant je l'ai dit.

"Hannah, ce n'est pas ma faute", dit Margaret en se dirigeant vers la porte et en sentant que l'absence serait encore une fois la meilleure partie du courage.

"Arrêtez, s'il vous plaît, Miss Vincent", s'est exclamé M. Garratt. "Puis-je vous prier de rester une minute ?" Il ferma la porte et se tint dos à la porte, faisant hardiment face aux trois femmes devant lui : Mme Vincent dans un calme étonnement, Hannah pétrifiée mais écarlate de rage et de consternation, et Margaret sentant qu'une crise était enfin arrivée mais incapable de le faire. pour retenir une petite admiration involontaire pour le courage de M. Garratt. « Je veux que vous entendiez ce que j'ai à dire, » continua-t-il ; "Madame Vincent, j'aime Miss Margaret. Je pense qu'elle est la plus belle fille du monde, la plus belle jeune femme qu'elle voudrait que je dise, peut-être ; mais je ne vois pas que ce que j'ai entendu dire à son sujet puisse être compris." " Le jour fait une différence, et je lui ai dit ce que je pensais d'elle ce matin dans le bois avant de savoir quoi que ce soit sur sa famille... "

"Oh!" » vint une note de rage de la part d'Hannah.

" Et je le lui ai dit à chaque fois que j'ai eu l'occasion de le dire, ce qui n'a pas été très souvent, car elle ne voulait pas m'en donner, et Hannah m'a tenu dans ses bras , aussi fort qu'un chien. fait d'un rat. Mais j'aime Miss Margaret, j'aime le sol sur lequel elle marche, et je l'épouserai demain si elle veut de moi. M. Garratt était devenu véhément.

"Je ne le ferais pas... je ne le ferais pas..." dit Margaret dans un souffle, mais il n'y prêta pas attention.

"Et je n'abandonnerai jamais l'espoir d'elle. Je suis heureux d'apprendre que même si elle est probablement la fille d'un seigneur, elle n'a probablement pas d'argent, donc on ne peut pas penser que je suis Je ne veux pas avoir un sou avec elle. Je comprends que la ferme appartiendra à Miss Barton, et j'espère qu'elle la gardera. Je veux Margaret, et je la veux telle qu'elle est et sans Je me fiche de ce que je fais pour elle, ni de la façon dont je travaille dur. Je peux la mettre à l'aise maintenant - et je la rendrai riche un jour - "

"M. Garratt, tout cela est impossible !" Margaret intervint.

« Vous le dites maintenant, Miss Margaret, » répondit-il ; "Mais quand tu y réfléchiras peut-être , tu te sentiras différent. Et tu verras qu'en parlant à Hannah, j'ai seulement essayé de faire ce que je suis venu faire, mais je ne peux pas continuer, et c'est fini. Ça ne sert à rien de dire que je ne t'aime pas, car je t'aime, et je ne vois pas non plus pourquoi je ne devrais pas le dire. Je ferais tout au monde pour t'avoir, et Je pars maintenant, dit-il rapidement en ouvrant brusquement la porte, mais je vous écrirai demain, Miss Margaret, et vous feriez mieux d'y réfléchir. ce que je dis dans la lettre. Vous ne devez pas penser que vous vous mettrez sur le chemin d'Hannah, car je préfère être rôti sur un gril plutôt que de l'épouser. Bonne nuit, Mme Vincent, j'espère que vous me pardonnerez. " Miss Barton, je vous souhaite une très bonne soirée. Je connais le chemin des écuries et je peux me confier le poney. " Il resta un moment à tenir la porte fermée, puis l'ouvrit, et avec quelque chose qui ressemblait à une véritable passion dans sa voix - elle balaya ses auditeurs et les convainquit - il ajouta: "Miss Margaret, je n'en ai pas honte, je" J'en suis fier, et je regarde en arrière pour dire une fois de plus devant tout le monde que je t'aime, plus que je n'aurais jamais pensé aimer qui que ce soit au monde, et que je préfère t'épouser plutôt que d'en avoir dix mille par an. ". Il ferma la porte et, une minute plus tard, on le vit passer lentement devant la fenêtre pour se diriger vers l'écurie.

Comme si d'un commun accord ils attendaient et écoutaient le bruit des roues du départ de M. Garratt. Cela semblait accompagner la colère d'Hannah, qui éclata avec son départ.

Cette nuit-là, pendant qu'Hannah testait encore les boulons du dessous, Margaret entra doucement dans la chambre de sa mère.

"Mère, chérie," murmura-t-elle, "je veux te dire quelque chose, et tu ne dois pas être malheureuse, tu dois juste me faire confiance, chérie; je ne serai plus jamais sur le chemin d'Hannah, car j'irai à Londres."

« Ça me briserait le cœur ! » dit Mme Vincent avec presque un sanglot. "Je vieillis et je ne suis plus aussi fort qu'avant. Je ne pourrais pas supporter de me séparer de toi."

"Mais, maman chérie, je ne peux plus rester ici." Elle leva les mains de sa mère et lui baisa les doigts. "Je ne peux pas, chérie !"

"Mais où irais-tu à Londres ?" » a demandé Mme Vincent, car elle ressentait elle-même l'impossibilité de la paix à Woodside Farm pendant que Margaret restait et que son mari était absent.

"Je vais d'abord aller voir Miss Hunstan . Parfois, je pense que j'aimerais aussi être actrice."

"Tu ne dois pas, Margaret!" Mme Vincent a pleuré de terreur. "Hannah ne vous laisserait plus jamais entrer dans la maison, car elle dit que les acteurs viennent de Satan et reviennent vers lui une fois leur journée terminée."

Hannah monta les escaliers et se tint dans l'embrasure de la porte. Margaret lui faisait face, les bras autour des épaules de sa mère.

"Que faites-vous ici?" elle a demandé.

"Laissez-moi tranquille", dit doucement Margaret. "Demain, j'irai à Londres."

" Et que ferez-vous là-bas ? Vous qui n'avez jamais fait une journée de travail en une semaine, ni dit une prière le dimanche, ni demandé une bénédiction sur un repas, et qui appartenez à ceux qui ont honte de faire savoir aux gens ce qu'ils sont. Avez-vous la tête tournée parce que M. Garratt a été emporté par vos manières et votre astuce.

"Je te le laisse, Hannah, et je m'en vais demain."

"Je veillerai à ce que tu ne fasses rien de tel. Tu resteras ici jusqu'à ce que ton père revienne et apprenne à bien se tenir."

Margaret ne répondit rien. Elle poussa doucement sa mère dans le grand fauteuil près de l'armoire, s'agenouilla près d'elle et embrassa ses cheveux gris, son visage maigre, la mousseline autour de son cou et la frange du châle qui lui entourait les épaules.

"Viens, va dans ton lit", dit Hannah; "Nous ne voulons pas rester ici toute la nuit."

"Au revoir", murmura Margaret à sa mère, l'embrassant doucement une fois de plus. Puis elle se leva et s'éloigna lentement. "Bonne nuit", dit-elle à Hannah par-dessus son épaule alors qu'elle se dirigeait vers sa propre chambre.

"Je l'enfermerai si j'ai des bêtises avec elle", entendit-elle dire Hannah en fermant la porte.

Margaret resta longtemps à réfléchir. "Il vaudrait mieux y aller et en finir", dit-elle enfin. "Hannah pourrait m'en empêcher demain matin ; il y aurait une autre scène, et c'est suffisant pour tuer maman – je ne peux pas la laisser supporter ça plus longtemps."

Avec lassitude, elle atteignit le sac Gladstone que son père lui avait donné, posé sur l'étagère en haut du placard dans le mur. Ce n'était pas très grand, et heureusement c'était léger ; elle sentait qu'elle pourrait très bien le porter jusqu'à la gare. Elle rassembla immédiatement les choses qu'elle pensait vouloir , le sac les tenait assez facilement. Puis elle sortit une malle et y rangea le reste de ses vêtements. Au fond de la pièce, il y avait un petit bureau à l'ancienne dans lequel elle gardait les deux sous d'argent gagnés depuis le départ de son père. Elle le sortit et le regarda avec étonnement. Et enfin elle s'assit pour écrire à sa mère. En ouvrant son buvard, elle vit une feuille de papier à lettres qu'elle avait gâchée le jour où elle avait écrit pour la première fois à Miss Hunstan . Cela lui fit penser à Tom Carringford et à cet horrible thé au cours duquel M. Garratt avait triomphalement fait ses remarques ; et soudain, elle s'effondra et pleura, car après tout, elle n'était qu'une fille et très seule. Peut-être que les larmes l'ont aidée à se sentir mieux, car elle a pris sa plume, mais une petite lettre incohérente était tout ce qu'elle pouvait faire ; elle donna à sa mère l'adresse de Miss Hunstan et lui dit qu'elle lui écrirait de nouveau dès que possible et tous les dimanches matins, qu'elle l'aimerait à chaque heure, qu'elle serait sa propre fille et digne d'elle. Quand ce fut fait, elle le posa sur la petite table en acajou noir, enfila sa cape et son chapeau de tous les jours, prit son sac, hésita et regarda autour d'elle avec incrédulité.

C'était une chose tellement étrange de quitter la maison au milieu de la nuit qu'elle avait du mal à croire qu'elle était réveillée. Elle ouvrit la porte avec beaucoup de précautions et écouta, mais tout était sombre et calme, à l'exception du tic-tac de l'horloge démodée dans le passage en contrebas. Elle descendit doucement, attendit et écouta encore, mais personne ne l'avait entendue. Le long du passage jusqu'à la porte de derrière, car elle n'avait pas autant de verrous que celle de devant, et on pouvait l'ouvrir plus doucement. La clé était accrochée à un crochet, elle la décrocha, la tourna dans la serrure, retira le long verrou et sortit. L'air de l'été arrivait doux et frais sur son visage, mais le ciel était nuageux. Elle ferma la porte, la verrouilla à l'extérieur, glissa la clé en dessous dans le couloir et resta une fugitive dans l'obscurité. Elle saisit fermement son sac et parcourut doucement les pierres qui se trouvaient juste devant la porte arrière, et ainsi de suite vers le jardin, le long de l'allée verte et franchit le portail ; il se ferma avec un clic, et elle se demanda si Hannah l'entendait dans son sommeil ; à travers le champ et par-dessus le montant – elle pensa à M. Garratt – dans le champ suivant, et puis soudain elle réalisa la folie de ce départ précipité. Elle aurait pu au moins attendre jusqu'au matin, car il n'y avait pas de train avant six heures. Elle avait cinq ou six heures pour parcourir autant de kilomètres. Elle s'assit sur la marche de l'échalier et tendit les yeux pour voir les arbres qui faisaient sa cathédrale, mais ils n'étaient qu'un amas de noirceur dans la nuit ; elle laissa son sac près du montant, et traversa le champ jusqu'à la porte du jardin, et regarda de nouveau la maison et la fenêtre sombre de sa mère, puis retourna au montant. Peu à peu, l'exultation naturelle de la jeunesse l'envahit.

"Je vais à Londres", dit-elle, à bout de souffle, "pour chercher fortune tout comme Dick Whittington l'a fait, et comme Lena Lakeman a dit que j'aurais dû le faire."

Elle se baissa et tâta l'herbe : elle était bien sèche ; elle se servait de son sac comme d'un oreiller, enroulait son manteau autour d'elle et s'étendait pour se reposer une heure ou deux sur le sol vert et tendre. "Oh, si maman pouvait savoir que je suis allongé ici dans les champs, que dirait-elle ? Mais c'est agréable avec l'air frais qui vient sur mon visage, et j'ai déjà le sentiment d'être libre."

Mais le sommeil ne venait pas ; elle était agitée et excitée, et il semblait que les ombres de tous les gens qu'elle avait connus se pressaient autour d'elle. Elle pouvait sentir la main de sa mère sur sa tête, entendre Hannah gronder et voir son père se tenir à l'écart – jusqu'à ce qu'elle ne puisse plus le supporter. Elle s'assit et regarda autour d'elle ; l'aube commençait ; dans la pénombre, elle pouvait voir le vert de l'herbe.

« Chère terre, dit-elle en baissant de nouveau la tête, quand te traverserai-je de nouveau vers la maison de ma mère ?

XXII

Le cœur de Margaret battait à tout rompre lorsque le fiacre s'arrêta devant la maison de Great College Street. Mme Gilman a ouvert la porte.

« Miss Hunstan est partie samedi soir, mademoiselle », dit-elle ; "elle est partie en Allemagne pour trois semaines."

"Oh oui, à Bayreuth ; elle a dit qu'elle pourrait y aller, mais je ne pensais pas que ce serait si tôt." Margaret resta consternée.

"Y a-t-il quelque chose que je puisse faire, mademoiselle ? Vous êtes la jeune femme qui est venue ce matin-là avec M. Carringford et qui a étalé les fleurs ?"

"Oui, oui ! Je pensais que Miss Hunstan me conseillerait", répondit Margaret désespérément. "Cette fois, je suis venu à Londres seul, pas avec mon père, et je veux vivre quelque part." Pendant un instant, Mme Gilman la regarda d'un air dubitatif.

"Tu es très jeune pour être seul", dit-elle.

"Oh oui, je suis très jeune, mais ça n'a rien à voir."

"Et tu n'as pas d'amis à Londres ?"

"J'ai bien peur qu'ils soient tous absents", répondit Margaret. "Mme et Miss Lakeman vont en Écosse aujourd'hui."

"Je les connais," dit Mme Gilman, son visage s'éclairant, "et vous connaissez aussi M. Carringford ?"

"Oh oui. J'ai séjourné à l'hôtel Langham avec mon père", a-t-elle poursuivi, "mais j'ai peur d'y aller maintenant, seule."

" J'ai une chambre et un salon ; peut-être les aimeriez-vous, mademoiselle ; ce sont les salons. Miss Hunstan préférait l'étage inférieur parce qu'il était plus facile d'entrer et de sortir. Je ne sais pas s'ils le feraient. être trop cher ?"

"Oh non," dit Margaret, "j'ai beaucoup d'argent", car il lui semblait qu'elle avait une fortune inépuisable ; et comme c'était une déclaration agréable, Mme Gilman l'invita avec empressement. Et ainsi, en une heure, elle fut installée dans deux pièces lambrissées – aussi confortables, sinon aussi délicates, que celle de Miss Hunstan en dessous, et Mme Gilman avait expliqué à Margaret qu'elle connaissait Miss Hunstan depuis son arrivée en Angleterre et qu'elle l'avait souvent rencontrée. je suis allé au théâtre avec elle ou je l'ai récupérée. Et Margaret avait dit à Mme Gilman qu'elle voulait aussi devenir actrice.

"Avec le temps, mademoiselle, je suppose", répondit Mme Gilman avec un sourire maternel. Puis, lorsqu'un télégramme eut été envoyé à Chidhurst — car Margaret sentit que le cœur de sa mère lui avait fait mal toute la matinée — et qu'elle eut pris son petit déjeuner seule dans son petit salon, elle sentit qu'elle était bel et bien partie en voyage. seul à travers le monde. Elle résolut de ne faire aucun signe à M. Farley avant que les Lakeman ne soient partis pour l'Écosse ; ils devaient partir d'Euston à dix heures du matin. Demain, ce serait en sécurité, et elle lui écrirait et lui demanderait s'il la laisserait « marcher », comme Miss Hunstan l'avait fait autrefois.

Mais s'il refusait, que se passerait-il alors ? Soudain, le souvenir de l'agence dramatique du Strand, dont elle avait vu la publicité lorsqu'elle était au Langham, lui vint à l'esprit. Si M. Farley ne pouvait rien faire pour elle, l'agence pourrait l'aider ; il avait dit que les engagements étaient garantis. Un esprit d'aventure l'a décidée à tenter de le retrouver l'après-midi même. C'était au Strand, où son père lui avait acheté le sac Gladstone, et, de la manière étrange dont les bagatelles s'inscrivent parfois dans la mémoire, le numéro de la maison lui était resté. Mais maintenant, elle était fatiguée de cette longue excitation et de la nuit sous le ciel. Elle posa sa tête brune sur un oreiller et, dix minutes plus tard, elle s'endormit profondément.

Elle demanda l'adresse à Mme Gilman et écrivit à Miss Hunstan avant de sortir : une longue lettre, lui racontant tout ce qu'elle avait fait et tout ce qu'elle avait envie de faire, et lui demandant son avis. Elle part alors à la recherche de l'agence, et la trouve facilement. C'était au deuxième étage, en haut d'un escalier sale ; elle s'arrêta pour reprendre courage et frappa faiblement à la porte, sur laquelle était peint en lettres blanches : « M. Baker, agent de théâtre ».

"Entrez!" dit une voix. Elle entra et trouva une grande pièce ornée indistinctement d'affiches et de publicités. Devant un bureau placé en face de la fenêtre était assis un homme d'une quarantaine d'années, au visage fleuri et au crâne chauve. Dans un fauteuil près de la cheminée se trouvait une femme, habillée de manière coûteuse et plutôt voyante. Ses grands yeux gris étaient brillants mais sans expression. Elle avait une quantité de cheveux blonds coiffés avec soin ; la couleur de ses joues ne variait pas, elle pouvait avoir entre vingt-huit et quarante ans. Appuyé contre la cheminée se trouvait un jeune homme, rasé de près et bien habillé. Margaret l'entendit dire :

"Certainement pas, je ne paierai pas un centime ; si un manager n'y croit pas, il peut laisser tomber."

« Personne ne prendra jamais le risque », dit la femme en riant. "La régénération ne paie jamais..." elle s'arrêta lorsque Margaret entra, et n'essaya pas de dissimuler l'admiration dans laquelle elle était surprise.

Mais Margaret sentait qu'il lui serait impossible de parler devant elle. "Peut-être que je ferais mieux de venir une autre fois ?" elle a commencé. Le jeune homme près de la cheminée la regarda attentivement, mais il comprit l'allusion.

"Bonjour, Baker, je reviendrai plus tard", dit-il et, après avoir jeté un autre regard à Margaret, il partit.

L'homme au bureau se tourna vers elle : « Maintenant, madame, que pouvons-nous faire pour vous ? Vous pouvez parler devant Miss Ramsey. En fait, si vous êtes venue pour des fiançailles, elle pourra peut-être vous donner quelques conseils. " Margaret jeta un coup d'œil rapide à la femme, puis au bureau laid, et ce faisant, un peu du glamour de la scène sembla disparaître. Seulement pour un instant ; puis son courage revint, et l'espérance, qui n'est jamais inconstante pour la jeunesse, la soutena. Ce bureau n'était pas la scène, ni même son seuil, pensa-t-elle ; seule la petite rue étroite, morne et mal entretenue, qui partait de l'artère principale.

"Vous avez l'air de venir de la campagne", a déclaré Miss Ramsey. Sa voix montrait un désir d'être amical.

"Oui, je viens de la campagne", répondit Margaret. Elle se tourna de nouveau vers M. Baker : "Je veux monter sur scène", dit-elle, "et j'ai compris que vous pouviez m'aider et me conseiller."

"Certainement," dit-il d'un ton professionnel, et il ouvrit un livre à côté de lui. "Nous facturons une guinée pour inscrire votre nom."

Elle le regarda et un sourire apparut sur ses lèvres. "Je veux d'abord savoir ce que vous pouvez faire pour moi", répondit-elle, et M. Baker en arriva à la conclusion qu'elle n'était pas aussi idiote qu'il l'avait imaginé.

" Nous pouvons tout faire pour vous, ma chère demoiselle, mais vous devez nous donner une raison de vous intéresser. Nous ne donnons pas de conseils gratuitement... " La porte s'ouvrit et un homme entra.

"Pouvez-vous me dire, " demanda-t-il en se référant à un cahier, "où a été joué pour la dernière fois "The Ticket of Leave Man", et si Miss Joséphine de Grey, qui est sortie en province l'année dernière, a eu des engagements ces derniers temps ? "

M. Baker consulta deux livres sur une étagère derrière lui et répondit spontanément : « « Ticket of Leave Man », au Prince of Wales's Theatre, Harrogate, le 22 février dernier, pendant une semaine. Miss Josephine de Gray a joué cinq soirs au Royalties. en mars dernier, les fiançailles ont pris fin en raison de l'échec de la direction."

"Merci", dit l'homme, il déposa une somme et partit. L'incident a eu son effet sur Margaret.

"Je paierai la guinée", a-t-elle déclaré. "Voulez-vous me dire par où commencer ?"

Il reprit le livre : « Margaret Vincent, c'est vraiment votre nom, n'est- ce pas ? grande, gracieuse, belle. Dirons-nous dix-neuf ans ? Voudriez-vous jouer des rôles de garçons ?

"Certainement pas."

"Parties burlesques ou chantées ?"

"Non, je veux jouer, ou apprendre à jouer, dans de vraies pièces. Un jour , je veux jouer dans Shakespeare ;" elle trouvait que c'était un sacrilège de prononcer son nom dans un tel environnement. " Bien sûr , je sais que je dois jouer de très petits rôles au début."

"Quelqu'un pour vous soutenir avec de l'argent ?"

"Non."

"Des amis parmi l'aristocratie ou la presse ?"

"Non."

"Elle les aura bientôt", a déclaré Miss Ramsey avec un rire auquel M. Baker a fait écho d'une manière que Margaret a trouvée particulièrement offensante.

"Je suis tout à fait d'accord", a-t-il déclaré. — Et tu ne connais personne dans le métier ? il lui a demandé.

"Je connais M. Dawson Farley et Miss Hunstan un peu."

Son attitude a complètement changé. "Ma chère demoiselle, quoi de mieux ? Ils sont au sommet de la profession." Il ferma le livre comme s'il avait besoin de temps pour réfléchir. "Nos honoraires pour comparution sans salaire sont de deux guinées ; avec salaire, dix pour cent. Je pense que vous avez dit Great College Street, Westminster - isolée et proche de l'abbaye - très agréable en effet", en écrivant l'adresse. "Vous pourriez rappeler, Miss Vincent, ou vous aurez de nos nouvelles," et il ferma le livre.

Margaret se tourna rapidement vers la porte, faisant à Miss Ramsey et à M. Baker un petit signe de tête hautain.

"Je n'ai pas beaucoup d'estime pour les manières de la jeune dame", dit M. Baker après son départ, "mais son visage devrait être une fortune. Je me demande si elle connaît vraiment Farley ?"

Miss Ramsey se leva et se regarda dans le verre soufflé à la mouche et les cartes sales coincées dans son cadre. "J'aurais aimé être aussi jeune que cette fille ; j'en ai marre de jouer dans les poubelles", a-t-elle déclaré.

"Pourquoi ne demandes-tu pas à Farley de te donner quelque chose ?"

"Pas bon. Je ne supporte pas ses manières condescendantes."

"Faites en sorte que Murray vous écrive un rôle."

"Bosh ! Il m'a lu un acte d'une de ses pièces, de longues discussions et rien à faire, trop de poésie, et pas assez, pas assez de grandeur pour moi. Je veux quelque chose avec quoi bouger dans une pièce. En plus, il ne risquera pas d'argent, même pour ses propres affaires ; trop platonique pour cela - les platoniques sont toujours économiques. Ta-ta. "

"Tu prends un whisky et un soda ?"

"Non, merci", et elle aussi disparut dans l'escalier sale que Margaret avait emprunté quelques minutes auparavant.

XXIII

Il était cinq heures lorsque Margaret frappa de nouveau à la porte de Great College Street.

"Il y a une dame qui vous attend", dit Mme Gilman en la laissant entrer.

"Une dame !" S'exclama Margaret et elle monta précipitamment les escaliers. Dans le salon était assise Hannah. Elle portait sa robe bleue en alpaga et son chapeau de paille noir avec le nœud dressé sur un côté ; elle avait jeté sa cape, et dès qu'elle aperçut Margaret, elle ôta son chapeau comme pour se préparer à la mêlée.

"Eh bien," dit-elle, "c'est une jolie chose à faire, n'est-ce pas ? Tu vas rentrer à la maison avec moi à l'instant même."

Margaret se tenait dos à la porte. "C'est très gentil de ta part de venir, Hannah, mais je vais rester ici", répondit-elle.

"Tu ne feras rien de tel."

La détermination dans la voix d'Hannah a mis le mors entre les dents de Margaret. "Je vais rester ici", répéta-t-elle.

"Soit vous rentrez à la maison tout de suite", répondit Hannah, qui avait décidé qu'une politique ferme était la bonne à utiliser avec Margaret, "soit vous ne venez pas du tout."

"Alors je ne viens pas du tout, jusqu'au retour de mon père."

"Et ce ne sera pas avant un an, si c'est le cas. Il y a eu une lettre ce matin qui l'a montré assez clairement."

"Alors je reviendrai quand tu seras marié, pour prendre soin de notre mère."

Hannah pâlit de rage. "Maintenant, écoute, Margaret," dit-elle, "et comprends que je ne veux aucune raillerie de ta part. Tu as pris soin de mettre un terme à tout cela pour toujours. Je crois que tu penses que M. Garratt est je vais te suivre jusqu'à Londres. Sur quoi Margaret releva rapidement la tête, mais elle ne convainquit Hannah qu'à moitié.

"Je ne veux pas de M. Garratt", dit-elle, "et je ne lui dirai pas où je suis, je vous le promets, et s'il le découvre, il n'entrera pas dans la maison. Il s'est mis en colère hier, mais il ne pensait rien de ce qu'il a dit, et maintenant que je suis parti, il reviendra vers toi.

"Je ferai bien attention qu'il n'entre jamais dans cet endroit", a déclaré Hannah. "Peut-être que tu ne sais pas qu'il t'a écrit une lettre ? Je pourrais reconnaître son écriture sur l'enveloppe, même s'il a essayé de la modifier."

"Vous pouvez l'ouvrir et le lire, ou le lui rendre, ou le mettre au feu", répondit Margaret. « C'est un si long chemin que tu as parcouru ; ne veux-tu pas prendre du thé, Hannah ? »

"Je ne veux pas de thé. Si c'est là que tu dors," ajouta-t-elle en désignant l'autre pièce, "tu ferais mieux d'aller tout de suite faire tes valises. Nous aurons le temps de prendre le 6h50; je ne veux pas de thé. Ça ne me dérange pas de prendre un taxi jusqu'à la gare.

"Cela ne sert à rien, je ne viendrai pas", répondit fermement Margaret.

"Et que penses-tu faire à Londres ?" » demanda Hannah, recommençant à s'emporter. "Et dans quel genre de maison êtes-vous, j'aimerais savoir, avec une actrice logeant en bas ? Je l'ai déjà découvert."

"J'espère que je serai bientôt actrice aussi."

"Toi!" Hannah a presque crié. "Vous qui n'avez pas de religion, vous voulez maintenant être actrice ; où pensez-vous que tout cela finira ?"

"Je ne vais pas en discuter avec vous," répondit Margaret d'un ton hautain, "c'était très gentil de votre part de venir, mais si vous ne voulez pas prendre de thé, vous feriez mieux de rentrer chez vous. J'ai écrit à mon père, et Je sais que ma mère me fera confiance. Je n'ai aucune religion qui te rend étroite et dure ; tu m'as fait peur même avant d'y penser ; et je vais devenir actrice. Mais je ne le ferai pas. faire quelque chose de mal—"

"Nous sommes tous faibles..." commença Hannah, consternée.

"Je serai aussi forte que possible", s'écria Margaret avec passion. "Retourne, Hannah, et réfléchis. Si la paix peut régner à la maison et si M. Garratt n'est pas une pomme de discorde entre nous - je ne veux pas de lui, vous comprenez - je reviendrai bientôt à la maison."

"Reviens avec moi ce soir", insista Hannah, "sinon tu n'entreras plus dans la maison."

"Je ne reviendrai pas avec vous ce soir", répondit Margaret avec obstination.

"C'est ce que j'ai toujours su qu'il en résulterait. Comprenez maintenant, Margaret, une fois pour toutes, qu'à moins que vous ne reveniez avec moi , la porte se fermerait contre vous. Je tournerais la clé et fermerais les verrous moi-même, cependant. c'était la nuit la plus froide de l'hiver.

"Mais rappelez-vous que j'ai le droit de venir", dit Margaret, un peu enflammée. "Vous n'avez pas le droit de m'exclure de la maison de ma mère."

"C'est vrai ou pas, tu n'entreras pas tant que je ne serai pas obligé de te laisser entrer. J'ai assez longtemps eu des incroyants dans les parages, mais quand il s'agit d'actrices aussi, il est temps que je prenne position, et je" J'y arriverai. Maintenant, tu viens ? » demanda-t-elle d'une voix menaçante.

"Non, je ne suis pas."

"Très bien, alors, le reste dépend de vous." Hannah ouvrit la porte et hésita. "Je suis sûre que j'en ai assez de toi", dit-elle en descendant les escaliers. Margaret a volé après elle.

"Oh, dis à ma mère que je l'aime", cria-t-elle d'un air suppliant.

"Joli amour!" » dit Hannah avec mépris, tandis qu'elle longeait le petit couloir et sortait dans la rue.

"Hannah-"

"Joli amour!" répéta Hannah sur le trottoir, "Je n'ai aucune patience avec ça", et, la tête en l'air, elle marcha dans la rue.

Margaret retourna au salon et se jeta à genoux près du canapé. "Oh, que puis-je faire ?" elle a pleuré. "Si j'avais seulement quelqu'un pour m'aider ! Voilà ce que cela signifie, c'est pourquoi ils le veulent ainsi", se poursuivit-elle de manière incohérente. "Les êtres humains ne sont pas assez forts pour gérer seuls leur vie. C'est pourquoi toutes les erreurs sont commises. Je dois lui écrire immédiatement. Oh, ma chère, chère mère." Elle se dirigea vers le bureau situé d'un côté de la pièce. Il y avait un vieux buvard usé, et dedans une feuille de papier à lettres froissée. Elle l'a lissé et, avec une plume misérable et pointue, a épanché son cœur dans une lettre et s'en est sentie mieux. Sa mère comprendrait, sa mère l'a toujours fait, elle lui ferait confiance et attendrait. Comme elle aurait aimé ne jamais avoir quitté la ferme, avoir supporté les réprimandes d'Hannah , supporté quoi que ce soit plutôt que d'abandonner la chère maison de toute sa vie. Elle se rendait seulement compte aussi, maintenant qu'elle était loin d'elle, que sa mère vieillissait et combien il lui semblait stupide de manquer un seul moment avec elle. Mais Hannah n'était pas à supporter. Jour après jour, semaine après semaine, depuis le départ de son père , elle avait tourmenté Margaret, et sauf par à-coups, sa mère était trop perdue dans ses propres rêves même pour s'en apercevoir, sauf, bien sûr, lorsqu'il y avait eu des scènes, et c'était presque aussi pénible pour Mme Vincent que pour Margaret. Après tout, elle avait fait une sage décision, surtout depuis que M. Garratt lui avait écrit, et que son père ne rentrait pas encore à la maison. « Ce n'est que le début qui est si difficile, se disait-elle, maintenant ça ira mieux. Elle regarda l'horloge sur la cheminée. Les Lakeman doivent être en sécurité en Écosse à ce moment-là ;

Hannah était sur le chemin du retour à Chidhurst . Elle se demandait si Tom Carringford était à Londres et s'il avait pensé à elle hier lorsqu'il était allé dîner dans la maison sur la colline – s'il avait jeté un coup d'œil une seule fois à Woodside Farm.

XXIV

C'était la chose la plus étrange de se réveiller le matin et de se rendre compte qu'elle était seule, vivant sous sa propre responsabilité, à Londres ; la chose la plus étrange était d'entrer dans son salon et de voir le petit déjeuner préparé pour elle.

"Oh, je ne peux pas vivre seule", s'écria-t-elle ; "C'est une chose tellement folle à faire." Mais des centaines de personnes l'ont fait, pourquoi pas elle ? Courage! Elle avait commencé son voyage à travers le monde, et il vaudrait mieux commencer immédiatement à organiser le travail qu'elle avait l'intention de faire. Elle connaissait le nom du théâtre de M. Farley ; elle se demandait s'il valait mieux aller le voir plutôt que de lui écrire. C'était si difficile d'expliquer les choses dans une lettre, et elle avait déjà appris que pour se rendre dans un endroit qu'elle ne connaissait pas à Londres, il suffisait de prendre un taxi et de payer l'homme à la fin du trajet.

Elle était trop impatiente pour attendre longtemps, et il n'était que onze heures lorsqu'elle demanda M. Farley à la billetterie du théâtre et qu'on lui ordonna de se diriger vers la porte de la scène. La porte de la scène donnait sur une cour laide et étroite ; le portier, dans un petit bureau à droite, s'enquit de ses affaires. Son nom était écrit sur un bout de papier et envoyé à M. Farley, et après avoir attendu quelques minutes dans un passage mal entretenu, un garçon est venu et lui a demandé de le suivre - à travers la scène, qui ressemblait à un désert regardant. , et devant le décor appuyé contre les murs, les lattes, les toiles, les cartons et les couleurs crues qui lui rappelaient inconfortablement les réalités de la vie qu'elle recherchait ; Je montai un petit escalier et pénétrai dans une pièce confortable et bien meublée, ornée de portraits signés de célébrités. M. Farley s'avança pour la rencontrer ; il lui serra la main et la regarda avec approbation, car il avait déjà deviné l'objet de sa visite.

"Et qu'est-ce que Miss – c'est Miss Hannah – a dit de ce projet ?" » demanda-t-il en souriant lorsqu'elle eut exposé ses ambitions.

"Elle n'approuve pas, mais ma mère me fera confiance."

"Et est-ce que quelqu'un sais -tu que tu es à Londres ?", a-t-il demandé, ses pensées se tournant vers Tom Carringford .

"Personne; j'ai écrit à Miss Hunstan , mais elle est à Bayreuth. Je ne veux que personne d' autre le sache, M. Farley - ma vie m'appartient," ajouta-t-elle rapidement, "et je veux commencez tout de suite. Pouvez-vous me laisser "marcher" comme Miss Hunstan l'a fait une fois ? »

La fille avait quelque chose en elle, pensa-t-il. " Bien sûr, vous continuerez votre chemin si vous le souhaitez, Miss Vincent ; nous pouvons facilement faire de la place pour un ou deux de plus, " répondit-il. "Mais, comprends-le, cela demande beaucoup de travail ; tu devras venir à la répétition et peut-être attendre des heures, et quand nous commencerons à jouer, tu devras descendre tous les soirs, bien sûr, et rien ne doit te retarder ou te retarder." insouciant - malade ou en bonne santé, vous devez être ici. Aucune excuse permise; votre travail doit passer avant tout le reste, et pour commencer, vous recevrez une guinée par semaine. Les jeunes filles ont tendance à penser qu'elles n'ont qu'à courir sur scène pour devenir actrices, mais vous constaterez que rien ne se fait sans un travail acharné et une attente patiente, à moins que vous ne soyez un génie ; si vous l'êtes, nous le découvrirons. Nous commençons les répétitions à 11 heures 30 aujourd'hui ; vous pouvez attendre, si vous le souhaitez. Il la renvoya donc , se rendant compte qu'il était au théâtre une personne tout à fait différente du Dawson Farley du salon de Mme Lakeman ou du jardin de Woodside Farm. Néanmoins, il avait été intéressé par sa visite. C'était très étrange, pensa-t-il, cette fille venant de l'atmosphère dans laquelle il l'avait vue la semaine dernière dans un appartement isolé de Westminster. Très étrange dans l'ensemble. Heureusement pour elle qu'elle était entrée chez Mme Gilman, une maison respectable et une femme sympathique. Il avait à moitié envie de télégraphier le tout à Mme Lakeman et de lui suggérer d'inviter Margaret en Écosse ; ce serait bien mieux pour elle que de rester à Londres ; mais après tout, ce n'était pas son affaire, et il n'aimait pas mélanger les affaires et les affaires privées. Pourtant, lorsqu'il écrivit à Pitlochry, il décida de parler de Margaret à Mme Lakeman ; c'était une femme intelligente et pratique, et elle saurait si quelque chose devait être fait pour la jeune fille.

Pendant ce temps, Margaret avait été confiée au régisseur et attendait avec impatience le début de la répétition. C'était plus laid que ce à quoi elle s'était attendue. Le théâtre béant, vide, couvert de draps hollandais ; la scène poussiéreuse, avec ses murs blanchis à la chaux et ses décors massifs serrés les uns contre les autres ; les vêtements de tous les jours des acteurs et des actrices rendaient tout cela très différent de voir une pièce de théâtre le soir depuis les stalles avec son père ; mais il était absurde de sa part, pensait-elle, de ne pas se rappeler qu'il en serait ainsi ; "C'est comme être au bout du monde", pensa-t-elle. La société était de bonne taille et Margaret, timide et maladroite, se tenait à l'écart et la regardait. Certains de ses membres étaient des dames et des messieurs ; ils la regardèrent, se demandant curieusement qui elle était, mais seulement un instant ; ils étaient déterminés à mener leur propre combat pour la vie. Certains n'étaient pas des dames ou des messieurs, mais des faux-semblants ou des apparences minables et anxieuses. Un ou deux d'entre eux semblaient vouloir lui parler, mais elle ne leur laissa aucune chance. Lorsque Dawson Farley entra en jeu , il était occupé et chargé de la responsabilité d'une grande spéculation ; il l'avait complètement oubliée. Dès ce premier jour, elle réalisa qu'elle n'était qu'une petite unité sans importance dans un tout important. Certes, lorsqu'elle dut traverser la scène à la fin du premier acte, il tourna un instant la tête. Elle marchait bien, pensa-t-il ; s'il apprenait qu'elle était intelligente, il lui confierait peut-être un jour un petit rôle. Elle était belle; il s'en est rendu compte. Il y a dix ans , l'histoire de Louise Hunstan aurait pu se répéter (de sa part), mais maintenant il était plus sage. Puis il se rendit compte, alors qu'il attendait dans les coulisses, que sa mère avait l'air malade l'autre jour, comme une femme qui n'allait pas vivre longtemps, et que si elle mourait, Mme Lakeman pourrait vouloir épouser son vieil amant, Gerald. Vincent. Il serait peut-être sage qu'il essaie d'accélérer un peu les choses.

Margaret avait découvert qu'il n'y avait qu'un petit chemin entre le théâtre et Great College Street, et elle revenait de la répétition à pied. Après l'étouffement et l'obscurité du théâtre, elle était heureuse de se retrouver à nouveau en plein air et toutes sortes d'expériences nouvelles se présentaient. Elle regardait les gens qu'elle croisait dans les rues étroites près de la porte de la scène ; ils semblaient avoir tant souffert, tant espéré, et chacun avait une étrange petite histoire. Une première lueur des tentations de la vie lui apparut, l'expression du visage d'une femme ou le discours désinvolte d'un homme lui rappelèrent certaines choses contre lesquelles Hannah s'était injuriée. Hannah ne les connaissait que par instinct, ou bien elle les avait insultés comme un perroquet, parce qu'elle avait entendu d'autres le faire ; mais au-dessous de tout cela se trouvait une fondation, même si elle n'y avait jamais creusé. Peu à peu, Margaret réalisa que de tous les hommes et de toutes choses, il y avait une justification, d'un point de vue donné, et que, même si cela n'avait aucune incidence sur une condamnation, il ne fallait jamais l'oublier.

Le matin, le troisième jour du séjour de Margaret à Londres, lui apporta une lettre de sa mère, une lettre simple et confiante, sans l'ombre d'un reproche. "J'aurais aimé que tu ne nous quittes pas ainsi, Margey , chérie," dit-elle, "car cela a mis Hannah très en colère, et je ne pense pas que ce serait une bonne chose que tu reviennes tout de suite, mais si tu veux quelque chose écrivez-moi. C'est une bonne chose que vous viviez dans une maison avec une femme aussi gentille. Peut-être pourriez-vous écrire à Sir George Stringer, car il a connu votre père quand il était jeune et il vous aiderait à faire ce qui était le mieux. " Hannah prépare ta malle pour l'envoyer, mais j'ai peur de lui dire quoi que ce soit. Quand elle ira à Petersfield à la fin de la semaine , je t'enverrai des œufs, du beurre et des fleurs, mais je n'aime pas le faire. dites n'importe quoi à ce sujet maintenant, car cela ne sert à rien de la contrarier. J'ai écrit à M. Garratt et je lui ai dit que vous étiez allé à Londres, et je lui ai renvoyé la lettre, comme vous me l'avez demandé. Je ne vais pas très bien, mais il ne faut pas vous inquiéter. Je pense que c'est l'épreuve du caractère d'Hannah quand vous étiez ici. Peut-être, après tout, c'est mieux que vous soyez absent un moment. Elle s'en sera peut-être un peu remise dans un mois ou deux. Je pense que je devrais vous dire qu'elle est vraiment très en colère contre le fait que vous soyez actrice. Elle dit que les vieux M. et Mme Barton, de Petersfield , diront que j'ai très tort de donner mon consentement, mais je n'ai jamais cru que le monde soit aussi mauvais qu'eux, ni compris pourquoi le théâtre devrait être méchant. Votre père a dit un jour que tout était exactement ce que nous avions fait, et que cela pouvait toujours être rendu bon ou mauvais, et je veux que vous vous en souveniez dans votre vie. C'est ce que j'ai toujours ressenti à propos de ton père, et que Dieu, qui le connaît, sera satisfait, quoi qu'en disent les gens.

Margaret l'embrassa et poussa un long soupir de gratitude. « Elle n'est pas en colère, se dit-elle, et elle comprend. Ma mère l'a toujours fait, bénis-la. Elle se leva et parcourut le petit salon. Elle ne savait pas jusqu'à présent à quel point elle avait désiré recevoir une lettre, un signe indiquant qu'elle n'avait rien fait de méchant ou de stupide en s'enfuyant de chez elle. "Maintenant, j'ai l'impression que je peux continuer", dit-elle, "et qui sait si un jour je ne serai pas une grande actrice comme l'est Miss Hunstan - elle a ma lettre ce matin, je me demande ce qu'elle dira quand elle m'écrit." La petite pendule sur la cheminée sonna dix heures. Comme si en réponse à cela, on frappa deux fois à la porte de la rue, le son d'une voix et quelques pas précipités, et l'instant d'après Tom Carringford entra. Margaret se leva avec un cri de surprise :

"Oh," dit-elle, "comment saviez-vous que j'étais ici ?"

"Miss Hunstan a télégraphié il y a dix minutes, alors elle est montée dans un fiacre et est venue immédiatement. Et maintenant, qu'est-ce qu'il y a ?" » demanda-t-il, comme s'il en avait le droit. Il s'assit dans le fauteuil en face d'elle, le visage rayonnant de bonheur, même si M. Garratt restait irrité dans sa mémoire. "Pourquoi es-tu à Londres ? Tu as dit quelque chose à propos de venir, dans les bois ce jour-là, mais je ne pensais pas que tu le pensais vraiment."

"Je suis ici tout comme Miss Hunstan . J'ai pris ces chambres et je veux être actrice comme elle l'était."

"Pourquoi ?" - ses yeux étaient pleins d'étonnement - "et qu'en dit ta mère ?"

"Elle comprend. Elle sait que je ne peux pas rentrer avant le retour de mon père."

« Et qu'en est-il de M. Garratt ? son ton était vif et gai, mais il attendait avec impatience sa réponse.

"Oh!" et elle devint cramoisie, "J'avais tellement envie de vous parler de M. Garratt, mais je ne pensais pas pouvoir le faire à moins que vous ne me le demandiez. Il est venu voir Hannah—"

"Je n'y crois pas", a-t-il ri. "J'ai vu Hannah, tu sais."

"Et puis il a pensé... qu'il m'aimait bien... et il a dit... eh bien, il a dit des choses... vous savez", a-t-elle ajouté, plutôt boiteusement.

Tom hocha la tête pour lui donner du courage. "Bien?"

"Et il est allé dans le bois quand j'y étais, et Lena Lakeman est venue et l'a trouvé, et—et, oh, je détestais M. Garratt", et elle a fondu en larmes. "Je ne peux pas vous dire à quel point je le détestais, et pourtant vous savez qu'il était très direct d'une certaine manière, et il n'avait pas peur de dire ce qu'il pensait, et, bien sûr, il ne pouvait s'empêcher d'être vulgaire—"

"Et qu'en est-il d'Hannah ?"

"Il était impossible de rester là avec Hannah et M. Garratt et toutes les scènes." Elle était confuse et incohérente, mais Tom a compris l'histoire dans son esprit.

"Et puis?" il a dit.

"Et puis je me suis échappé dans l'obscurité dimanche soir et je suis venu ici. J'ai pensé que peut-être Miss Hunstan m'aiderait."

Son visage rayonnait de bonheur. « Bien sûr, je savais qu'il ne pouvait pas vraiment y avoir quoi que ce soit entre vous et M. Garratt ; seulement, cela avait l'air très étrange, n'est-ce pas ? Et puis Lena m'a parlé de dimanche – de sa présence là-haut, vous savez, et comment elle t'a trouvé—"

"Oh, non," cria Margaret avec passion. "C'était méchant de sa part de te le dire, car elle a entendu tout ce que je lui disais..."

"Eh bien, peu importe," répondit-il d'une voix consolante, "nous en avons fini avec lui, n'est-ce pas ? Mais tu sais, Margaret," ajouta-t-il en revenant à l'adresse familière sans s'en rendre compte, " vous ne pouvez pas continuer à rester seul dans des chambres à Londres ; et quant à monter sur scène, pourquoi tout cela n'a aucun sens. Je suis très impertinent de le dire, bien sûr ; mais vous voyez que nos pères se sont connus toute leur vie, vous devez donc me considérer comme un vieil ami. C'est vraiment ennuyeux que les Lakeman soient en Écosse ; vous auriez pu rester avec eux... »

"Non, je ne pouvais pas."

"Pourquoi pas ? Mme Lakeman est une bonne personne. Lena est un peu ennuyeuse, bien sûr" - une remarque qui, pour une raison inconnue, provoqua l'exultation dans le cœur de Margaret. "Quant à être actrice, pourquoi tu sais que tout cela n'a aucun sens, n'aie pas l'air si offensé." Sa voix aurait été tendre s'il ne l'avait pas vérifiée. "Les gens ont souvent du mal à Londres, les choses sont trop difficiles pour eux."

"Je ne suis pas offensée", répondit-elle; "Mais si les choses sont trop difficiles pour moi, je suppose que je dois le supporter comme d'autres l'ont fait ; après tout, le soldat qui tombe sur le champ de bataille est plus enviable que s'il meurt dans son village natal."

"Je pense que vous avez fait beaucoup de lecture; ça ressemble à ça, vous savez", ce dont ils rirent, comme le garçon et la fille qu'ils étaient. "J'aimerais que tu reviennes", supplia-t-il à moitié.

"Mais je ne le ferai pas", dit-elle avec obstination.

"Alors laisse-moi télégraphier aux Lakeman et leur demander s'ils peuvent t'avoir ?"

"Je ne le ferais pour rien au monde."

"Vous êtes très positif. Et vous voulez dire que vous êtes déterminé à vous consacrer à cette affaire de scène ?"

"Oui, j'y tiens", et elle lui raconta sa visite chez M. Farley le matin et les deux répétitions. Il se leva et se promena. Il était inquiet, bien sûr – il estimait qu'il devrait l'être – mais il était si heureux d'apprendre qu'il n'y avait rien entre elle et M. Garratt qu'il avait du mal à être sérieux. « J'aimerais pouvoir vous faire comprendre, dit-il, que vous ne faites que retirer le pain de la bouche des autres. Quand j'entrerai dans la Chambre, je ferai du vol de pain un délit pénal et je vous enverrai en prison.

« Voler du pain ! Que veux-tu dire ?

"Eh bien, vous voyez, beaucoup de femmes doivent travailler pour se nourrir, se vêtir et se loger. Certaines essaient de jouer le théâtre, d'autres de confectionner des vêtements, d'écrire des romans ou d'enseigner aux nourrissons - ce n'est pas grave, bien sûr. Elles doivent le faire. pour traverser le monde. Si vous avez beaucoup de talent pour jouer, même si vous n'êtes pas obligé de le faire, vous avez le droit de monter sur scène et, bien sûr, si vous avez du génie , vous n'avez pas de talent. mais il y a tout un tas de femmes qui veulent faire des choses dans le but de gagner un peu plus d'argent que ce dont elles ont réellement besoin, ou parce qu'elles aiment qu'on parle d'elles, ou pour toute autre raison qui n'a pas d'importance. " Cela ne tient pas la route, et ils le font dans des conditions faciles et arrachent les chances aux femmes qui doivent le faire pour leur gagne-pain. Je pense qu'ils sont moi-même immoraux. "

"Mais, M. Carringford …"

"Tu ne veux pas d'argent, n'est-ce pas ?"

"J'ai cent livres en poche—"

" Splendide ! Je n'ai que deux livres dix sur le mien. Mais qu'as-tu par an ? "

"Père n'en a que deux cents. Je les ai pendant son absence."

"Mais quand ton père reviendra , il sera riche. Son frère a fait fortune là-bas, on l'a entendu dire l'autre jour, et il n'a pas d'enfants. Retourne à la ferme, il y a une chère fille."

"Mais je ne peux pas", dit Margaret, cachant soigneusement le plaisir qu'elle éprouvait à être qualifiée de chère fille. "Hannah ne me laisserait même pas entrer maintenant. En plus, je suis peut-être très stupide ou je suis peut-être un génie ; je veux le découvrir, et je serai en sécurité ici."

"Oh oui, vous serez en sécurité ici. Mme Gilman est une femme gentille. C'est une de mes grandes amies. J'irai lui parler dans un instant. Mes gens la connaissaient - je crois que c'était ma mère qui a envoyé Miss Hunstan ici. Eh bien, si vous ne retournez pas à la ferme, quand vous aurez fini votre répétition d'aujourd'hui, nous pourrions faire une fête, conduire, ou quelque chose comme ça. M. Vincent nous a laissé faire avant, alors Cela ne le dérangerait pas que nous recommencions.

"Bien sûr que non", répondit-elle joyeusement.

"Dois-je t'appeler au théâtre ?"

"Je ne sais pas à quelle heure se terminera la répétition."

"Alors supposons que j'arrive ici à quatre heures et que nous conduisions jusqu'à Richmond, nous promenions dans le parc, dînions tôt et revenons ici à neuf heures ? Tout ira bien, vous savez, ou nous prendrons un bateau à vapeur sur la rivière. Thames, comme le disent les guides, et allez à Greenwich. En attendant, Sir George Stringer sait-il que vous êtes ici ?

"Non, mais je vais lui écrire, seulement je n'y ai pas pensé jusqu'à ce que ma mère m'écrive."

"Je dirai aux Lakeman que vous êtes ici, bien sûr."

"Oui," répondit-elle, très dubitative.

"Je ne crois pas que tu te soucies d'eux ?"

"Je n'ai vu Mme Lakeman que deux fois." Elle s'arrêta un instant. "M. Carringford ..." commença-t-elle.

"Pourquoi m'appelles-tu comme ça ? Cela semble tellement absurde."

"Est-ce que c'est vrai", dit-elle, et la couleur lui vint au visage. "J'allais te demander : es-tu fiancé à Lena Lakeman ?" Elle faillit rire, car pour l'instant, d'une manière ou d'une autre, la question semblait absurde.

"Non. Etes-vous fiancée à M. Garratt ?"

"Eh bien, bien sûr que non !"

" Alors, ça va. N'as-tu pas dit que ta répétition était à 11 h 30 ? Je pourrais te reconduire. Seulement vingt minutes, tu dois être ponctuel, tu sais, si tu montes sur scène. "

"Bien sûr", rit-elle. "Je vais me préparer immédiatement."

XXV

Dix jours s'étaient écoulés. C'était comme un rêve pour Margaret d'être seule à Londres, sa mère et Hannah à Woodside Farm, et son père à l'autre bout du monde. Mais elle commençait à être inquiète de ce qu'elle avait fait : de s'être lancée dans le monde à l'insu de son père. Peut-être serait-il en colère contre elle, ou dirait-il, comme Tom, qu'elle avait rejoint la grande armée des voleurs de pain, des femmes qui n'étaient pas obligées de travailler pour gagner leur vie, qui n'avaient aucun génie pour les justifier, aucun génie particulier pour les justifier. même le talent, et pourtant par pure inquiétude et incapacité à s'installer dans leurs maisons et à y remplir tranquillement leurs devoirs, s'était manifesté et s'était mêlé du travail pour que d'autres puissent faire mieux, et pour un salaire qui ne signifiait pas pour ces autres un supplément. luxe et frivolités, mais les moyens de vivre. Elle aurait souhaité cent fois que M. Garratt ne s'approche jamais de Woodside Farm, qu'elle ne l'ait jamais quitté, qu'elle soit à nouveau assise sur l'accoudoir du fauteuil de sa mère dans le salon, regardant le jardin et les hêtres. le bois au-delà ; mais quelque chose dans son cœur lui disait que ce bonheur avait une fin pour toujours. Personne n'approuvait sa démarche, sauf sa mère, qui avait vu l'impossibilité pour elle de rester à la maison. Hannah lui avait fermé la porte au nez et Tom avait secoué la tête.

Sir George Stringer était apparu aussi promptement que possible après avoir reçu sa note ; mais comme il était absent quand il arriva, ce ne fut que quelques jours après qu'elle l'eut écrit.

Il était assez catégorique.

"Ma chère Margaret, je pense que je peux vous appeler ainsi, car j'ai connu votre père toute ma vie, c'est tout simplement de la folie et, en plus, c'est mal", dit-il. "Tu n'es pas encore assez vieux pour choisir ta vie. Suis mon conseil et reviens aussi vite que tu peux."

"Je ne peux pas", répondit-elle, consternée.

" Bien sûr, c'était désagréable d'avoir les attentions du jeune homme que je voyais." (Tom Carringford lui avait raconté la version correcte de cette histoire.) "Mais vous avez sûrement assez d'esprit pour lui laisser voir qu'ils vous déplaisent ?"

"Je l'ai fait… je l'ai fait."

"Si ma sœur n'était pas si invalide , j'insisterais pour que vous alliez la voir à Folkestone ."

"Oh, mais je veux rester à Londres", dit-elle fermement, en lui parlant de ses fiançailles au Farley's Theatre. Il était furieux et ne pouvait le cacher.

"Le fait est que tu aimes ces répétitions. C'est de la folie !" il a dit. "Et j'imagine que vous aimez voir Maître Tom, et c'est aussi de la folie. Lui et Lena Lakeman se sont toujours aimés, et vous ne ferez que bouleverser leurs relations avec vos jolis yeux, ou ruiner votre propre tranquillité d'esprit." Il aurait été difficile de trouver un gentleman plus indélicat que Sir George dans une affaire de ce genre. "Je suppose que vous savez que lui et Lena Lakeman s'aiment ? Elle l'aime en tout cas, sinon cela aurait été la meilleure chose au monde ; sur mon âme, j'aimerais que quelqu'un vous épouse. ".

"Mais je ne veux pas me marier." Margaret était indignée, mais amusée par sa véhémence.

"Oui, c'est vrai", dit-il, retrouvant sa bonne humeur. " Toutes les filles veulent se marier, les gentilles filles, bien entendu. C'est tout à fait vrai aussi. Pour ma part, je pense que les femmes devraient être mariées le plus tôt possible ; si elles sont célibataires à vingt-huit ans, elles devraient être mariées le plus tôt possible. " acheminés vers les colonies. Ils ne sont qu'un obstacle ici ; mais ils pourraient être d'une certaine utilité là-bas.

"Pensez-vous que je devrais aller chercher mon père en Australie ?" » demanda Margaret modestement, avec un clin d'œil dans les yeux.

"Non, ma chérie, je ne pense pas ça." Il était plutôt apaisé à ce moment-là. "Mais je pense que vous devriez rentrer chez vous, et si vous ne pouvez pas le faire, vous feriez mieux de venir rester avec moi. Je vais moi-même à Chidhurst à la fin de la semaine, après-demain, si Je peux m'en sortir, à moins d'aller d'abord passer quelques jours à Dieppe ; mieux vaut venir avec moi, peut-être que cela ne suffirait pas non plus. « Sur mon âme, une jeune femme est une chose très difficile à gérer.

"Je suis en sécurité ici, cher Sir George", dit-elle. "Quand tu seras à Chidhurst , j'aimerais que tu ailles voir ma mère."

"Je vais aller voir ta mère et lui dire qu'elle devrait avoir honte de te laisser rester ici." Sa voix était devenue abstraite ; il réfléchissait manifestement à quelque chose dans son esprit. Il se leva et marcha de long en large une ou deux fois. Il se tourna et regarda Margaret d'un air presque étonné, puis se regarda dans le verre, et encore une fois. "Ma chère Margaret," dit-il, "j'ose dire que vous penserez que je suis aussi fou qu'un chapelier, mais pensez-vous que vous pourriez m'épouser ?"

Elle faillit sauter de sa chaise.

"Je t'épouse?"

"Eh bien, vraiment, il me semble que c'est la meilleure façon de s'en sortir. J'ai cinq ans de plus que ton père, mais il y a encore de la vie dans le vieux chien. Tu es une belle fille, je l'ai pensé dès le premier instant. Je t'ai vu - et je pourrais t'aimer beaucoup. En fait, je crois que je l'aime déjà. Je n'ai personne au monde qui m'appartienne à moi, à part ma sœur, et j'ai peur qu'elle ne soit pas là longtemps, la pauvre. ; aucun enchevêtrement d'aucune sorte - jamais eu. Très aisé ; je peux vous donner autant de jolies choses que vous le souhaitez, et je prendrai soin de vous, et je ne serai pas grincheux. Pensez-vous que vous pourriez ?

"Oh non, je ne pourrais pas, en effet !" Elle le regardait toujours, mais elle posa ses deux mains dans les siennes avec un franc étonnement. "Tu es très gentil, mais tu es—"

"Vieux, hein ?"

"Oh non non!" dit-elle, "mais je suis une fille – et je ne pouvais pas…"

"Pourquoi pas ? Il me semble que cela fonctionnerait assez bien, ma chérie."

« Je ne pouvais pas ! — Je ne pouvais pas ! répéta-t-elle.

"Est-ce Maître Tom ?" » demanda-t-il comme un idiot.

"Non."

"Parce qu'il devrait épouser Lena Lakeman et personne d'autre."

"Et je ne peux épouser personne", répondit-elle.

Il resta un moment immobile, tenant les mains qu'elle lui avait tendues, la regardant gravement. Quand il parlait, il y avait une réelle émotion dans sa voix, et Margaret le savait.

"Réfléchissez-y", dit-il. "Je serais très gentil avec toi, ma chérie; tu devrais faire à peu près ce que tu veux, et il n'y a pas d'idiot comme un vieil idiot, souviens-toi. Je ne voulais pas dire ça quand je suis arrivé - je n'avais aucune idée de ce que je pensais." mais je pense que c'est une issue, et une bonne. Je suis très seul parfois ; je serais un autre homme si j'avais une fille à charge, et un vieux brouillard se réjouirait peut-être plus de votre enfance qu'un garçon. Je pense que je vais courir quelques jours à Dieppe au lieu d'aller à Chidhurst , et que je viendrai entendre ce que vous aurez à me dire à mon retour.

"Ce sera pareil", répondit-elle.

"Vous ne savez pas ;" il lui serra la main et hésita, puis se baissa et l'embrassa sur le front. "J'ai connu votre père toute ma vie et je serais bien avec vous", dit-il.

Il s'éloigna de Great College Street en marmonnant pour lui-même. "De ma vie, je crois qu'elle est amoureuse de Tom. Je ne sais pas ce que Hilda Lakeman dira de tout cela. Je me demande si Hilda mentait ? En général, c'est le cas. J'ai été assez idiot, car je ne le fais pas." Je ne crois pas que la fille me regardera un jour. J'aimerais qu'elle le fasse. Je suppose que maintenant elle va aller le dire à Tom ; ce sera la prochaine chose, et il se moquera de moi. La meilleure chose que je puisse faire est de le dire lui-même, et j'en ai fini avec ça. Tiens ! Salut ! et il arrêta un fiacre. "Rue Stratton." Il entra plutôt lentement. "Je serai heureux s'il n'y a pas un pincement de goutte dans mon pied maintenant – juste pour me rappeler que je suis un con, je suppose." Il a rencontré Tom en sortant de chez lui.

"Je voulais juste te voir une minute, peux-tu revenir ?"

"Très bien, viens," et Tom ouvrit la voie à la maison.

" Écoute, mon cher garçon, je suis venu te parler de Margaret Vincent. Tu sais qu'elle m'a écrit ? "

"Oui bien sûr."

"Eh bien, il me semble une pure idiotie - pire, presque un crime - que la fille de Vincent soit ici seule dans un logement et apparemment austère, regardant la scène avec colère."

"Je le lui ai dit, mais je m'occupe d'elle."

"Ce qui ne fait qu'empirer les choses ; en plus, les Lakeman n'apprécieront pas ça."

"Cela ne leur importe pas."

"Eh bien, mais je suppose que tu vas épouser Lena un jour ?"

"Je n'en ai jamais rêvé."

« Vous n'en avez jamais rêvé ? répéta Sir George en le regardant avec incrédulité, puis, avec une lueur de bon sens, il lui vint à l'esprit de ne pas répéter la confiance de Mme Lakeman . "Mais tu vas les voir en Ecosse ?"

"Je devrais. Lena est très malade, je le crains, et Mme Lakeman me télégraphie tous les jours pour aller leur remonter le moral."

« Humph ! » se dit Sir George, faites confiance à Hilda car elle sait de quoi elle parle. Eh bien, ajouta-t-il à voix haute, je ne pensais pas que ce serait une bonne chose que cette fille soit seule ici à Londres, et je savais que vous étiez dû en Écosse et appartenait aux Lakeman … »

« Chez les Lakeman ? répéta Tom, plutôt déconcerté.

"Alors, quand je suis allé la voir tout à l'heure, j'ai pensé que le seul moyen de sortir de cette difficulté était... était... eh bien, le fait est que je lui ai demandé de m'épouser."

« Seigneur ! » » dit Tom en ouvrant très grand ses yeux bleus. "Qu'a-t-elle dit?"

"Je ne me regarderais pas. Maintenant, bien sûr, j'ai l'impression de me ridiculiser, et dans ma vie, je n'ai pas le courage de m'approcher d'elle encore un moment. Je pense que je vais courir vers elle. Dieppe et qu'on s'en débarrasse. Ce que je veux dire, c'est... » Il s'arrêta, car il lui vint soudain à l'esprit qu'il pouvait mal gérer les choses dans tous les domaines. "Il faut faire quelque chose pour cette fille, tu sais", dit-il.

Tom lui tendit la main.

"Tout va bien", répondit-il; ne vous inquiétez pas pour elle, je veillerai à ce qu'elle n'ait pas de chagrin.

Sir George le regarda et comprit. "Je sais que tu es un bon garçon," dit-il en attrapant la main de Tom, "et que tu feras de ton mieux. Ne me considère pas comme un vieil imbécile. Je l'ai fait autant pour elle que pour le mien. Je le ferai. reviens la semaine prochaine et retrouve-la avant d'aller à Chidhurst . Et il prit son départ.

Mais Tom resta sur place et réfléchit aux choses plus sérieusement que d'habitude. "J'aimerais que Mme Lakeman se taise, ou que Lena aille mieux. Je devrais aller les voir, je suppose, mais je ne peux pas tant que cette affaire n'est pas réglée." Puis il descendit au théâtre et alla chercher Margaret à sa répétition ; il était presque trois heures avant que ce ne soit fini.

"J'ai reçu deux télégrammes", lui dit-elle. "M. Farley, je suppose, a dit à Mme Lakeman que j'étais à Londres et elle m'a envoyé ceci."

Il le lui prit et lut :

> "Venez rester avec nous ici. Pitlochry... le train quitte Euston demain soir à huit heures ; rendez-vous à Perth ; demandez à Farley de vous accompagner."

Mme Lakeman était toujours pratique et pleine de détails. L'autre télégramme venait de Lena et disait :

> "Viens, petite Margaret, nous te voulons."

"Qu'est-ce que tu vas faire?" demanda Tom.

"J'ai télégraphié: 'Merci beaucoup, mais c'est tout à fait impossible.'"

"Bien bien!" mais sa voix était un peu absente. Il devenait sérieux.

Miss Hunstan avait écrit, mais d'un point de vue encourageant ; car elle aussi était partie autrefois seule à travers le monde.

«J'aurais aimé être là pour vous recevoir», dit-elle dans sa lettre; "Mais quand je reviendrai, vous serez dans votre chambre du dessus, et moi dans la mienne en dessous. Nous devons être amis et nous entraider."

"C'est comme elle", dit Tom; "Mais c'est une chérie, tu sais. A propos, j'ai vu Stringer tout à l'heure ; il m'a dit qu'il était venu te voir."

"Oui," répondit Margaret avec inquiétude. Ils étaient alors dans un fiacre, se dirigeant vers Great College Street.

"Qu'a t'il dit?" » demanda Tom avec méchanceté.

« Il était très gentil », répondit-elle ; le rouge lui vint au visage ; "Il a dit que je ne devrais pas être seul à Londres."

"Tout à fait vrai!" et Tom pensait qu'elle était une fille gentille pour ne pas trahir son amant âgé ; une proposition était une chose que toute femme devrait considérer comme confidentielle – à moins qu'elle ne l'accepte, bien sûr.

XXVI

Une autre semaine et le monde entier avait changé. Margaret a oublié Hannah et Woodside Farm ; parfois, elle oubliait même son désir de revoir le visage de sa mère. Elle était aveugle aux gens dans la rue, à tout ce qui la concernait ; son ambition de devenir actrice était agréablement mise en suspens. Un grand bonheur naissait dans son cœur : elle ne cherchait pas à lui donner un nom ; elle ne savait même pas qu'il était là ; mais le monde entier semblait en être rempli, et dans le monde il n'y avait qu'une seule personne : Tom Carringford . Il venait la voir tous les jours ; d'une manière ou d'une autre , il se constituait son tuteur, même s'ils conservaient les termes heureux de camarade de jeu de garçon et de fille. Ils firent ensemble toutes sortes d'expéditions innocentes : à Battersea Park, où ils ramèrent en bateau sur le lac, puis retournèrent dîner dans le petit salon de Margaret (un simple dîner organisé par Mme Gilman) ; à Richmond, où ils dînèrent près d'une fenêtre ouverte et repartirent avant la nuit, car Tom, malgré toute son exubérance, éprouvait parfois un sentiment de conventionnalité mal à l'aise, bien qu'il n'en parlât pas à Margaret. "Je ne veux pas lui faire faire des choses, elle est bien trop gentille comme elle est", pensa-t-il. Ils sont allés à Chiswick et Kew ; ils parlèrent de Pope à Twickenham et marchèrent le long du chemin de halage ; Je me suis rendu à Bushey et à Hampton Court, j'ai pris le thé – devant une fenêtre encore ouverte – dans l'auberge à l'ancienne et je suis revenu dans la fraîcheur de la soirée. Un jour, ils allèrent au zoo, où ils se moquèrent des animaux et nourrirent les singes, puis prirent à nouveau du thé et mangèrent tellement de sandwichs au concombre qu'ils eurent honte de les compter - car c'était une preuve de leur jeunesse et de leur simplicité qu'ils généralement, manger faisait partie de leur divertissement lorsqu'ils sortaient ensemble.

Ils ne vivaient que l'un pour l'autre, mais ni l'un ni l'autre ne s'en rendit compte, jusqu'à ce qu'au bout de dix jours, Tom comprenne ce qui se passait par une lettre de Mme Lakeman . Lena était en effet très malade, dit-elle, et attendait Tom jour après jour ; pourquoi n'était-il pas venu ? Sir George Stringer lui avait dit que la jeune fille Vincent était en ville. Tom en était-il au courant ? Sans doute était-elle trop occupée du jeune épicier de Guildford pour lui faire signe ? C'était une remarque imprudente pour une femme aussi délicate que Mme Lakeman , car elle fit renifler Tom avec indignation et lui fit comprendre les difficultés de la position de Margaret. Juste au moment où il commençait à la rencontrer après la répétition de l'après-midi, un télégramme arriva :

"Viens immédiatement ; Lena est dangereusement malade."

"Ouf!" il a dit : "Je dois passer ce soir au courrier de huit heures." Il s'est retourné pour dire à son homme de faire un sac, de prendre des billets et de le retrouver à Euston, puis s'est rendu au théâtre pour constater que la répétition était terminée et que tout le monde était parti. Il continua aussi vite que possible jusqu'à Great College Street.

Margaret essaya de ne pas montrer sa consternation, mais son visage la trahissait.

"Oh, je suis vraiment désolé. Sir George m'a dit que vous apparteniez à Lena, mais ce n'est pas vrai, n'est-ce pas ?"

"Bien sûr que non", répondit-il en la regardant fixement et en se demandant si elle pouvait répéter quelque chose d'aussi absurde ; "mais ils ont été très gentils avec moi, et je devrais y aller. En plus," ajouta-t-il, car Tom était toujours loyal, "je les aime tous les deux." Il s'est arrêté une minute, puis il a dit tout à coup : « J'aimerais que vous abandonniez le théâtre.

"Je ne peux pas", mais son ton n'était pas aussi positif qu'il l'avait été.

"Vous savez," commença-t-il lentement, "J'ai beaucoup réfléchi à certaines choses ces derniers temps et je me demandais…"

"Oui."

"Je ne suis pas sûr de vouloir vous le dire, j'ai un peu peur ; supposons que nous allions faire un peu de route, et peut-être que vous saurez quand nous entrerons."

« C'est vraiment drôle, pensa-t-il lorsqu'elle fut allée chercher son chapeau, qu'elle doive vivre seule ici ; j'ai l'impression que je ne peux tout simplement pas m'en aller et la quitter. Et si je dis quelque chose et elle ne se soucie pas de moi, tout sera fini et je me retrouverai là où se trouve le pauvre vieux Stringer. Je me demande s'il s'en est un peu remis et s'il viendra s'occuper d'elle pendant que je serai en Écosse. Sir George était revenu de Dieppe la veille, mais il avait hésité à s'approcher de Margaret. Tom l'avait vu dans la rue et avait jugé sage de ne pas le reconnaître.

Margaret entra, prête à sortir. Elle portait une robe blanche et un chapeau noir qui tombait un peu d'un côté à cause de la lourdeur de ses garnitures. Il y avait une fine chaîne en or autour de son cou ; il savait que le médaillon qui y était attaché contenait les cheveux de sa mère. Il la regarda un instant, ses yeux bleus et ses lèvres fières, sa silhouette élancée et haute, et sa réticence partit aux vents.

"Je ne peux pas supporter de penser que j'y vais ce soir", dit-il.

"Et je ne peux pas", répondit-elle, presque sans s'en rendre compte.

Il sembla alors que le destin s'emparait de lui et le forçait à parler. "Margaret," dit-il, et son ton lui fit rougir le visage, "ça ne peut pas continuer; ça devra finir d'une manière ou d'une autre. Tu sais que nous aimons être ensemble, c'est glorieux, n'est-ce pas ? Mais... je t'aime beaucoup... je n'y peux rien. Je me demande si tu m'aimes bien, si tu tiens à moi, cela rendrait tout si facile. Je t'aime plus que tout au monde, et tu es toujours Tu as l'air assez content de moi. Penses-tu que tu pourrais toujours le supporter. Arrêter le théâtre, tu sais, et tout ça d'un coup, et épouser-moi ?

"Oh, Tom!" dit-elle, et sans rime ni raison, elle fondit en larmes et s'assit sur le petit canapé, car il semblait que les écluses du ciel s'étaient ouvertes et déversaient son bonheur dans son cœur - tout comme cela avait semblé à sa mère une fois dans le meilleur salon de Woodside Farm.

"Mon chéri!" il a dit : "Ma petite chérie, qu'est-ce qu'il y a ?" Il s'agenouilla près d'elle et lui retira l'épingle à chapeau. "C'est une chose horriblement longue", se dit-il à ce moment-là, "assez pour en tuer un." Il l'enfonça dans le dossier du canapé, ôta son chapeau et le jeta – son plus beau chapeau – à l'autre bout de la pièce, puis la prit dans ses bras et l'embrassa. "Pourquoi, pourquoi pleures-tu ?" Il a demandé. "Je ne t'ai pas effrayé, n'est-ce pas ?" Mais son ton était triomphant, car comme elle ne résistait pas, il pensait que tout devait bien se passer, alors il continua sagement à l'embrasser, car il n'y a rien de tel que de profiter d'une occasion, surtout d'une première.

"Oh, tu ne dois pas... tu ne dois pas !" dit-elle, craignant qu'il ne voie la honte et la joie dans ses yeux.

"Tu sais que c'est ce que ça veut dire," dit-il en la serrant plus près. "Eh bien, nous nous sommes aimés dès le début, n'est-ce pas ? Pensez à la folie que nous avons eue ce matin-là quand nous sommes venus ici avec les fleurs."

"Je sais," murmura-t-elle; "mais je ne peux pas être marié."

"Pourquoi pas?"

"Ça semble si étrange."

"Tu t'y habitueras."

"Et mon père est absent."

"Raison de plus."

"Mais nous ne pouvons pas, jusqu'à ce qu'il revienne."

"Oui, nous pouvons ; il y a beaucoup d'églises dans les environs. Au fait, vous n'y allez pas, n'est-ce pas ? Vous savez, je n'ai jamais beaucoup pensé à vos incrédulités. "

"Que veux-tu dire?" » demanda-t-elle, luttant pour se dégager de ses bras et essayant d'être calme et raisonnable, mais trouvant cela plutôt difficile.

" Eh bien, vous savez, je pense que souvent les gens croient aux choses et ne le savent pas, ou ne croient en rien et pourtant imaginent qu'ils y croient. Je ne vois pas que cela compte pour moi, tant qu'on essaie de le faire. " C'est la bonne chose. Si tous les chemins mènent au paradis, peu importe la langue que l'on parle pendant le voyage, ni si l'on arrive avec une cagoule de moine ou avec une plume sur son bonnet. "

"Vous dites des bêtises", dit-elle en regardant son visage et en pensant à quel point il était cher.

" Bien sûr que je le suis ; nous sommes bien trop heureux pour parler d'autre chose. À propos, je devrais vous demander pardon de penser que vous vous souciez de Garratt. "

"Je pense que tu devrais le faire", rit-elle.

"Même si je ne sais pas si je suis meilleur que lui", a-t-il ajouté modestement. "Je dis, tu tiens à moi, n'est-ce pas ? Tu sais que tu ne l'as pas encore dit."

"Je tiens à toi", dit-elle.

"Quand as-tu commencé ?"

"Je ne sais pas ; je ne sais pas du tout, Tom cher, mais ce que j'ai ressenti, c'est que—"

"Oui continuer."

"... Que c'était le plus grand bonheur du monde d'être avec toi. Eh bien, j'ai simplement ri de joie au bruit de tes pas, et quand tu es absent , je pense à toi tout le temps et à chaque minute, et je ne Je ne me soucie même plus du théâtre maintenant, ni du métier d'actrice.

"Bien bien!" s'écria-t-il triomphalement. "Continue."

« Et je suis si heureuse maintenant, continua-t-elle, si étouffée et si accablée de bonheur que j'ai l'impression que je devrais en mourir.

"Oh, eh bien, ne fais pas ça, c'est tout à fait inutile et ce serait plutôt ennuyeux, tu sais. Quand allons-nous nous marier ?"

"Oh, mais—"

"Il n'y a rien à attendre. J'ai assez d'argent et la maison de Stratton Street est littéralement béante pour que vous puissiez y vivre. Il me semble que la seule chose à faire est de vous procurer une bague et un Licence."

"Mais nous ne pouvons pas nous marier avant que mon père ne le sache ; nous ne pouvons pas, en effet."

" Très bien, ma chérie, nous lui enverrons un télégramme. Nous pourrions en même temps envoyer un télégramme à ta mère, qu'en penses-tu ? "

Margaret réfléchit un instant. « Dans combien de temps, pensez-vous, je pourrais abandonner le théâtre ? elle a demandé.

"Eh bien, à l'instant même, bien sûr. J'écrirai à Farley avant de commencer, et vous aussi, et je lui raconterai tout cela."

"Mais peut-il trouver quelqu'un à ma place immédiatement ?"

"Bien sûr ; probablement toute une foule attend devant la porte de la scène, prête à y sauter. Il y a trop de gens dans le monde qui veulent travailler, trop de gens qui doivent travailler", a-t-il ajouté avec une nuance de sérieux ; "mais qu'en est-il de ta mère ?"

"Eh bien, si je n'ai vraiment plus besoin d'aller au théâtre, nous ne lui télégraphierons pas. J'aimerais tellement lui dire. Elle t'aimait bien , tu sais, elle t'aimait tellement. Je rentrerai à la maison pour... demain et dis-lui."

"Bien ! bien ! Mais qu'en est-il d'Hannah ; va-t-elle te laisser entrer ?"

"Je pense qu'elle le fera, quand elle saura que je ne serai pas actrice — et à propos de ça."

"Elle pourrait penser que tu vas pire."

"Non, elle ne le fera pas."

"Eh bien, c'est réglé, maintenant nous allons envoyer le câble. Écrivons-le ici, nous n'aurons plus qu'à le copier au bureau. Où est votre papier ?" » demanda-t-il impulsivement en se dirigeant vers le bureau. "Maintenant alors. ' *Carringford à Vincent. Puis-je épouser Margaret ? — Tom.* ' Est-ce que ça suffira ?" Il a demandé.

"Magnifiquement", rit-elle.

"Je pense que tu devrais en envoyer un pour ton propre compte."

«Oui, oui», s'écria-t-elle joyeusement; donc un deuxième câble a été écrit. "' *Vincent à Vincent. S'il te plaît, dis oui. — Margaret.* ' Est-ce que ça suffira ?" répéta-t-elle.

"Splendide!" » répéta-t-il. "Quelle glorieuse fille tu es, Margey - ta mère t'appelait Margey , tu sais. Je pense que j'aimerais en envoyer une à ta mère, sans lui dire, bien sûr, mais comme une sorte de préface - assez pour qu'elle devine quelque chose." Il réfléchit un moment puis il écrivit. " *Tom Carringford vous envoie son amour.* " "Cela se passera comme s'il s'agissait d'un petit message volant hors de l'espace." Il s'arrêta et réfléchit à nouveau. "Je voudrais que les Lakeman le sachent avant d'arriver. J'ai déjà télégraphié pour dire que je partais ce soir; mais si Lena est très malade, il semble plutôt cruel de leur annoncer du bonheur."

« Faut-il le leur dire immédiatement ? » a demandé Marguerite. Pour une raison quelconque, elle redoutait qu'ils le sachent.

"Eh bien, ils ont toujours été si gentils avec moi." Presque machinalement, il prit sa plume et écrivit : « *Margaret et moi voulons que vous sachiez que nous sommes fiancés, mais, bien sûr, je pars seul ce soir. Bon amour.* - *À M.* Margaret gardait les lèvres fermées, car elle pensait aux Lakeman avec une aversion qui était presque hors de son contrôle, mais elle sentait que les souvenirs de son père, tout autant que le fait qu'ils étaient les amis de Tom, exigeaient son silence. "Maintenant," dit-il, "c'est fini. Où est ton chapeau ?"

"Là-bas, par terre", répondit-elle modestement, "à l'envers, mon plus beau chapeau."

" Ne t'en fais pas, je t'en donne une douzaine de nouveaux. Envoyons ces affaires et partons faire une heure de route dans le fiacre le plus rapide qu'on puisse trouver, histoire de nous calmer un peu. Et puis, supposons que nous revenions dîner tranquillement. ici à sept heures. Mme Gilman s'en chargera. Je devrai prendre l'avion à une heure et demie. Tom réfléchit rapidement que Great College Street était le meilleur abri pour un *tête-à-tête tranquille* . "Viens." Il lui prit la main et courut avec elle dans l'étroit escalier. "Je ne crois pas que tu saches à quel point je t'aime, mais tu le sauras avec le temps", dit-il en s'arrêtant à mi-chemin.

"Je sais," répondit-elle, "et je t'aime terriblement."

Il la regarda et l'embrassa, puis une pensée heureuse le frappa.

"Mme Gilman", appela-t-il bruyamment, car il n'y avait personne d'autre dans la maison, "Je veux vous dire " , dit-il, lorsque cette bonne femme apparut, "que Miss Vincent et moi sommes fiancés."

"Oh, M. Carringford !"

"Tout va bien", ajouta-t-il, craignant qu'elle ne pleure. « Nous revenons tout de suite, et vous devez nous donner à dîner à sept heures précises. Je pars pour l'Écosse à huit heures – d'Euston – alors que ce soit tout à fait ponctuel. Maintenant, Margey . Il se retourna et parla à nouveau à Mme Gilman. "Nous nous arrêterons à Stratton Street", dit-il, "et dirons à mon homme d'apporter quelques bouteilles de champagne. Vous devez en garder une et boire à notre santé . Gardez l'autre au frais et envoyez-la au dîner. Oh, ça va. Très amusant, n'est-ce pas ?

« Tom », dit Margaret alors qu'ils s'éloignaient ; "Que pensez-vous que Mme Lakeman va dire ?"

"Eh bien, elle sera ravie, bien sûr, et Lena aussi."

XXVII

M. Dawson Farley possédait un appartement dans la rue Victoria. Il descendit à neuf heures et ouvrit tranquillement ses lettres. Celui de Margaret, lui annonçant ses fiançailles avec Tom, était en haut. Tom, qui connaissait son adresse privée, lui avait conseillé de l'envoyer là-bas et non au théâtre. M. Farley a commencé en le lisant. "Maintenant, c'est le diable !" il a dit. " Je pensais que cette fille ne pouvait pas être à Londres sans commettre des ennuis. C'est une chance que j'aie écrit et parlé d'elle à Hilda ; mais je pense qu'il est trop tard pour faire quoi que ce soit. Cela peut faire une sérieuse différence, car je ne supporte pas ce serpent frétillant, Lena, dans n'importe quelle maison dans laquelle je dois vivre. Pourquoi diable Hilda n'a-t-elle pas écrit ? continua-t-il en parcourant ses lettres ; "Peut-être veut-il prendre du temps ou s'inquiéter un peu, mais je ne pensais pas qu'elle était ce genre de femme." Presque au moment où il prononçait son dernier mot, la porte s'ouvrit et Mme Lakeman entra. Elle portait un chapeau billycock et un long manteau ; elle avait l'air presque tapageuse.

« Dawson, » dit-elle avec son sourire étrange et tordu, « j'ai pensé qu'il valait mieux venir répondre à votre lettre en personne ; j'ai voyagé toute la nuit et je viens d'arriver.

"Chère femme", dit-il, estimant qu'il devait être à la hauteur de l'occasion. "Je savais que tu ferais la meilleure chose."

"Je vais faire le pire", répondit-elle; "Je vais te refuser."

"Refuse-moi?" il s'est excalmé.

"Seulement parce que je n'ai pas envie de me marier, cher ami," et elle laissa échapper une certaine émotion dans sa voix. "As-tu oublié que je suis un vieux monsieur aux cheveux gris ?" Elle ôta son chapeau et baissa la tête, comme elle l'avait fait avec Gérald Vincent.

"Je m'en fiche", dit-il, "je te veux." Il passa un bras autour de son épaule d'une manière réfléchie.

« Je vous aime beaucoup, dit-elle ; " J'ai une grande affection pour toi, mais je ne vais pas être la risée de la ville, un sale type d'âge moyen qui épouse un acteur un peu plus jeune qu'elle. De toute façon, continuons comme nous sommes jusqu'à ce que Lena soit là. " marié."

"Alors pourquoi es-tu venu ?"

"Il était grand temps", répondit-elle sèchement. "Je suppose que tu sais que la fille Vincent est fiancée à Tom Carringford ?"

"Elle vient de m'écrire pour me le dire et elle a laissé tomber l'affaire du théâtre."

« Elle ne l'aura pas, le petit diable ! S'exclama Mme Lakeman . "Je m'en occuperai bien," ajouta-t-elle, "car il est à Pitlochry à ce moment-là."

« A Pitlochry ? » s'exclama Farley.

"Prendre le petit-déjeuner avec Lena. Lena, dans une robe de chambre en mousseline allongée sur un canapé - Tom lui tenant la main - le reste, vous pouvez l'imaginer."

"C'est de la folie ! Je ne comprends pas."

Mme Lakeman étaient pleins de méchanceté. "Je savais que quelque chose n'allait pas dans ses lettres, alors j'ai pris soin de lui dire que Lena n'allait pas bien et de faire quelques remarques sur Margaret Vincent et le jeune épicier de Guildford, qui, je pensais, ne lui plairaient pas. Comme il n'est pas venu et n'a pas écrit, j'ai cru bon, hier matin, de lui télégraphier et de lui faire savoir qu'elle était dangereusement malade.

"Ce qui était totalement faux, je suppose ?"

"Strictement", répondit-elle avec beaucoup de délectation. "Mais il a répondu tout de suite qu'il commencerait à huit heures hier soir, et il est là ce matin."

"Il a dû proposer à Miss Vincent hier après-midi. Je ne savais même pas qu'elle avait vu Carringford jusqu'à il y a trois jours, lorsque je l'ai surpris à la porte de la scène, l'attendant dans une cabine."

"C'est vraiment dommage. Cela n'aurait pas dû aller si loin si je l'avais su à temps."

— Mais après tout, pourquoi intervenir ? » demanda-t-il, pensant que si Mme Lakeman n'allait pas l'épouser, il ne s'intéresserait pas particulièrement à ce que Lena fasse un bon mariage. " Carringford est un brave garçon et Miss Vincent est une fille d'une rare beauté. Pourquoi ne devraient-ils pas s'entendre ? "

« Et briser le cœur de Lena ? dit-elle en levant les yeux vers les siens. "D'ailleurs, Tom nous appartient, et personne ne l'enlèvera."

"Cependant, ce n'est pas tout à fait juste envers Miss Vincent, et je ne me soucie pas beaucoup d'aider dans cette affaire", répondit-il assez agréablement, mais avec détermination ; "D'ailleurs, si vous ne m'épousez pas, pourquoi devrais-je... où puis-je intervenir ?"

En un instant, elle comprit toute la portée de son raisonnement.

"Je n'épouserai personne", répondit-elle, "jusqu'à ce que l'avenir de Lena soit réglé."

"Et si Lena épousait Carringford ?"

"Alors vous aurez votre réponse. Vous devez comprendre qu'un jeune homme comme vous aurait l'air plutôt ridicule avec une femme d'âge moyen et une belle-fille adulte."

Il a vu sa politique ; c'était étrange à quel point ils se voyaient bien l'un l'autre ; il reconnaissait son habileté et sa fausseté, mais cela ne changeait rien à son point de vue ; L'épouser serait une transaction mondaine à laquelle il n'avait pas l'intention de renoncer s'il pouvait s'en empêcher, et il voulait que Lena soit écartée. Après tout, pensait-il, si Margaret n'épousait pas Carringford , elle ferait probablement encore mieux : une belle fille, bien née et probablement aisée lorsque son père reviendrait. Et même si elle était amoureuse maintenant, qu'importe ? Elle n'en serait que mieux, peut-être, d'une déception : une femme qu'on n'avait pas fait souffrir devenait généralement un peu sans cœur. D'ailleurs, qu'était-ce que la fille pour lui ?

"Où habite Margaret Vincent?" » a demandé Mme Lakeman . "Quand je l'ai invitée en Écosse, j'ai télégraphié au théâtre, ne connaissant pas son adresse privée, et elle a télégraphié sans la donner, ce que j'ai trouvé plutôt impertinent. Tom aussi a seulement pensé à envoyer un télégramme tous les deux jours ces derniers temps. "

"Il a été trop occupé par d'autres choses", a déclaré Farley avec un petit sourire.

"Où habite-t-elle ?"

"Dans la maison de Louise Hunstan , dans Great College Street. Louise est à Bayreuth."

"C'est une bonne chose. J'y vais" - et le ton de sa voix montrait qu'elle avait l'intention d'être victorieuse. "Vous pouvez m'embrasser" - et elle releva la tête - "un salut direct sur ma joue serait tout à fait approprié à la situation."

"Reste un moment, quand reviens-tu ?" » demanda-t-il en la suivant jusqu'à la porte.

"Ce soir, à huit heures. Je verrai Tom demain matin au petit déjeuner ; il ne saura même pas que j'ai été à Londres. Je suis censée être malade dans ma chambre", a-t-elle ri. « Violente névralgie ; impossible de voir personne. »

"Tu es une femme extraordinaire!" » dit Farley en la laissant sortir. « Mais je ne suis pas sûr de pouvoir la supporter », pensa-t-il en revenant à ses lettres ; "elle est un peu trop diplomate à mon goût."

"C'était comme l'impudence de Farley de penser que je devrais l'épouser", se disait Mme Lakeman pendant qu'elle conduisait. "Il n'est pas tout à fait dans ma lignée, je peux lui dire. Pourtant, il ajoute un peu d'amusement à l'occasion." Elle était pleine d'une agréable excitation, curieuse de voir tout ce que sa puissance dramatique pourrait accomplir avec Margaret, et résolue, en tout cas, à profiter pleinement de l'entretien.

XXVIII

Pendant ce temps, Margaret se réveilla pleine de bonheur. Elle était fiancée à Tom Carringford ; elle retournait aujourd'hui chez sa mère, cela semblait trop beau pour être vrai. Un télégramme arriva de Tom avant qu'elle ait fini son petit-déjeuner ; il était en sécurité à Perth et commençait tout juste à avancer. Elle se demandait comment allait Lena et quelle pouvait être sa maladie. C'était terrible pour Mme Lakeman , pensa-t-elle, et elle était heureuse que Tom soit parti. Le courrier apportait une lettre de sa mère ; c'était daté d'il y a deux jours ; mais ils mettaient du temps à poster des choses à Woodside Farm ; il avait probablement été mis de côté et oublié. Mme Vincent n'allait pas très bien, ce n'était qu'un rhume, mais cela lui avait touché le cœur, dit le médecin, et il fallait la tenir très tranquille ; il n'y avait pas le moindre danger, et elle écrirait encore demain. Elle supplia Margaret de ne pas penser à venir, car Hannah était très amère : elle doutait de la laisser entrer, et M. Garratt était là hier et n'avait fait qu'empirer les choses. « Hannah aime dire, » continua Mme Vincent, « que la porte est verrouillée et barrée contre vous, et qu'elle le restera jusqu'à ce qu'elle soit forcée de l'ouvrir. Elle l'a dit à M. Garratt hier quand il voulait votre adresse. Il a dit qu'il ne devrait jamais s'intéresser à personne d'autre que vous, et elle lui a dit de ne plus revenir ici et que s'il le faisait , il trouverait les portes fermées, comme vous le feriez. Peut-être que ce sera mieux quand nous aurons reçu une lettre de votre père, car elle avait toujours une certaine peur de lui.

Pendant que Margaret lisait encore la lettre, un bruit de roues se fit entendre dans la rue pavée. Quelque chose s'est arrêté devant la maison ; Un coup fort résonna à travers la pièce et fit sursauter Margaret. Pendant un instant horrible, elle fut frappée par le fait que M. Garratt l'avait découverte. Puis la porte s'est ouverte et Mme Lakeman est entrée. Son visage était tiré, ses lèvres étaient fermement fermées, une expression étrange et inquiétante était dans ses yeux.

"Marguerite !" s'exclama-t-elle. "Margaret Vincent, l'enfant de mon vieil amant. Je viens me jeter à votre merci." Elle repoussa Margaret sur le canapé, se jeta à côté d'elle et fondit en larmes hystériques.

Mme Lakeman avait eu son moment dramatique.

Margaret était consternée. "Oh!" s'exclama-t-elle. "Est-ce Lena ? Est-ce qu'il lui est arrivé quelque chose ?"

Mme Lakeman avait du mal à s'exprimer ; Quand elle y parvint, ses paroles étaient épaisses et sa voix désespérée. "Je suis venu te demander sa vie !" dit-elle.

"Moi?"

"Votre télégramme l'a tuée."

"Oh!" Le visage de Margaret pâlit, car elle voyait ce qui allait arriver. Mme Lakeman se releva, s'assit sur le canapé, prit les mains de Margaret et la regarda avec des yeux aussi étrangement bleus que moqueurs.

« Margaret, dit-elle, j'ai fait quelque chose de désespéré ; mais mon enfant est tombé malade, elle s'inquiète et attend son amant, le garçon qui a toujours été son amant. Elle ne supporte pas d'être séparée de lui. ... Hier matin, je l'ai fait chercher et je lui ai dit qu'elle était dangereusement malade ; à cinq heures, votre télégramme... "

"C'était le télégramme de Tom."

Mme Lakeman était impatiente face à cette interruption. " Le télégramme de Tom est alors arrivé. Par hasard, il lui est tombé entre les mains au lieu des miennes, et un quart d'heure plus tard, j'étais penché sur elle, me demandant si elle rouvrirait un jour les yeux. Tom a été à nous, tout son "La vie", a poursuivi Mme Lakeman avec véhémence; " Lui et elle ont grandi ensemble ; il l'a toujours aimée ; il a tout fait pour nous ; ils n'ont jamais été séparés pendant trois jours jusqu'à ce que nous allions en Écosse l'autre jour. Elle l'adore, et cela a été le seul espoir de ma vie de les voir se marier. Elle n'a jamais rêvé d'autre chose ; il est l'air qu'elle respire et le monde dans lequel elle vit. Quand ce télégramme est arrivé hier, il l'a frappée comme un coup mortel.

"Oh, mais Tom et moi nous aimons", cria Margaret désespérée.

"Non, chérie", répondit Mme Lakeman de manière impressionnante. "Vous devez connaître la vérité, car la vie de mon enfant en dépend. Il ne vous aime pas, il l'aime. Il s'est peut-être épris de vous au cours des quinze derniers jours où il a été séparé d'elle. C'est tellement comme Tom, " ajouta-t-elle avec un petit sourire, car elle trouvait le rôle tragique difficile à tenir. "Il a été entiché si souvent."

"Si souvent?" répéta Margaret incrédule.

"Oh oui," répondit Mme Lakeman , et un étrange sourire apparut sur ses lèvres. "Vous ne croiriez pas combien de fois il est venu m'avouer qu'il s'est ridiculisé. Il tombe toujours amoureux, se fiance et va se marier."

"Je ne peux pas y croire ! Je ne le croirai pas !" Margaret a pleuré passionnément.

"C'est tout à fait vrai", répondit froidement Mme Lakeman . " En général , j'ai réussi à tout cacher à Léna et à le sortir de ses ennuis. Je savais bien que ce n'étaient que des bêtises de garçon, car au fond de son cœur, Margaret Vincent," continua-t-elle en reprenant son discours. solennité, "il n'aime que mon enfant ; n'importe quelle autre femme serait malheureuse avec lui. Vous ne lui causerez aucun ennui ?" » demanda-t-elle d'un ton insultant ; "Vous l'abandonnerez tranquillement, n'est-ce pas ?"

"Je ne peux pas… je ne peux pas y croire."

"Vous l'auriez cru", dit lentement Mme Lakeman , ouvrant de grands yeux, et cette fois en s'efforçant de garder l'humour hors d'eux, "si vous l'aviez vue allongée droite et immobile dans sa petite chambre à Pitlochry, alors qu'elle l'aurait été maintenant sans ma présence d'esprit.

"Que veux-tu dire?" » demanda Margaret, un peu effrayée par les manières de Mme Lakeman .

"Tu ne dois pas me le demander." Elle baissa la voix et les mots semblaient lui être arrachés. "Je ne peux pas vous le dire, cela ne sortira jamais de mes lèvres. Je n'oserais pas vous le dire " , murmura-t-elle. "Je l'ai laissée avec une femme en qui je peux avoir confiance, plus morte que vivante. Je lui ai dit que je viendrais te demander sa vie, et je suis venu lui demander, Margaret. Tu es l'enfant de ton père et tu le feras." la chose droite et juste par une autre femme ? »

"Je ne sais pas quoi faire", dit Margaret désespérée, et, se levant rapidement, elle marcha de long en large, la tête dans ses mains, essayant de penser clairement. Tout cela était théâtral et irréel, et le regard moqueur dans les yeux de Mme Lakeman la rendait presque folle.

"Cela ne vous brisera pas le cœur de l'abandonner ; ce n'est pas possible." Le ton de Mme Lakeman était quelque peu méprisant. "Tu étais amoureux de l'autre jeune homme il y a seulement quelques semaines."

"Je n'ai jamais été amoureuse de M. Garratt", répondit Margaret avec indignation, "jamais un seul instant."

" Vous le pensez peut-être maintenant, tout comme Tom pense qu'il tient à vous ; mais vous teniez à lui. George Stringer l'a vu directement, et Tom l'a vu le jour où il a pris le thé avec vous tous. En fait, il pensait que c'était plus de votre côté que du sien, ajouta-t-elle en observant l'effet de ses paroles avec un amusement qu'elle pouvait à peine contrôler. "Il est venu nous en parler immédiatement – il nous raconte tout – il était si drôle quand il nous a tout décrit", a ajouté Mme Lakeman , comme si le souvenir était très divertissant. Puis, se remettant, elle demanda d'une voix grave : « Qu'est-ce que tu vas faire, Margaret, vas-tu me rendre la vie de mon enfant ?

"Je vais attendre de voir Tom et entendre ce qu'il dit."

"Je ne peux pas croire que tu seras si cruel."

"Je ne comprends pas", cria Margaret désespérée. "Si Lena est si gravement malade, si elle est mourante, pourquoi l'as-tu quittée ?"

"Parce que je savais qu'il n'y avait qu'une seule chose qui pouvait la sauver."

"Vous avez dû commencer dès que vous avez reçu le télégramme."

"Je l'ai fait, dès qu'elle a repris ses esprits. Je vous ai dit qu'elle était avec quelqu'un en qui je pouvais avoir confiance ; j'ai été dans le train toute la nuit." D'après son ton, cela aurait pu être une chambre de torture. "Je suis venu m'en remettre à votre miséricorde. J'ai senti que pendant quinze jours d'engouement insensé, vous ne pouviez pas être assez cruel pour détruire toute la vie de mon enfant. Votre père ne vous laisserait pas faire cela, Margaret. Soyez digne de lui, chérie, sois la femme noble que tu devrais être et abandonne-le.

Mme Gilman est entrée avec deux télégrammes. Mme Lakeman poussa un petit cri étouffé ; mais il y avait de l'irréalité là-dedans, et Margaret le sentait au fond de sa tête.

"Il y en a un pour vous, madame, et un pour Miss Vincent", a déclaré Mme Gilman.

Mme Lakeman a claqué des dents jusqu'à ce que Mme Gilman ait quitté la pièce. "Je ne peux pas l'ouvrir", dit-elle en essayant de faire trembler sa main. Mais Margaret avait déjà lu le sien.

" *Pardonnez-moi, mon cher* ", disait-on, " *Je suis ici avec Lena . Tu ferais mieux de rentrer à la maison. — Tom.* " Elle se tenait rigide et pouvait à peine en croire ses yeux. Etait-ce vrai, alors ?

"Dieu merci!" s'exclama Mme Lakeman en tendant son télégramme à Margaret. " *Nous sommes de nouveau ensemble et heureux, chérie. Sois gentil avec la petite Margaret. — Lena.* "

"Maintenant, tu vois ?" dit Mme Lakeman triomphalement.

"Oui, je vois," dit Margaret. "Tu n'avais pas besoin de venir", ajouta-t-elle avec des lèvres blanches qui refusaient presque de bouger.

"Je suis venue en partie par amour pour vous", a commencé Mme Lakeman , puis voyant à quel point cela s'accordait mal avec ses remarques précédentes, elle a ajouté, maladroitement, "Je ne pouvais pas laisser mon enfant mourir, n'est-ce pas ?"

"Que voulez-vous que je fasse?" Margaret était désespérée.

"Voulez-vous aller quelque temps à Paris en tant qu'invité. Vous pourriez commencer ce soir. Une de mes anciennes servantes pourrait vous accompagner. Cela vous ferait beaucoup de bien. Il vaudrait mieux partir un moment, cher."

"Je ne le ferai pas", répondit Margaret, tout simplement et avec obstination. "Si Tom aime Lena plus que moi, laisse-le aller vers elle, mais je resterai ici."

Puis Mme Lakeman a eu une inspiration et, comme d'habitude, elle a fait preuve de pragmatisme.

« Va chez ton père, dit-elle, en Australie. Un de mes cousins est directeur d'une des plus grandes lignes de paquebots ; je lui ferai mettre à ta disposition une cabine. Tu reviendras. dans une position très différente de la vôtre. Cyril ne peut pas vivre plusieurs mois – je ne devrais pas être surpris s'il est déjà mort – et vous, bien sûr, serez la fille de Lord Eastleigh. Elle s'arrêta, car Mme Gilman entra de nouveau avec un télégramme. Peut-être que les dieux écoutaient et pensaient que le moment était propice à son arrivée.

"Cela vient de mon père", dit Margaret avec une lèvre tremblante. "Nous lui avons télégraphié hier." Elle l'ouvrit, et l'effort violent pour retenir ses larmes lui fit rougir le visage. Il contenait le seul mot : *ravi* .

"Qu'est ce qu'il dit?" » a demandé Mme Lakeman .

"Cela n'a pas d'importance ; cela ne fait aucune différence", répondit Margaret en l'écrasant dans sa main ; puis elle dit, doucement et doucement, de sorte qu'il était impossible de s'offusquer : « J'abandonnerai Tom, Mme Lakeman , mais vous devez partir maintenant, car j'ai l'impression que je ne peux supporter la présence de personne. Et je ne peux pas partir ; vous devez vous débrouiller comme bon vous semble, mais je resterai ici.

"Mais il y a autre chose que je veux que vous fassiez", a déclaré Mme Lakeman . "Je veux que tu gardes ma visite secrète pour Tom, pour le bien de Lena."

« Ne sait-il pas que vous êtes venu ?

"Il n'en rêve pas ; et je retourne à Pitlochry ce soir."

"Mais je ne comprends pas ! Où est Tom, et où pense-t-il que tu es ?"

"Tom est avec Lena", a déclaré Mme Lakeman avec un sourire confiant, "et je ne lui manque pas ; il est trop heureux. Je ne pourrais pas humilier mon enfant aux yeux de son futur mari" - Margaret frémit à ce mot. — « en lui faisant savoir que j'étais venu lui demander la vie d'une femme pour laquelle il avait eu un engouement passager. Maintenant », ajouta-t-elle, et son attitude montrait son souci du détail pratique. "Pourquoi n'irais-tu pas en Australie ?"

"Je ne souhaite pas y aller", répondit positivement Margaret. "Je ne souhaite pas quitter ma mère."

"Votre chère mère", dit Mme Lakeman avec un drôle de petit tic. « Rentre chez elle, Margaret ; laisse-moi te conduire à la gare et sache que tu es sur le chemin du retour à la ferme ?

"Je ne peux pas rentrer à la maison maintenant", répondit Margaret. "Je ferai ce que tu voudras de Tom, et je ne lui dirai pas que tu es venu vers moi; mais tu dois laisser le reste entre mes mains."

"Mais comment peut-il le savoir ?" » dit Mme Lakeman , sentant dans un instant que son château de cartes pourrait s'effondrer. « Comment peut-il savoir que vous l'avez abandonné ?

— Je vais lui écrire, dit-elle avec amertume.

"Vous feriez mieux de télégraphier immédiatement."

Margaret avait l'impression que ces télégrammes tournaient au cauchemar ; mais, à tout prix, elle doit se débarrasser de Mme Lakeman .

"Oh oui, je télégraphierai si tu veux." Elle se dirigea vers la table à laquelle Tom s'était assis si joyeusement hier.

"Dites-lui que vous partez", a déclaré Mme Lakeman . "Oh, Margaret, tu ne sais pas à quel point ils se sont aimés toutes ces années."

"Tu as dit qu'il avait été si souvent entiché ?"

"Il en a toujours ri après."

Margaret prit sa plume et écrivit : " *Reste avec Lena ; je ne veux pas de toi. Je m'en vais . — Margaret.* "

"Vous feriez mieux de mettre aussi votre nom de famille", a déclaré Mme Lakeman , et elle l'a écrit. « Je vais le prendre pour toi, chérie, » dit-elle ; "Tu ne veux pas sortir tout de suite, et tu ne veux pas que la propriétaire le voie. Maintenant, dis-moi ce que tu comptes faire ?" » demanda-t-elle d'un ton bon et pragmatique.

"Je ne sais pas," répondit doucement Margaret. "Je veux être seule et réfléchir. J'ai fait tout ce que j'ai pu ; cela a été très difficile à faire et j'espère que Lena sera heureuse. S'il te plaît, pars ; j'ai l'impression que je ne pourrais plus le supporter, à moins que je je suis seul."

Mme Lakeman la prit dans ses bras et l'embrassa, et, bien que Margaret se soumettît, elle ne put s'empêcher de frissonner.

"C'est plutôt un jeu désespéré", pensa Mme Lakeman en s'éloignant ; " mais c'est tout à fait amusant. Le meilleur moyen serait d'insister pour que Tom épouse Lena immédiatement — une licence spéciale. Un homme est souvent pris dans un rebondissement. "

XXIX

Margaret se demandait parfois comment elle avait vécu cette journée. M. Farley lui envoya une petite note la libérant de ses fiançailles, mais disant que si à un moment quelconque elle voulait revenir, il la reprendrait avec plaisir. Margaret a estimé que c'était une lettre aimable. Curieusement aussi, une note est venue de l'agence du Strand, lui demandant de rappeler le lendemain. « Je le ferai, pensa-t-elle, si j'ai reçu une lettre de ma mère. Au fond de son cœur, il y avait un certain malaise, et une ou deux fois, il lui vint à l'esprit qu'elle retournerait à Chidhurst et demanderait à un voisin de l'héberger, mais les habitants de Woodside Farm avaient toujours gardé leurs affaires pour eux et elle ne voulait pas donner lieu à des commérages dans le village. Elle relut la lettre de sa mère. Non, il n'y avait là aucune raison de s'alarmer ; c'était seulement son propre état d'esprit misérable. Elle était désespérée, furieuse, honteuse à chaque fois qu'elle se souvenait de Tom et de ses baisers, et de ses propres protestations à son égard. Elle ne pouvait pas supporter de penser qu'il était avec Lena – Lena qui ne l'aimerait jamais comme elle l'aimait. D'une manière ou d'une autre, au fond de son cœur, elle sentait qu'il y avait de la supercherie dans toute cette affaire. Elle ne savait pas comment ni où, seulement que les manières de Mme Lakeman n'étaient pas très réelles ; mais tout dans le monde était devenu irréel et torturant. Il ne restait plus qu'une chose qui pouvait la réconforter : la maison et sa mère. Elle avait faim et soif de sa maison. Elle avait envie de voir le visage de sa mère, de s'asseoir sur le bras de son fauteuil dans le salon, de lui parler, et même d'entendre Hannah gronder. Elle avait envie de monter au bois et de réfléchir au cauchemar des dernières heures dans sa cathédrale. Elle imagina le grand reste de l'arrivée à la gare d'Haslemere , de la marche des six milles jusqu'à Woodside Farm, de l'entrée sous le porche et de la découverte de sa mère assise là. Oh! mais ce n'était pas bon ; Hannah ne lui permettait pas d'entrer. Hannah était une femme ferme qui tenait parole et pensait qu'elle prouvait sa religion en se montrant cruelle. Au fur et à mesure que la journée avançait et qu'aucun télégramme ne venait de Tom, l'espoir latent qu'elle avait inconsciemment caressé s'évanouit. Tout cela était donc vrai, et il tenait vraiment à Lena.

« Je suis heureuse que maman ne le sache pas », pensa-t-elle ; "Cela l'aurait rendue si malheureuse quand cette fin est arrivée ; et je n'aurais pas pu supporter les quolibets d'Hannah." Elle désirait désespérément avoir quelqu'un à qui parler, mais il n'y avait personne ; d'ailleurs, ses lèvres étaient fermées ; elle avait promis de se taire. Soudain, elle se souvint de Miss Hunstan ; elle lui écrirait. Mais non, c'était impossible ; elle avait quitté Bayreuth et la nouvelle adresse n'était pas encore connue. "Et je ne sais pas quoi faire ni quoi dire à mon père", pensa-t-elle. "Oh, c'est exaspérant. Si c'était une question de vie ou de mort, je pourrais le supporter, mais c'est une ruse, je le sais - c'est une question de vie ou de mort factice."

Tard dans l'après-midi, Sir George Stringer appela. Il entra maladroitement, comme s'il avait peur de la rencontrer ; mais dès l'instant où il vit son visage, il sut que quelque chose n'allait pas, et toute sa gêne disparut.

"Je vous ai dit que je devrais revenir", dit-il; "Il n'y a aucune raison pour que je ne m'occupe pas de la fille de mon vieil ami, n'est-ce pas ?"

"Non, aucun", répondit-elle, à peine capable de reprendre suffisamment ses esprits pour lui parler.

Il la regarda attentivement. « Il y a quelque chose qui ne va pas », dit-il ; "tu as pleuré ?"

"Oh non, oui, j'ai pleuré ; j'ai vraiment le mal du pays." Il posa sa main sur la sienne comme son père aurait pu le faire.

"Suivez mon conseil et rentrez chez vous, ma chère", dit-il. "Est-ce que la fièvre de la scène est terminée ?"

"Oui, je suppose que c'est fini."

Il la regarda de nouveau, puis soudain il demanda : « Est-ce que Tom Carringford a joué vite et librement avec vous ?

"Ne me posez pas de questions, cher Sir George, je ne veux rien dire du tout. Il est en Écosse avec Lena Lakeman ."

"C'est un imbécile", dit-il avec conviction.

"Moi aussi", répondit-elle tristement.

"Et je suis un autre. Ma chérie, je ne vais pas te demander de me dire quelque chose que tu veux garder pour toi." Il s'arrêta un instant, puis demanda maladroitement : « Je suppose que ce que je t'ai demandé l'autre jour est impossible ? Pour répondre, elle se contenta de hocher la tête et ses yeux se remplirent de larmes. "Alors nous n'en dirons rien de plus." Il lui prit les mains et les serra fermement dans les siennes. "Mais j'aimerais être votre ami, votre père, si vous le souhaitez, jusqu'à votre propre retour. Si vous ne pouvez pas rentrer chez votre mère, ou si ce jeune frontière de Guildford s'inquiète, ou s'il y a une raison à cela genre, pourquoi n'irais-tu pas chez moi près de l'église et ne t'enfermerais-tu pas là-bas ? Tu serais très à l'aise. J'ai pensé y aller moi-même, mais je pourrais facilement aller ailleurs.

Au début, cela semblait être une bonne idée, et elle y comprit, puis elle secoua la tête.

"Non", dit-elle; "Les gens le sauraient et parleraient."

"Je suppose qu'ils le feraient... bon sang. J'aimerais que tu me dises ce que Maître Tom a fait, ma chérie."

" Je ne peux pas parler de lui aujourd'hui, Sir George ; je ne peux parler de rien ; ma tête est si mauvaise. J'aimerais que vous partiez maintenant ", dit-elle, mais si doucement qu'il était impossible qu'il puisse le faire. sois blessé, "et viens me voir demain ; ma mère ne va pas bien et je suis inquiet. Demain, j'aurai réfléchi à des projets et j'en discuterai volontiers avec toi. J'ai besoin de l'aide et des conseils de quelqu'un."

"Je pense que oui," répondit-il, "et je viendrai demain, ma chère."

Margaret s'assit et réfléchit à nouveau lorsqu'elle était seule ; elle avait réfléchi et réfléchi depuis que Mme Lakeman était partie ce matin-là jusqu'à ce que sa tête en soit étourdie, mais ce n'était pas bon ; tout cela était une *impasse* . Puis une inspiration la saisit. « J'écrirai à Hannah, dit-elle, et je la supplierai de me laisser rentrer à la maison et voir ma mère pendant un petit moment, au moins. Elle recevra la lettre demain matin et je lui demanderai télégraphier si je peux y aller. Elle s'assit aussitôt et dit à Hannah, avec toute la véhémence de son cœur, qu'elle ne s'était jamais souciée de M. Garratt ; que peut-être elle avait même pris soin de quelqu'un d'autre ; qu'elle avait renoncé à ses fiançailles au théâtre de M. Farley ; qu'elle était malheureuse à propos de sa mère et qu'elle voulait venir la voir ; Hannah télégraphierait-elle le matin si elle pouvait venir immédiatement, même pour quelques heures. Elle s'est sentie mieux après l'avoir écrit et a décidé de sortir et de le publier elle-même. Elle commençait tout juste quand Dawson Farley est apparu. Son cœur l'avait frappé à cause de sa part dans les transactions de la matinée.

"J'ai pensé que je viendrais vous dire à quel point je suis désolé de votre démission", a-t-il déclaré.

"Et c'était tellement inutile, après tout, que mes soudaines fiançailles avec M. Carringford sont rompues."

"Je sais."

"Comment savez-vous?" » demanda-t-elle, étonnée.

"Mme Lakeman est venue me voir et me l'a dit."

"Oh oui, Mme Lakeman ," répondit-elle amèrement. "Lena est-elle vraiment dangereusement malade ?" Elle se posait sa propre question, mais un autre moi l'avait posée – un moi qui doutait de tout.

M. Farley a également été surpris. "Je suppose que oui", dit-il avec un petit sourire. " Les faits de Mme Lakeman sont parfois un peu insaisissables ; mais elle peut difficilement avoir inventé celui-là. Carringford a toujours été en mode... je veux dire qu'il a toujours été considéré comme la propriété de

Lena Lakeman . " Tout à coup, Margaret perdit un instant le contrôle d'elle-même et, en frissonnant, posa ses mains sur son visage.

"Je suis désolée si elle est malade, mais je ne l'aime pas tellement", a-t-elle déclaré.

M. Farley, lui aussi, n'était pas sur ses gardes. "Je la déteste", dit-il rapidement. "Dis-moi franchement, qu'est-ce que tu en penses ?"

Mais Margaret secoua la tête avec impatience. "Je n'aurais pas dû dire cela ; et je ne peux pas en parler, M. Farley. Je suis sûr que vous comprendrez que tout cela est douloureux et que je ne peux pas en discuter."

"En tout cas, puis-je vous féliciter du retour probable de votre père ?"

"Oh, il ne sera pas là avant longtemps."

"Mais tu sais que son frère est mort ?"

Elle commença à se lever. "Quand est-il mort ? Comment le saviez-vous ?"

"Il est décédé hier après une opération à Melbourne. Je viens de le voir dans un journal du soir", répondit M. Farley.

"Oh, ma chère mère, elle récupérera mon père", jaillit des lèvres de Margaret. " Elle est malade, mais cette nouvelle la guérira. J'ai écrit à ma demi-sœur " - et elle prit la lettre - " Je vais l'ouvrir et lui dire, car elle ne le sait peut-être pas. " Sans le savoir, elle manifesta son impatience d'être seule, et quelques minutes plus tard , Dawson Farley prit discrètement congé.

"Je ne vais pas continuer", pensa-t-il en revenant vers Victoria Street. "Cette fille est une femme douce, digne et courageuse, et je ne peux pas être transformée en une vulgaire canaille pour plaire à Mme Lakeman ."

XXX

Il était sept heures passées lorsque Margaret revint après avoir posté sa lettre ; elle avait marché presque inconsciemment pendant une heure ou deux, dans la ville déserte après les affaires de la journée, et de retour par le quai, pour éviter la circulation près des théâtres.

Les dernières heures avaient été si pleines d'événements qu'ils avaient changé tout le cours de sa vie ; mais elle était encore à peine capable d'en saisir toutes les significations. Elle était comme une femme dans un rêve luttant pour se réveiller ; il semblait que tout ce qui s'était passé concernait quelqu'un d' autre plutôt qu'elle-même. Oh, si elle pouvait ressentir plus intensément – elle aspirait même à la douleur, à tout ce qui lui ferait comprendre qu'elle était toujours en vie.

Mme Gilman la laissa entrer, visiblement pleine d'excitation agréable. "Miss Hunstan revient", s'est-elle exclamée. "Je viens de recevoir une lettre et je savais que vous aimeriez être informé. Elle espère être ici dans un jour ou deux. Elle sera contente de vous et de M. Carringford ."

Margaret s'arrêta, abasourdie ; mais il faudrait que Mme Gilman le sache. Elle pensait qu'il valait mieux en finir. "Mais peut-être que nous n'allons pas nous marier, après tout, M. Carringford et moi", dit-elle boiteusement. "Nous avons pris notre décision trop vite."
"Oh non, mademoiselle, je ne pouvais pas penser ça ; et, si j'en sais quelque chose, il aime le sol sur lequel vous marchez. Il y avait une lueur sur son visage chaque fois que je le laissais entrer, ou chaque fois qu'il était avec vous, ça faisait du bien à voir."
Mais Margaret était en train de monter et ne répondit rien.
Mme Gilman l'appela : « Oh, Miss Vincent, j'ai oublié de dire qu'il y a une lettre pour vous : vous la trouverez sur la table du salon.
Une lettre! Elle entra presque tête baissée dans la pièce, tandis que son cœur battait vite d'espoir et d'émerveillement.
La lettre portait le cachet de la poste de Chidhurst ; il a été réalisé par une main inculte, et à l'intérieur il était écrit, presque illisible :

> "Je pense que maman est très malade, mais Hannah ne veut
> pas. Ne dites pas que j'ai écrit. Mieux vaut venir tout de
> suite. De
>
> " TOWSEY ."

Un cri s'échappa des lèvres de Margaret ; la douleur lui était maintenant venue assez intensément.

"Oh, maman, maman, si tu mourais ! Comment pourrais-je penser à autre chose au monde quand tu es malade ; mais je ne savais pas, chérie, je n'en ai jamais rêvé."

Dix minutes plus tard , elle était en route pour Waterloo. La cabine avançait si lentement qu'elle frappait les portes à coups de poing dans son impatience. Toute pensée concernant Tom avait disparu ou avait été reléguée au second plan de sa vie ; l'amour plus ancien s'affirmait et toutes les pensées étaient concentrées sur la chère vie à Chidhurst . Elle a juste eu le temps de prendre le train : il partait à 7 h 45. Il lui fallut deux minutes cent quarts lorsqu'elle arriva à la gare. Elle sortit du taxi presque avant qu'il ne s'arrête, remit le prix à l'homme et se précipita vers le bureau de réservation. Il semblait que le commis lui donnait un ticket avec une lenteur délibérée ; elle l'a saisi et a couru vers la plate-forme. Les portes se fermaient ; elle eut juste le temps de monter dans un wagon vide avant que le train ne démarre. Dieu merci, elle était seule. Elle pouvait marcher de long en large et se tordre les mains ou se jeter sur le siège, ou appuyer sa tête contre le côté de la voiture et prier – à n'importe quelle puissance qui existait et qui était miséricordieuse. "Laisse-la vivre, laisse-la vivre ! Il ne faut pas qu'elle meure pendant que papa est absent, ce serait si cruel. Mère, maman, chérie, tu ne dois pas mourir. Père revient et je viens vers toi. ; tu ne sens pas que je viens ?

Oh, la misère, et le lent, lent cheminement d'un train qui se dirige vers une maison au-dessus de laquelle plane la mort . Il semblait à Margaret que des heures s'écoulaient avant même qu'elle atteigne Woking ; mais c'était quelque chose de se retrouver une fois de plus dans le cher pays du Surrey. La porte s'est ouverte lorsque le train s'est arrêté et que deux personnes sont montées ; ils ressemblaient à un homme et une femme. Margaret ferma les mains et serra les dents, comme elle l'avait fait le matin pour supporter la présence de Mme Lakeman , et bientôt, dans son coin sombre, elle ferma les yeux et fit semblant de dormir, même si tous ses sens palpitaient d'impatience. Elle entendit la femme dire à l'homme – et cela la fit sursauter, car Annie était le nom de sa mère, même si, bien sûr, ils n'avaient rien à voir avec elle :

"Je pense qu'Annie grandit, n'est-ce pas ?"

"J'ose le dire", répondit l'homme; "c'est une fille dont je n'ai jamais pris soin moi-même." Il s'arrêta un moment comme s'il réfléchissait. "Pensez-vous que Tom veut dire quelque chose par là ?"

Tom aussi ! Pensa Marguerite.

"Eh bien, ils semblent penser qu'il s'occupe de Mabel Margetson ", répondit la femme.

"Il y aurait de l'argent là-bas", dit l'homme.

"Une bonne partie, sans doute", répondit la femme; "Mais l'argent n'est pas tout."

Non, l'argent n'est pas tout, leur répondit le cœur de Margaret. L'argent n'est plus rien, après un certain point ; rien n'est autre chose que l'amour de l'être cher, le son d'une voix vivante, la vue d'un visage cher, le contact d'une joue maigre et décharnée contre la vôtre. "Oh, elle doit vivre", s'écria-t-elle bêtement , sans qu'aucun signe ni aucun mouvement ne le trahisse. "J'aimerais pouvoir envoyer ma propre vie dans ton cœur, chérie; mais vis, vis jusqu'à ce que mon père vienne. Oh, mon Dieu, si tu peux voir dans nos cœurs, comme disent les gens, laisse ma mère vivre, ou, si elle doit " Meurs bientôt, laisse-la vivre jusqu'à ce que mon père vienne... ou jusqu'à ce que je la rejoigne, " ajouta-t-elle désespérée, car dans son cœur elle sentait qu'il fallait nier le reste. "Nous l'aimons, nous l'aimons le mieux sur terre, comme elle nous aime."

"Eh bien, c'est déjà Guildford", dit la femme. "Je le déclare, ce train est pressé." Elle descendit le panier qui était dans le casier, l'homme se leva, ils ouvrirent la portière et Margaret se retrouva de nouveau seule.

L'huile de la lampe brûlait faiblement et vacillait ; elle ouvrit la fenêtre à l'autre bout – elles étaient toutes deux ouvertes – et la douce obscurité de la nuit d'été entra. Elle s'agenouilla près de la portière, posa ses bras sur le cadre de la fenêtre et son visage contre eux ; cela lui donnait un sentiment de dévotion ; cela lui faisait aimer la terre, les arbres et le grand ciel au-dessus d'eux ; ils avaient toujours semblé tout comprendre ; elle avait l'impression que c'était le cas maintenant. L'odeur des pins lui parvenait ; elle pouvait voir les sapins noirs et sombres tandis que le train passait à toute vitesse ; mais toute la nature semblait connaître la misère de son cœur : elle l'apaisait et la rendait capable de la supporter avec calme. Elle leva les yeux vers les petites étoiles qui étaient là des milliers d'années avant sa naissance et qui y seraient encore des milliers d'années à venir - vers les étoiles et les arbres noirs qui formaient les ombres, vers les bois dans lesquels elle n'avait jamais foulé les pieds. et pourtant elle connaissait si bien, dans le ciel gris et profond, la clôture grossière qui délimitait la voie ferrée - et tout semblait savoir, en passant, qu'elle allait chez sa mère, pour découvrir que rien, rien dans ce vaste monde, peut modifier la loi inexorable de la nature et le grand décret une fois donné.

Il y avait trois petites stations à franchir avant d'atteindre Haslemere . Les jardins du chef de gare étaient pleins de fleurs ; elle voyait clairement les taches de couleur dans l'obscurité, et l'odeur des pois de senteur tardifs lui était apportée. Elle pouvait voir les cottages du Surrey au fur et à mesure que le train avançait, ici et là une lumière brillait d'une fenêtre supérieure – des fenêtres en treillis en général, comme celles de sa mère. Derrière eux, des gens se couchaient ; ils n'étaient pas malades, ils ne mouraient pas, comme peut-être sa mère, dans le grand lit de Woodside Farm. Un ruisseau, quelques arbres, une maison élevée sur la berge, un peu en retrait de la route, le ralentissement du train, et enfin Haslemere . Le train semblait se précipiter exprès vers l'extrémité du quai, et elle était impatiente à chaque mètre qu'elle avait à parcourir. Elle renonça à son billet et franchit la porte étroite de la gare pour ressortir de l'autre côté. Il était dix heures, une heure tardive pour la campagne. L'auberge située en face, sur la rive haute, était fermée.

"Est-ce qu'il est trop tard pour une mouche ?" elle a demandé au portier.

"Trop tard ce soir, mademoiselle, à moins que ce ne soit ordonné à l'avance", et il éteignit une lampe à gaz supplémentaire. Presque avant que ces mots ne soient prononcés, elle s'était précipitée en avant ; elle était jeune et forte, et ses pieds étaient rapides. Elle gravit précipitamment la colline de droite, passa devant l'auberge au sommet ; elle aperçut le poteau blanc et la petite tache sombre au-dessus qui constituait l'enseigne. On passe encore et encore devant la forge et le charron, et les petites chaumières aux toits de chaume et aux jardins clôturés de blanc. Elle aurait pu marcher une centaine de kilomètres en les jetant derrière elle avec dédain. C'était le moment, c'était le moment ! La vie s'est finalement ainsi enfuie; cela pourrait ne pas rester même pour son désir ou sa prière. Elle quitta la route principale, passa sur un pont à droite, une route étroite juste assez large pour le passage de deux voitures, les chênes et les platanes se penchaient au-dessus des haies, elle en voyait la silhouette se profiler sur le ciel, d'un petit bouquet de mélèzes, un ciel d'un bleu profond maintenant où les étoiles s'étaient rapprochées.

Près de trois milles étaient derrière elle. Elle se trouvait près des dépendances d'une ferme située à mi-chemin de Chidhurst ; en passant, elle sentait le grain nouvellement récolté. Encore un quart de mile et elle était arrivée au bord de la lande. Le long de la route blanche à côté – la route qu'elle avait parcourue avec son père le jour de son retour de Londres, et que M. Garratt avait si souvent parcourue avec son gros poney gris ou sur sa jument, content et enjoué, avec sa chasse. -recadrer dans sa main droite. La bruyère était morte, les ajoncs brunissaient, elle savait qu'il devait y avoir des taches de lingue, mais il faisait trop sombre pour les voir.

Elle se dépêcha, la route blanche s'étendait derrière elle au lieu de devant. Encore un quart de mile et elle était arrivée au village de Chidhurst ; c'était calme et endormi. Comme c'était étrange de s'y faufiler à cette heure-là ! Quelques minutes encore et la tour carrée de l'église se détachait devant elle. L'obscurité s'était si bien dissipée qu'elle pouvait voir l'horloge ; elle s'était arrêtée, bien entendu, à trois heures et quart ; une boule lui vint à la gorge et son cœur s'arrêta, car, au ras du sol, sous le clocher, elle aperçut la blancheur des pierres tombales qui entouraient l'église. Elle détourna vivement la tête ; de l'autre côté de la route se trouvaient les portes de la maison de Sir George

Stringer – leur vue la réconfortait – et, enfin, à sa droite, se trouvait la petite porte qui donnait sur les champs qui faisaient le raccourci vers la ferme. Elle poussa un cri de gratitude en traversant cette épreuve et se retrouva de nouveau sur la terre de sa mère. Cela faisait seulement un mois qu'elle dormait sur le sol vert sous ses pieds, qu'elle l'embrassait et se demandait quand elle marcherait à nouveau dessus. Elle n'aurait pas cru que ce serait si tôt. Elle traversa le champ par l'un des sentiers qui formaient une ligne blanche menant à l'échalier, passa par-dessus l'échalier et entra dans le deuxième champ, et elle courut maintenant, car elle savait que dans un instant elle verrait la maison.

XXXI

Margaret se tenait devant la fenêtre de sa mère et aurait pu pleurer de joie, car il y avait de la lumière à l'intérieur. Elle leva son cœur en signe de gratitude, ayant l'impression que le Ciel l'avait entendue. Puis une autre peur se présenta, une peur qui l'avait hantée tout au long du voyage, mais que, dans la peur écrasante de ne pas retrouver sa mère vivante, elle n'était pas restée pour réfléchir : Hannah. Que ferait Hannah ? Refuserait-elle de la laisser entrer dans la maison alors que sa mère était malade, peut-être mourante ? La lettre qu'elle avait écrite était toujours à la poste ; il n'arriverait que le matin ; il n'y avait pas encore de chance que cela l'attendrisse. Elle n'avait pas le droit d'empêcher Margaret d'entrer ; mais il ne servait à rien d'envisager une quelconque question pour le moment ; elle redoutait les paroles rauques et la voix rauque d'Hannah. Ses pieds chancelaient tandis qu'elle empruntait l'allée verte du jardin hollandais ; elle restait indécise au fond, levant les yeux vers la fenêtre faiblement éclairée, se demandant quoi faire. La porte d'entrée était certainement verrouillée à cette heure de la nuit, et probablement tout le monde était à l'étage, de sorte que personne ne l'entendrait si elle frappait, et elle avait peur de sonner de peur de déranger sa mère. Elle passa doucement devant la maison, près du parterre de fleurs contre le mur, et sous la fenêtre de sa propre chambre, se dirigea vers la porte arrière par laquelle elle avait quitté la maison un mois plus tôt, et essaya prudemment le loquet, mais il était fermé. l'intérieur, comme elle le savait. Puis soudain, une lumière sortit de la fenêtre de la cuisine ; évidemment quelqu'un était entré avec une bougie ; peut-être que Towsey était descendu, ou Hannah — elle avait peur de frapper de peur que ce ne soit Hannah. Un épais store de mousseline était tiré au-dessus de la fenêtre, qui était si haute que Margaret n'était pas assez grande pour regarder à l'intérieur. Elle se souvenait du tabouret à quatre pieds peint en gris : il se tenait généralement entre la maison en bois et la porte arrière ; le facteur s'asseyait parfois dessus et parlait à Towsey pendant qu'il se reposait. Si elle se tenait dessus, elle pourrait voir dans la cuisine. Elle le trouva et, sans faire de bruit, le posa sous la fenêtre, monta à cheval et regarda à l'intérieur. À travers le rideau de mousseline, elle pouvait voir Towsey près de la cheminée ; elle avait mis une petite casserole sur le feu et commençait à remuer ce qu'il y avait dedans, et il n'y avait personne d'autre dans la cuisine. Margaret tapota doucement, et Towsey sursauta comme si elle devinait que c'était Margaret ; elle s'approcha de la fenêtre et, soulevant le rideau, regarda dehors. Margaret rapprocha sa tête de la vitre pour que, dans l'obscurité, on ne puisse se tromper sur son identité.

Puis Towsey lui fit signe d'aller à la porte arrière et alla la déverrouiller doucement. Elle l'ouvrit seulement un peu et sortit la tête comme si elle avait peur qu'un murmure ne se fasse entendre à l'intérieur de la maison.

"Miss Margaret," dit-elle, "je savais que vous seriez là."

"Est-ce qu'elle va mieux?" » demanda Margaret, à bout de souffle.

Towsey secoua la tête. "Elle n'ira jamais mieux", murmura-t-elle ; "Mais elle a toujours été une femme en bonne santé, et il faudra peut-être beaucoup de morts pour l'amener à la fin."

Ces mots frappèrent Margaret, et elle s'accrocha à l'embrasure de la porte pour se soutenir.

"Est-ce qu'Hannah est avec elle ?" elle a demandé.

"Oui, elle est avec elle, vous pouvez en être sûr."

« N'a-t-elle rien dit sur moi ? N'avait-elle pas l'intention de me faire appeler ?

"Pas un mot. Vous voyez, tout a été si soudain ; son état n'a fait qu'empirer la nuit dernière."

« A-t-elle reçu un télégramme hier ? »

"Oui, hier en fin d'après-midi. Elle a dit que je ne devais rien dire à Hannah à ce sujet; elle avait l'air d'être contente. Hannah était allée à Petersfield pour l'après-midi quand il est arrivé et n'est revenue qu'à une demi-heure. heure après."

" Qu'a-t-il avec maman ? Est-ce son cœur, ou quoi ? "

"Oui, c'est son cœur, je suppose ; nous avons envoyé papa chez le médecin à neuf heures hier soir, et il est revenu ce matin. Il n'y était pas allé depuis la semaine dernière. Il a dit qu'elle allait mieux ; mais il ne l'a pas fait. Je n'ai pas l'air de bien penser à elle.

"Est-ce qu'Hannah n'a rien dit à mon sujet ?"

"Je lui ai demandé si elle avait écrit après son départ, mais elle m'a dit de m'occuper de mon travail et de la laisser s'occuper d'autres choses."

"Et puis?"

"Et puis j'ai demandé à George Canning d'écrire ces lignes et de les poster à Haslemere quand il allait passer son examen de médecine. Je pensais que s'il le postait avant midi , vous l'auriez probablement ce soir."

"Je l'ai fait... je l'ai fait !" et Margaret posa sa main sur le bras de Towsey en signe de gratitude. Towsey tourna la tête en arrière un instant comme si elle écoutait, mais tout était toujours au-dessus.

"Est-ce que maman m'a demandé ?" murmura Margaret.

"Oui, toutes les heures."

"Je dois entrer, j'entrerai !" » dit-elle désespérément.

"Vous en avez le droit", répondit Towsey ; "Mais après son retour de Londres , elle a dit qu'elle me détournerait de la porte si jamais je vous l'ouvrais."

"Je dois voir ma mère !" » dit Margaret, et un sanglot lui monta à la gorge. "Elle n'a pas le droit de m'éloigner d'elle."

"C'est assez vrai, Miss Margaret. Mais elle est si amère que je crois qu'elle vous fermerait la porte au nez si votre mère était morte."

"J'insisterais", dit Margaret désespérée; "Mais ce serait si terrible d'avoir une querelle maintenant, et cela pourrait la tuer. C'est ma mère, Towsey ", ajouta Margaret dans un murmure navré.

"Et Hannah peut dire ce qu'elle veut, tu entreras", murmura Towsey avec détermination, et il ouvrit grand la porte. Margaret la dépassa rapidement dans la cuisine, et Towsey ferma doucement la porte et la suivit. « Vous serez fatigué du voyage, dit-elle tendrement ; "laisse-moi te chercher quelque chose à manger et à boire."

"Je ne veux rien manger ni boire, Towsey , chérie ; je veux ramper et être près de ma mère même si je ne peux pas la voir. Oh, je me demande si Hannah m'empêcherait de la voir ?"

"Oui, elle le ferait", a déclaré Towsey avec conviction. "Tu ferais mieux de t'asseoir un peu", et elle conduisit Margaret vers une chaise avec beaucoup de précautions, afin que le bruit de leurs pas ne soit pas entendu au-dessus, et ils parlaient toujours à voix basse.

« N'y a-t-il aucun espoir ? » demanda Margaret en s'étouffant.

Towsey secoua la tête. "Hannah ne croira pas qu'elle s'en va, mais je peux le voir. J'en ai vu beaucoup disparaître et je connais les signes. La douleur a disparu - elle n'a jamais été très grave - mais tout est parti maintenant. Elle attend juste la mort, cependant, D'une manière ou d'une autre, je ne pense pas que cela viendra avant qu'elle ne t'ait vu.

"Mais Hannah ne sait-elle pas qu'elle est en train de mourir ?"

Towsey secoua la tête. "Elle ne le voit pas, et tu ne peux jamais faire croire à Hannah quelque chose qu'elle ne pense pas en elle."

"Est-ce qu'Hannah va probablement descendre ?"

"Il est probable qu'elle soit à terre actuellement pour l'arrow-root. Écoutez, Miss Margaret, je vais trouver une excuse et monter pour quelque chose.

Vous enlevez vos chaussures et marchez doucement à côté de moi, en vous tenant bien à côté du " Il n'y a que la petite lampe dans la chambre, et il n'y a pas de lumière dehors ; elle ne verra pas, même si elle regarde dehors. "

"Mais que dois-je faire quand je me lève?" » demanda Margaret, trop abasourdie pour penser par elle-même. Tout en parlant, elle ôta son chapeau et le posa sur la table. Towsey le souleva doucement et le cacha dans la commode où elle gardait ses propres affaires.

"En entrant dans la pièce, vous pouvez vous glisser dans le placard devant la porte - vous le trouverez ouvert - et vous cacher parmi les objets suspendus. Je vais essayer de faire descendre Hannah et de la laisser manger un peu de souper ; alors, peut-être, vous pourriez vous faufiler et la regarder un instant sans que personne ne sache que vous êtes là.

"Mais si cela lui faisait du mal… si cela l'excitait ?"

"Ce ne sera pas le cas", dit fermement Towsey ; "ça la rendra heureuse avant de partir. Ce serait terrible si elle mourait sans vous voir ni vous voir son mari, alors qu'elle vous attend et vous désire tellement qu'elle peut à peine respirer."

"Partons tout de suite", murmura Margaret.

Ils sortirent ensemble de la cuisine, la main de Margaret sur l'épaule de Towsey . Les larmes montèrent aux yeux de la vieille femme alors qu'ils franchissaient le seuil. "Je t'ai allaité plusieurs fois quand tu étais bébé", murmura-t-elle ; "Et maintenant tu es une telle beauté - elle l'a dit," et elle hocha la tête, "hier seulement."

Ils suivirent le couloir et s'arrêtèrent au pied de l'escalier qui se trouvait entre la porte de la cuisine et la porte du meilleur salon. Ils pouvaient entendre la voix d'Hannah. Elle était assise au chevet de sa mère et lisait la Bible. Towsey monta quelques marches, s'arrêta, tendit le cou et revint.

"La porte est presque fermée", murmura-t-elle. "Hannah ne verra pas."

Margaret suivit doucement Towsey dans les escaliers, se tenant près du mur jusqu'à ce qu'elle atteigne le palier, puis elle se glissa dans le placard qui se trouvait à côté de la chambre de sa mère. Elle se rappelait comment elle avait étudié la question le jour où Tom Carringford était arrivé à la ferme, quatre mois plus tôt ; Le long manteau et la plus belle robe de sa mère étaient alors accrochés là, et ils y étaient maintenant. Margaret connaissait si bien leur sensation : cela lui donnait un frisson de les toucher. Il faisait assez sombre dans le placard ; Même si la porte était ouverte et qu'Hannah passait, elle ne la verrait probablement pas. Elle avait peur de déplacer la porte de peur qu'on ne la remarque, mais elle se cacha un peu derrière elle. Towsey , voyant qu'elle était en sécurité, regarda Hannah, qui, peut-être, lui fit un signe, car elle redescendit doucement vers la cuisine. Puis, alors que Margaret se tenait cachée et écoutait, de la porte de la chambre de sa mère retentit encore le son d'Hannah lisant l'amour et la miséricorde ; mais sa voix disait que ni l'une ni l'autre n'était entrée dans son propre cœur.

À ce moment-là, Mme Vincent demanda faiblement : « Est-ce que quelqu'un est venu, Hannah ?

"Est-ce qu'elle le savait?" se demanda Margaret.

"Le médecin a dit qu'il ne serait plus là aujourd'hui. Il pensait que tu allais mieux ce matin", répondit Hannah.

"Je suis sûr que je vais mourir, Hannah. Je ne le reverrai plus jamais."

"Elle pense à mon père", pensa Margaret, et elle put difficilement s'empêcher de crier.

"Vous ne savez pas comment gérer la maladie", a déclaré Hannah. "Tu n'en as pas eu depuis si longtemps. Nous sommes tous entre les mains de Dieu, souviens-toi de ça."

"Je veux que vous envoyiez chercher Margaret, elle est si jeune", a plaidé Mme Vincent; "Je ne peux pas supporter de penser à elle loin de chez moi."

Mais Hannah répondit fermement : « Elle nous a déshonorés, mère.

"Elle n'a rien fait de mal", répondit Mme Vincent; "rien ne pourrait me faire croire ça."

"Elle nous a déshonorés avec ses comédiens et son audace. Auriez-vous un incroyant à côté de votre lit de malade ?"

"Mais je la veux", a déclaré Mme Vincent. "Je la veux, elle et son père", gémit-elle. "Je ne peux pas mourir sans les revoir."

"Vous insistez trop sur la maladie", répondit Hannah avec inquiétude. "Les gens en ont davantage avant de mourir."

"Dites à Towsey d'envoyer chercher Margaret", dit Mme Vincent, comme si son esprit se détachait de l'argumentation d'Hannah.

« Elle ne franchira pas le seuil de la porte », dit Hannah ; " et si tu mourais, ce serait pour ton salut que je le dirais encore ; car il faut avoir la crainte de Dieu aussi bien que l'amour de Dieu. Continuons la lecture, maman. "

"Je ne peux pas écouter ; je veux Margaret et son père. Il y a la mer entre lui et moi, mais vous pouvez envoyer chercher Margaret."

"Tu es fatigué et tu ferais mieux de dormir un peu", dit Hannah pour répondre, et, malgré toute sa fermeté, sa voix était gentille et même douce, comme si elle s'efforçait de sauver une âme au prix amer de son propre cœur. Aucune réponse ne vint à ses dernières paroles, et cinq minutes s'écoulèrent ; cela semblait être des heures à Margaret ; puis Hannah reprit la parole, et sa voix était différente – il y avait là quelque chose comme de la peur.

" Mère, " demanda-t-elle, " mère, pourquoi regardes-tu ainsi autour de toi ; vois-tu quelque chose ? "

"Je cherche Margaret," dit la voix faible.

"Tu ferais mieux d'essayer de dormir ; tu seras plus fort si tu dors un peu." Mais pour réponse, il n'y eut qu'un petit murmure gémissant que le cœur de Margaret lui disait être son propre nom, et dans l'agonie, elle se balança d'avant en arrière et s'accrocha à la jupe de sa mère accrochée au mur, et l'embrassa, et les larmes lui montèrent aux yeux. et les ébouillanta.

"Je vais aller te chercher une tasse d'arrow-root", entendit-elle dire Hannah ; "Il est minuit passé, et il est temps que tu te nourrisses." Elle repoussa la chaise sur laquelle elle était assise et sortit de la chambre et, passant devant la porte du placard dans lequel se cachait sa sœur, descendit l'escalier. Puis Margaret se glissa doucement dans la chambre de sa mère et s'agenouilla près du lit.

" Mère mère!" murmura-t-elle, et elle posa son visage sur les mains maigres et les couvrit de baisers. "Mère, chérie, je suis là, à côté de toi."

Un regard d'effroi et de joie passa dans les yeux ternes de Mme Vincent. « Marguerite ? Elle haleta. "Dieu merci, je t'ai vu ! Hannah ne croira pas que je suis en train de mourir. Est-ce que Towsey …"

"Oui, chérie, oui", murmura Margaret; "et je t'aime tellement, je t'aime tellement. Guéris-toi, chéri; mon père revient, il revient tout de suite; guéris-toi pour lui", murmura-t-elle entre les baisers qu'elle faisait pleuvoir sur le visage maigre et les mains qui avaient un étrange frisson les envahit.

"Je ne le verrai jamais", a déclaré Mme Vincent; "mais dis-lui que je pensais à lui et à toi tout le temps."

"Oh, mère—mère—"

"Je vous bénis, ma chère, je vous bénisse", a déclaré Mme Vincent. Un sourire heureux apparut un instant sur son visage, même si la peur l'éteignit. "Si Hannah vous trouve , elle vous chassera. Vous devez partir. Je ne pourrais pas le supporter, ma chérie. Je vous supplie d'y aller."

"Je vais me cacher, chérie; Towsey gérera tout", a déclaré Margaret.

« Hannah est très dure », murmura anxieusement la mourante ; " mais elle ne le pense pas — et elle a été très bonne avec moi — c'est seulement parce qu'elle est stricte. Dis à ton père qu'il viendra me voir et que j'attendrai. Vas-y, chérie, vas-y, je n'aurais pas pu est mort sans te voir. » Avec un dernier effort, Mme Vincent l'embrassa de nouveau, mais ses lèvres bougeaient à peine, même si un cri de peur les traversait, car Hannah avait rapidement traversé le couloir en dessous et avait commencé à monter les escaliers ; et Margaret savait que si elle quittait la pièce , elle la retrouverait sur le seuil. Les yeux de Mme Vincent se tournèrent avec terreur vers la porte et restèrent fixes ; une expression étrange leur vint, comme si elle voyait beaucoup d'attentes et était satisfaite de savoir pourquoi ils étaient venus.

En un instant, Margaret était de l'autre côté du lit et s'était cachée derrière le paravent qui faisait en partie le tour du haut et du bas d'un côté. Elle ne supportait pas de trembler ; elle s'accroupit sur ses genoux et retint son souffle.

"Mère, je pensais t'entendre pleurer", dit Hannah en entrant, mais il n'y eut aucun son pour répondre. « Mère », répéta-t-elle, et elle attendit ; mais tout était calme. Puis Hannah s'est dirigée vers la porte et a appelé : " Towsey , Towsey , viens ici ! " et Towsey , surpris par son ton, accourut en toute hâte, et Margaret sut qu'ils se tenaient ensemble au chevet. Les instants s'écoulaient dans une étrange immobilité, traînante et terrible, comme si une hôte invisible les retenait. Elle entendit Towsey murmurer : « Elle s'en va » ; elle entendait la respiration rapide de sa mère, elle l'entendait essayer de parler, mais les mots n'étaient qu'à moitié articulés, et elle n'osait toujours pas bouger.

Hannah dit : « Mère, mère, le Christ te sauvera ; prie-le », et sa mère murmura encore une fois :

"Dites-le à mon père et à Margaret, et il y aura James aussi." Puis la respiration s'accéléra, et le râle d'agonie lui vint dans la gorge, et Margaret porta ses mains à sa propre gorge, se couvrit la bouche et s'accroupit de plus en plus bas vers le sol, pour ne pas crier dans son agonie. Puis tout fut calme et elle sut que sa mère était morte.

"Elle va mieux; que Dieu soit miséricordieux envers elle, une pécheresse", dit Hannah en s'asseyant dans le fauteuil à côté du lit. Il sembla à Margaret que des heures s'écoulaient pendant qu'elle se recroquevillait et se balançait dans sa cachette, espérant que bientôt les morts seraient laissés seuls un moment, et qu'alors elle pourrait sortir et revoir le visage de sa mère.

Mais cela ne devait pas être le cas, car quand Hannah se leva , elle appela en bas de l'escalier : « Towsey , tu peux venir ; nous devons la préparer. Puis elle revint dans la chambre, et il sembla qu'un esprit lui avait murmuré quelque chose, car elle fit le tour du lit et déplaça le paravent derrière lequel Margaret était cachée. Elle recula presque avec horreur lorsqu'elle aperçut la silhouette accroupie.

"Margaret ! est-ce toi qui as osé ?"

Margaret se leva et lui fit face, et même Hannah vit que le jeune visage était dessiné par la misère et que ses lèvres tremblaient.

— C'est vous qui n'avez pas osé me faire venir, dit-elle d'une voix angoissée.

Hannah se tourna vers le lit et tira le drap sur le visage de leur mère.

"Je t'ai écrit cet après-midi pour te dire qu'elle était malade, alors que tu n'avais pas le droit d'être ici." Les sœurs avaient donc toutes deux écrit, et aucune des lettres n'était arrivée à temps à sa destination.

"Mais elle était ma mère et elle m'a appelé", répondit Margaret. "C'était mon droit aussi bien que le vôtre d'être à ses côtés."

"Vous avez renoncé à votre droit", dit Hannah avec obstination, "et la place m'appartient." Mais elle prenait soin de ne pas regarder Margaret, et ses mains tremblaient.

Puis Towsey s'est avancé. "C'est dommage, Hannah !" dit-elle; "C'est à l'enfant de ta mère que tu parles, et en présence des morts. Tu ne peux pas dire qu'elle ne doit pas rester ici."

"Oh, tu ne peux pas dire que je ne dois pas rester pendant qu'elle est ici ?" » dit Margaret avec passion en regardant vers le lit. "Je pense que l'agonie que j'ai supportée cette dernière heure me libérera de l'enfer, si c'est vrai. Vous pouvez penser, si vous voulez, que Dieu m'a envoyé pour être puni, mais nous n'avons pas besoin de parler de ces choses. ", a-t-elle plaidé ; "Je veux seulement rester en paix jusqu'à ce qu'elle disparaisse pour toujours."

"Et c'est la paix que Dieu donne", a déclaré Towsey , "à ceux qui ont souffert".

"Tu peux rester", dit Hannah. "C'est vrai qu'elle était notre mère à tous les deux, et j'aurais préféré que tu sois à ses côtés quand elle est morte plutôt que cachée là." Elle détourna rapidement la tête. "C'est que je ne peux pas pardonner", a-t-elle ajouté avec une voix cassée.

"Hannah", dit Margaret, et elle fit un pas en avant, car la voix d'Hannah la submergeait encore plus que ses paroles : "Hannah, j'avais peur que tu ne me laisses pas entrer ; tu as dit que je ne devrais pas entrer par la porte."

" Elle n'était pas mourante à ce moment-là, " dit Hannah avec une sombre tristesse, " et je ne pensais pas que ce serait déjà le cas ; d'ailleurs, on dit souvent des choses, je les lui ai même dites ; mais je n'aurais pas eu cela. cela s'est produit d'après ce que j'ai pu voir."

Margaret posa sa main sur le bras d'Hannah, mais Hannah se tenait plutôt rigide et sévère, le visage tourné vers la forme immobile qui leur était cachée.

XXXII

L'aube arriva bientôt en ces jours de fin août, mais il semblait que l'obscurité ne cesserait jamais cette nuit-là. Margaret était assise dans le salon, dans le grand fauteuil près de la cheminée ; il faisait face à celui qui avait été celui de sa mère, et elle regardait le bras sur lequel elle s'était si souvent perchée dans les joyeuses conversations matinales d'autrefois, ces matins qui se terminaient pour toujours. Elle avait ouvert la porte grande et l'air doux entra, frais, avec une étrange impression de ce qui s'était passé.

Towsey la trouva immédiatement. "Nous nous demandions où vous étiez arrivé", dit-elle.

"Je suis allé au jardin, et à travers le champ, j'avais envie de réfléchir un petit moment."

"J'ai préparé le lit dans ta chambre, mais je suppose que lorsque tu as regardé à l'intérieur, il était encore couvert et tu n'avais pas envie de rester là."

"Je n'aime pas rester n'importe où", répondit Margaret, avec une inquiétude qui ne trouve pas d'expression chez elle.

"Tu ferais mieux de venir à la cuisine, il y a une tasse de lait chaud prête, tu dois avoir envie de quelque chose. Hannah vient de se coucher; elle était anxieuse et se demandait ce que tu étais devenu; mais elle pensait que tu étais allé dans le bois, et ce n'était pas bon de te chercher.

Ils s'assirent dans la cuisine, l'un en face de l'autre, près de la table, la vieille femme, dont les yeux étaient gonflés par les pleurs, et la jeune fille au visage blanc et effrayé, qui venait de voir la mort pour la première fois.

« Je pense à mon père, dit-elle à Towsey ; "Il ne le sait pas encore. Il est probablement en deuil pour oncle Cyril, mais il a hâte de revenir auprès de sa mère. C'est tellement épouvantable de penser qu'il ne la reverra plus jamais."

"La vie est une chose étrange", répondit Towsey , "et difficile à tirer le meilleur parti, et pire quand on est vieux, car alors on sait; mais quand on est jeune, on espère."

"Il n'y a plus rien à espérer."

" Voilà pour vous, Miss Margaret. Quand quelqu'un part pour la première fois, on se sent à la dérive et ne voit pas l'utilité de vivre soi-même, mais quand ses jeunes, d'autres arrivent après un moment. Va te coucher, pauvre agneau. ; tu as l'air assez usé."

"Est-ce qu'Hannah dort ?"

"Peut-être... elle est dans sa chambre. Elle a été plutôt méchante, mais elle n'aime pas qu'on la voie."

Margaret posa le lait qu'elle ne pouvait pas finir. "Je vais monter", dit-elle. "Repose-toi un peu toi-même ; tu as l'air si fatigué, Towsey , chérie." Elle se glissa à nouveau, passa devant la porte fermée de sa mère et se dirigea vers sa propre chambre. La porte d'Hannah était ouverte ; elle hésita, puis s'approcha doucement et regarda à l'intérieur.

Hannah était allongée sur le lit, vêtue de ses vêtements, endormie ou semblant endormie. L'aube jetait une lumière bleue dans la pièce. Margaret, debout près du lit, pouvait voir qu'Hannah pleurait ; son visage en était rouge et taché. Ses joues étaient creuses, son pauvre nez était très rose, ses cheveux ternes et clairs semblaient plus rares que jamais, et elle avait l'air si abandonnée et triste alors qu'elle était là que Margaret pouvait à peine le supporter ; elle réalisa, en la regardant, combien peu le monde avait donné à Hannah, combien peu il lui avait promis. Enlevant ses chaussures, elle s'allongea très doucement à côté d'elle, un peu plus bas, afin de pouvoir poser sa tête sur la poitrine d'Hannah et passer son bras autour de l'épaule fine et carrée. Hannah ouvrit les yeux et regarda Margaret et les referma et, comme si elle dormait, se rapprocha d'elle avec une satisfaction lasse, et ainsi, pour la première fois de leur vie, ils se reposèrent une heure ensemble. Mais ni l'un ni l'autre ne dormaient et, lorsqu'il fut impossible de faire semblant plus longtemps, ils se regardèrent, et Margaret sut qu'Hannah était attendrie.

"Je vous ai écrit hier", commença-t-elle, un peu sombre, comme si elle avait honte d'être autre chose. "Je ne voulais pas que Towsey le sache - je ne le ferais même pas savoir à ma mère - car j'avais dit que tu ne devrais pas revenir si souvent. Je suis sorti et je l'ai posté moi-même. Il sera là ce matin. Je ne l'ai pas fait" Je ne pensais pas que la fin approchait, sinon je l'aurais envoyé avant. Je ne suis pas aussi dur que ça.

"Vous m'avez écrit!" s'exclama Marguerite. "Eh bien, Hannah, je t'ai écrit hier, hier après-midi ; nos lettres se croiseront en chemin, et toutes deux arriveront en même temps."

"Ce doit être le Seigneur qui nous a attirés les uns vers les autres."

"Si seulement cela avait été fait à temps", murmura Margaret.

"J'ai dû paraître plus dur que je ne l'étais", poursuivit Hannah ; "Mais je n'ai pas oublié qu'elle était notre mère à tous les deux, et je ne pensais pas que ce serait si tôt. Je ne me le pardonnerai jamais de mon vivant."

« J'aurais dû savoir que tu n'étais pas si dur que tu le paraissais. Et, bien sûr, tu ne savais pas ce qui allait se passer.

"C'était l'homme qui s'est interposé", dit Hannah avec amertume; "c'est toujours un homme qui s'interpose entre les femmes."

Puis Margaret se releva sur le lit et s'assit à côté d'Hannah, regardant son visage torturé.

"Mère est allongée dans la pièce à côté", dit-elle, "et elle ne pourra jamais le savoir, mais pour elle, essayons d'améliorer les choses entre nous. Je veux que tu me crois, Hannah, quand je dis solennellement que je n'ai jamais aimé M. Garratt, ou le voulait, ou pouvait aider tout ce qu'il faisait.

"Ça n'a pas d'importance", a déclaré Hannah. "C'est un homme ignoble et sordide, et j'en ai fini avec lui depuis toujours. Il est ici ces derniers temps et je le lui ai dit. Il ne m'a poursuivi que parce que sa mère avait entendu dire que la ferme m'appartiendrait. Si la vérité est à vrai dire, je n'ai jamais beaucoup pensé à lui, et quant à prendre un homme, soucieux comme il le fait des théâtres et des courses, car j'ai découvert qu'il va aux deux, eh bien, j'aimerais plutôt mourir. ne lui parle plus , il ne reviendra plus jamais ici.

Puis Margaret se rapprocha un peu d'elle, car malgré son propre chagrin et l'horreur de la nuit, son cœur souffrait pour Hannah et s'accrochait à elle.

"Qu'as-tu fait à propos de la pièce de théâtre ?" » demanda Hannah après une minute ou deux.

"J'y ai renoncé", et il y eut un autre silence. Puis, sombre et désespérée, et les larmes lui montant aux yeux, Hannah parla à voix basse, comme si elle s'y était résolue.

"Margaret," dit-elle, "J'ai été très dure avec toi, souvent et souvent."

Margaret baissa la tête et embrassa la robe de sa sœur sans rien dire, car c'était assez vrai, même si elle le pardonna.

"Mais j'aimerais que tu le comprennes", poursuivit Hannah, "ainsi tu n'auras pas une si mauvaise opinion de moi. Tu vois, mon père est venu quand j'étais assez grand pour le savoir, et il m'a enlevé ma mère. J'ai senti qu'il l'a prise, et il y avait la façon dont il pensait à la religion et la façon dont vous pensiez.

"Hannah," dit Margaret, "parlons-en. Il vaut mieux le faire maintenant, pendant que la mort semble avoir brisé les barrières entre nous. Je comprends ce que tu veux dire à propos de la venue de mon père, je le comprends, en effet, j'aurais dû ressentir Mais à propos de la religion, vous pensez que c'est un crime qu'il ne croit pas comme vous, mais ne voyez-vous pas que si Dieu lui a donné une intelligence pour penser et ressentir, et qu'il l'a utilisée très consciencieusement, et donc arrive-t-il aux conclusions qui sont les siennes maintenant, c'est un honnête homme ? Il a prouvé son honnêteté en renonçant à beaucoup de choses : toutes sortes d'avantages mondains, et quelqu'un qu'il aimait beaucoup avant de voir notre mère, et, si il est arrivé à une conclusion erronée, ne penses-tu pas que Dieu — Dieu que tu dis être un Dieu d'amour et très juste — l'honorera au moins pour avoir été courageux et ne pas faire semblant ? "

"Si l'on ne croit pas au Seigneur..." commença Hannah.

"Oh, mais laissez-moi parler", poursuivit Margaret avec passion; "C'est être honnête qui compte, et faire le bien - en essayant d'être tout ce que Christ a prêché - si seulement nous le sommes, nous pouvons laisser le reste. Ce n'est pas nous qui doutons de Dieu, mais vous qui doutez de Lui quand vous pensez qu'Il pourrait être dur et cruel envers nous. Il y a tellement de formes de religion dans le monde que celle à laquelle vous croyez ; est-ce que tous les gens qui tentent de faire le bien à différents points de vue doivent être condamnés ? Tout cela est un mystère et dépasse notre compréhension. "

"J'aimerais savoir ce que tu en penses ?" dit Hannah.

"Je pense qu'il faut être reconnaissant envers la Puissance Invisible qui a mis toute la beauté et le bonheur dans le monde ; qu'on ne devrait jamais essayer de penser méchamment ou de juger durement, et que nous devrions nous entraider autant que nous le pouvons et laisser le repos au Pouvoir qu'on ne comprend pas. Quelqu'un a écrit un jour : « Je veux accepter les faits tels qu'ils sont, aussi amers ou sévères soient-ils, pour être un amant et un étudiant, mais jamais un législateur », ce qui signifie que nous devrions ne pas juger les autres, mais seulement les aimer, les aider et faire notre travail du mieux que nous pouvons. »

"Je pense que vous avez de bonnes intentions, mais j'aimerais que vous pensiez davantage à la religion", dit Hannah, un peu à contrecœur. Elle la regarda de nouveau, car Margaret s'était glissée dans ses bras. C'était une sensation nouvelle de sentir quelqu'un là, et elle se sentait presque honteuse du réconfort que cela lui procurait. "Je suis désolée si j'ai semblé dur", dit-elle doucement. "Tu sais que les Barton ont toujours été stricts. Mais tu ne repartiras plus ? Je ne supporte pas de penser à toi à Londres."

"Je ne veux plus repartir", répondit Margaret; "Je veux rester ici avec toi et mon père ; j'ai l'impression que je ne pourrai jamais aller ailleurs aussi longtemps que je vivrai."

"Il n'y a rien de mal ?" » demanda Hannah avec une note alarmée. "Tu n'as rien fait d'inapproprié ?"

"Non, Hannah, rien; mais j'aurais aimé ne jamais y aller."

"Il y a toujours quelque chose à regretter; nous devons le supporter comme la punition de notre faiblesse. Je donnerais tout ce que j'avais au monde pour me rappeler que nous étions tous les deux restés aux côtés de notre mère à la fin," répondit Hannah avec un sourire. " Tu ferais mieux d'essayer de dormir un peu ; tu as l'air épuisé, et il n'y a pas encore de père à qui le dire. Ce sera mauvais pour lui ; je ne sais pas comment il va le dire. " prends-le." Elle serra Margaret plus près dans ses bras et la regarda, et peu à peu, épuisées par la longue nuit, les pleurs et l'excitation, elles s'endormirent.

Towsey est arrivé quelques heures plus tard et les a regardés.

"Je n'aurais jamais pensé les voir ainsi ensemble", dit-elle avant de repartir doucement. "J'aurais aimé qu'elle l'ait vu; mais là, peut-être qu'elle le voit - elle est peut-être là à regarder pour tout ce que nous savons."

Sir George Stringer se rendit à Great College Street en début d'après-midi ; l'expression du visage de Margaret le hantait, et il ne pouvait se reposer avant de l'avoir revue. Mme Gilman lui avait parlé du départ soudain de Margaret la nuit précédente et de la raison de celui-ci.

"La pauvre ! la pauvre !" se dit-il en s'éloignant. "Je pense que j'irai à Chidhurst pour le week-end. Je pourrais lui être d'une certaine utilité : ce jeune coquin de Tom est en Écosse, et elle n'a que sa sinistre demi-sœur pour s'occuper d'elle."

Il traversait les champs le soir jusqu'à la ferme, et s'arrêtait, hésitant sous le porche, craignant d'entrer ou de sonner et de troubler le silence que consacre la mort.

Hannah le vit et s'avança, sombre comme d'habitude, mais décharnée et triste.

"Voulez-vous voir quelqu'un ?" elle a demandé.

« J'ai entendu dire que votre mère était morte, » répondit-il maladroitement ; "Je suis venu pour voir si je pouvais être utile. J'ai connu son mari toute ma vie. Où est Margaret ?"

"Elle est allongée; elle a mal à la tête à cause des inquiétudes."

"Qu'as-tu fait de son père ?"

"Nous ne lui avons pas encore dit. Margaret dit qu'il reviendra. Ce sera alors mauvais pour lui."

"Mais il faudrait le lui dire."

"Nous enverrons un télégramme demain. Ce sera assez temps; il ne sert à rien de précipiter le chagrin sur lui. Il aura eu un jour de plus pour penser qu'il la reverra."

Sir George la regarda avec perspicacité. "Une femme gentille dans l'âme", pensa-t-il, puis il dit à voix haute : "Vous savez qu'il est Lord Eastleigh maintenant ?"

"Oui, je sais, mais je ne vois pas que cela compte. Cela ne fera aucune différence jusqu'à la fin."

"Vous avez parfaitement raison"; et il lui serra la main. "Donne mon amour à Margaret", dit-il avant de se détourner. « Ce serait bien, pensa-t-il en revenant à travers champs vers sa maison, que nous vivions tous à la campagne ; les gens se gâtent lorsqu'ils se rassemblent dans les villes ; cette femme avait l'air assez indifférente au titre de Vincent. Sur mon âme, je l'ai aimée ce soir.

XXXIII

Après que Tom eut voyagé toute la nuit et parcouru cinq milles à la lisière d'une forêt au pied d'une chaîne de collines, il se retrouva à l'endroit que les Lakeman avaient pris près de Pitlochry. Une jolie maison, entourée d'un bois, et à travers elle une vue sur un vallon et un ruisseau qui coulait blanc et mousseux vers le loin. Il demanda à voix basse comment se portait Miss Lakeman , s'attendant à moitié à entendre qu'elle était morte.

"Miss Lakeman ne va pas très bien, monsieur", répondit le domestique, et il lui fit entrer dans une charmante pièce où il y avait une vue divine depuis les fenêtres ouvertes. Près de la fenêtre la plus éloignée se trouvait une table de petit-déjeuner délicatement dressée pour deux personnes, avec des fruits frais et des roses tardives dans un bol. Lena était allongée sur un canapé à côté, vêtue d'une robe en mousseline, exactement comme Mme Lakeman l'avait dit à Dawson Farley. Son visage était maigre et pâle, ses yeux grands et agités ; elle semblait faible et inquiète, mais il n'y avait aucun signe d'une maladie dangereuse chez elle. Elle essaya de se relever lorsqu'il entra, mais n'y parvint apparemment pas.

"Tom, mon cher," dit-elle, "je t'attendais, je savais que tu viendrais."

"Bien sûr," répondit-il; "mais qu'est-ce qu'il y a ?"

"J'ai été malade, très malade, mais je vais mieux. Je serai guéri, maintenant que tu es venu."

"Je pensais que tu étais en train de mourir", dit-il avec un peu de ressentiment, pensant qu'il avait été éloigné de Margaret pour rien.

"J'aurais dû mourir si tu n'étais pas venu", répondit-elle. "Asseyez-vous là", et elle fit signe à une chaise près du canapé.

"Où est Mme Lakeman ?" » demanda-t-il en regardant autour de lui avec inquiétude.

« Elle a une de ses graves crises de névralgie. Vous êtes content de venir nous voir ? Elle leva vers lui ses grands yeux presque implorants.

"Oui, mais je ne comprends pas." Il regardait le vallon sous les fenêtres et suivait des yeux le cours du ruisseau. "Ce genre de télégramme ne devrait pas être envoyé sans raison."

"Mais j'ai été très malade, Tom, mon cher; et je vous ai tellement désiré." Elle tendit les mains ; il la regarda avec inquiétude, mais il ne les prit pas. D'une manière ou d'une autre, ses manières étaient différentes de celles auxquelles il était habitué, et une inquiétude, il ne savait de quoi, monta dans son cœur. "Je sentais que personne d'autre ne pouvait me guérir", a-t-elle ajouté d'une voix pathétique.

"Bien ! Nous verrons ce qui peut être fait. Maintenant, tu vas me donner un petit-déjeuner ?"

"Ce sera ici directement. Parlez-moi de la vilaine petite Margaret. Son amant est-il avec elle ?"

"Eh bien, bien sûr que non ; je viens juste de repartir."

Il n'aimait pas qu'on le traite d'amant. "Elle et moi sommes fiancés ; j'ai télégraphié hier..."

"Oh, mais ce n'était qu'une petite blague, Tom, mon cher ; tu ne serais pas si méchant envers M. Garratt."

"Tout cela n'a aucun sens à propos de M. Garratt..." Il s'arrêta, car le petit déjeuner était apporté. "Regardez ici, je ferais mieux de verser le café", dit-il ; et quand il l'eut fait, lui donna des toasts, beurra un scone et se servit de rognons et de bacon, il se sentit nettement mieux. « Maintenant, alors », dit-il ; "Tout cela n'a aucun sens à propos de M. Garratt, et elle et moi allons nous marier le plus tôt possible."

"Non, non, Tom, mon cher, ce n'est pas un non-sens", dit Lena avec l'un de ses frémissements habituels. "Elle m'a tout raconté sur lui et je les ai vus se rencontrer dans le bois, tu sais."

Mais il a même refusé d'en discuter.

"Tout cela n'a aucun sens", répéta-t-il fermement. "Qu'est-ce qu'il y a avec Mme Lakeman ?"

"Ce n'est que de la névralgie", dit Lena ; "Tu sais qu'elle passe une mauvaise journée noire de temps en temps. Ça ne te dérange pas d'être avec moi, Tom, chéri ? Nous aimons toujours être ensemble ?" Elle commençait à sentir qu'elle ne pouvait pas le retenir ; qu'elle avait tenté plus qu'elle ne pouvait réaliser. Elle aurait presque souhaité l'avoir laissé à Margaret ; son pouvoir sur lui semblait disparu et elle était handicapée par l'absence de sa mère.

D'un air perplexe, il prit son petit déjeuner. "Qu'est-ce que tu t'es fait ?" » demanda-t-il quand il eut fini ; "Avez-vous attrapé froid, ou êtes-vous épuisé, ou avez-vous simplement cédé et vous êtes-vous installé dans un canapé sans raison particulière ?"

"Je ne suis pas forte", dit-elle en le regardant ; " et j'avais l'impression que je ne pouvais pas supporter l'attente. Nous t'attendions tous les jours ; pourquoi n'es-tu pas venu ? "

"J'étais avec Margaret", répondit-il, ce à quoi Lena se tourna et enfouit son visage dans les coussins et sanglota doucement pour elle-même.

"Oh, mais je dis, qu'est-ce qu'il y a ?" » demanda-t-il consterné ; "Il y a quelque chose derrière tout ça ; dis-moi ce que ça veut dire."

"Cela veut dire que je vais mourir", dit-elle. "Je dois mourir, je ne peux pas vivre." Elle lui tendit de nouveau les mains, et presque contre sa volonté il se sentit aller vers elle jusqu'à les avoir prises dans les siennes. "Je te veux, chérie", dit-elle en enroulant ses bras autour de son cou. "Je ne peux pas vous laisser aller chez la petite Margaret. Elle a M. Garratt, rappelez-vous, et je ne vivrai que peu de temps. Vous devez rester avec moi jusqu'à ma mort - vous le ferez, n'est-ce pas ?"

« Tout cela n'a aucun sens », répéta-t-il ; et d'une manière gentille et affectueuse, comme aurait pu le faire un frère, il l'embrassa pour la simple raison qu'il ne savait que faire d'autre. "Vous êtes malade et vous avez joué."

"Oui, je suis malade", dit-elle en se tortillant plus complètement dans ses bras.

Il aurait sincèrement souhaité qu'elle ne le fasse pas, mais il la tint pendant quelques minutes plutôt maladroitement puis la rallongea sur le canapé.

« Écoute, dit-il, j'aimerais aller déballer mes bagages et tout ça, et tu devrais te reposer un peu.

De tous les jours que Tom ait jamais vécu, celui-là était le plus étrange : ce jour seul avec Lena, qui était malade et non malade ; avec Mme Lakeman invisible, il ne pouvait pas dire pourquoi ; et avec quelque chose derrière… il ne pouvait pas dire quoi. Il écrivit quelques télégrammes avant de monter à l'étage. Lorsqu'il redescendit , ils étaient partis, et un instinct lui disait qu'il y avait une raison à leur disparition ; que la réponse qui venait de Margaret plus tard dans la journée était quelque peu jonglée, mais comment ou pourquoi il ne savait pas. Lena se tortillait, le regardait en face, parlait à voix basse et l'appelait « mon cher », mais elle avait toujours fait ça. Elle le faisait à la plupart des gens et, même si cela le mettait mal à l'aise, il ne pouvait pas se résoudre à y attacher de l'importance ; il n'aimait même pas être intrigué par cela. Peut-être que Mme Lakeman serait là demain, pensa-t-il, et alors les choses s'expliqueraient d'elles-mêmes. Pendant ce temps, il se réconfortait en écrivant une longue lettre à Margaret et en espérant que le matin lui en apporterait une, mais quand elle arriva, il n'y eut aucun signe. Puis il se sentit mal à l'aise et décida que, à moins qu'il n'y ait une bonne raison contraire, il retournerait à Londres ce soir-là.

XXXIV

Mme Lakeman apparut aussi naturellement que possible à la table du petit-déjeuner de Pitlochry le lendemain matin. Elle avait l'air hagarde et malade après ses deux nuits de voyage ; et maintenant que l'excitation d'éloigner Tom de Londres et de l'entretien avec Margaret était passée, elle se demanda une ou deux fois si le jeu en valait la chandelle. Après tout, elle pensait que Tom ne gagnait que trois ou quatre mille dollars par an, et elle ne croyait pas qu'il ferait un jour grand-chose en politique. C'était la peur de le perdre qui l'avait réveillée, la situation dramatique qui l'avait intéressée, mais maintenant qu'elle avait créé la situation , elle ne savait plus qu'en faire ; elle s'ennuyait même un peu. Mais tout l'ennuyait. Elle était une femme d'humour et d'entreprise plutôt que de passion et de sentiment, de sorte que rien ne la tenait durablement une fois qu'il avait perdu sa nouveauté. D'une certaine manière , elle se savait une imposture, expérimentant toujours des effets et des sentiments imaginaires, mais, malgré tous ses efforts, elle ne parvenait jamais à enfoncer les réalités dans son cœur. Dans un certain sens, Lena lui ressemblait, voulant toujours que la chose soit hors de sa portée et éprouvant un curieux sentiment de satiété dès qu'elle la possédait. Même la présence de Tom après les longues interviews d'hier avait perdu un peu de sa fascination.

"Je ne pense pas que je le veuille", a-t-elle dit à sa mère, "mais je ne veux pas le laisser partir."

"Je pense que je me suis ridiculisée en allant à Londres", a déclaré Mme Lakeman . Son énergie s'était affaiblie et elle s'interrogeait sur son propre courage d'aller voir Margaret ; elle s'est moquée de Dawson Farley et de sa demande en mariage ; elle sentait que Tom gênait à Pitlochry. Il y avait des gens qui séjournaient à Kingussie — elle en avait entendu parler par une connaissance qu'elle avait rencontrée sur le quai d'Euston — et elle voulait se rendre à Pitlochry. C'étaient des gens riches et pleins d'entreprise ; quelques fils adultes aussi ; l'aîné est infiniment mieux loti que Tom Carringford . Il était fort possible qu'il tombe amoureux de Lena. Le pire, c'était que Tom était là ; en outre, elle s'était fixé une tâche et devait l'accomplir. Après tout, cela pourrait lui permettre de s'amuser, et elle avait toujours envie de cela ; mieux vaut commencer et en finir. Elle l'emmena dans le jardin après le petit déjeuner, dans un coin isolé, sous un poirier ; le vallon et le ruisseau impétueux et gargouillant étaient derrière lui et accompagnaient leur entrevue.

"Eh bien, et Margaret Vincent ?" elle lui a demandé.

"Je n'ai reçu aucune lettre d'elle. Je ne la comprends pas."

"Je ne pensais pas qu'il y en aurait", répondit-elle d'un ton significatif et avec une insolence dans ses manières qui le mit sur la défensive.

"Pourquoi tu ne l'as pas fait ?"

Mme Lakeman a souri et n'a rien dit.

"Vous avez reçu mon télégramme", a-t-il demandé, "vous disant que nous étions fiancés ?" Lena en avait parlé deux ou trois fois hier, mais il avait peine à croire qu'une communication aussi importante ait été reçue de la manière cavalière avec laquelle elle avait apparemment été traitée.

"Bien sûr."

"Je ne comprends pas ce que signifiait votre télégramme", a-t-il déclaré. "Lena n'est pas dangereusement malade, ou quoi que ce soit du genre."

Ensuite, Mme Lakeman a essayé de faire monter un peu d'énergie dramatique. "Tom Carringford ", dit-elle, "sais-tu que je suis le meilleur ami que tu aies jamais eu ?"

"Je sais que tu as été terriblement gentil avec moi."

"Dois-je vous dire pourquoi j'ai télégraphié comme je l'ai fait ?"

"J'aimerais que tu le fasses, car je n'arrive pas à le comprendre."

« Dawson Farley m'a parlé de Margaret Vincent. J'ai beaucoup entendu parler de Margaret Vincent ces derniers temps, de nombreuses sources. Tom, poursuivit-elle d'une voix soudain tragique, j'ai adoré Gerald Vincent ; je ne m'en suis jamais vraiment soucié. pour n'importe qui d'autre, mais cette fille est différente ; elle a été élevée par une mère commune.

"Elle n'est pas du tout commune", répondit-il avec indignation. "Je l'ai vue-"

"Et une demi-sœur qui, il y a vingt ans, aurait fait un service respectable au lieu de perdre son temps à la maison, car la mère s'occupe elle-même de la ferme. Margaret appartient au peuple de sa mère et non à celui de son père; on entend que dans son accent provincial » — l'accent, bien sûr, a été inventé sur un coup de tête — « et elle était tout à fait contente d'épouser son épicier de Guildford, ou quoi que ce soit, jusqu'à ce qu'elle soit frappée par la scène.

"Regardez ici", dit Tom ; "Vous êtes une bonne âme et vous avez été très gentille avec moi, mais vous ne devez pas me parler de cette façon, car je suis fiancé à Margaret et j'ai l'intention de l'épouser."

"Vous le paierez cher si vous le faites." Elle s'arrêta une minute, puis baissa la voix, mais elle commençait à s'exciter ; après tout, la situation suscitait encore un certain intérêt, et elle offrait la dignité de son enfant à sa possibilité dramatique. "Il y avait quelque chose de plus dans le télégramme que ce que je vous ai dit ", a-t-elle déclaré. "Vous tuez Lena et vous ne vous comportez pas comme un honorable gentleman."

"Que veux-tu dire?" » demanda-t-il, déconcerté, mais se souvenant inconfortablement de l'attitude de Lena hier.

"Je veux dire", dit Mme Lakeman avec indignation - car c'était une de ses théories selon laquelle une réclamation était toujours plus forte qu'un plaidoyer et gagnait plus de considération - "que vous n'avez pas le droit d'épouser Margaret Vincent, ou qui que ce soit d'autre. Je veux dire que tu as fait en sorte que mon enfant t'aime, que tu es tout le monde pour elle, et tu lui as fait croire qu'elle était tout le monde pour toi.

"Nous n'avons jamais été que des amis !" Il était consterné.

"Extérieurement. Au fond, vous avez été amants, et vous ne pouvez pas le nier. Elle vous a donné le seul amour de sa vie, ma chère" - Mme. Lakeman devenait sentimental – « et je n'aurais jamais imaginé que vous ne lui aviez pas donné le vôtre. Vous pouvez retourner auprès de Margaret Vincent, si vous le souhaitez, mais vous avez tué mon enfant – mon seul et unique enfant. Vous devez voir à quel point elle a l'air malade. , comme elle a changé."

« Mais c'est horrible », dit-il ; "Je ne suis pas du tout amoureux de Lena. Je n'ai jamais aimé personne de cette façon, à part Margaret, et je veux l'épouser."

« Allez l'épouser, » répondit Mme Lakeman à voix basse ; "Lena ne sera pas en vie pour le voir. Pensez-vous que je révélerais le secret de mon propre enfant, ou que je me déciderais à vous parler comme je le fais maintenant, si ce n'était pas une question de vie ou de mort ?" Elle prononça les derniers mots avec enthousiasme.

Il la regarda avec désespoir.

"Qu'est-ce que tu vas faire?" » demanda-t-elle après une pause.

Il se détourna et suivit du regard le cours du ruisseau qui traversait le vallon. C'était très gênant, pensa-t-il, mais il n'y croyait absolument pas.

« Vous avez été très gentil avec moi, » dit-il ; "Mais ça ne sert à rien de ne pas dire la vérité sur une chose pareille : je ne pourrais pas épouser Lena. Je l'aime beaucoup, mais ce n'est pas le genre de fille dont je pourrais tomber amoureux ; elle échoue." et on ne sait jamais où on l'a, et quant au fait qu'elle soit désespérément amoureuse de moi, eh bien, je n'y crois pas. Nous nous inquiéterions à mort si nous étions mariés ; d'ailleurs, je compte épouser Margaret Vincent. ".

"Si l'épicier ne vous a pas devancé."

" Écoutez, " répondit-il en devenant très rouge, " si vous dites ce genre de chose, nous nous disputerons. "

"Je m'en fiche", répondit-elle avec défi ; "Si vous ne pouvez pas vous comporter comme un gentleman, peu importe que nous nous disputions ou non."

"Vous savez," dit-il, "je ne crois pas à cette affaire, je veux dire au fait que Lena soit amoureuse de moi."

"J'aurais dû penser que tu l'aurais vu hier." Elle s'arrêta un instant, puis demanda presque : « Qu'est-ce que tu vas faire ?

"Je retourne en ville tout de suite ; mais cela ne sert à rien de ne pas être honnête dans une affaire de ce genre, et d'abord j'en aurai avec Lena."

"Ce serait complètement indécent de votre part."

"Je n'y peux rien, j'y vais", et il se dirigea vers la maison et revint dans la salle du matin.

Lena était allongée sur le canapé ; il s'approcha d'elle et s'assit sur la chaise à côté d'elle, déterminé à en finir et à en finir.

« Écoutez, je veux vous parler, dit-il ; "Cet endroit est devenu une sorte de cauchemar, et je veux que tu me réveilles comme une fille sensée."

"Parle-moi de ça, Tom, chéri," dit-elle en se tortillant vers le bord du canapé. "Tu ne me dirais rien hier."

"Trop inquiet. Maintenant," continua-t-il en reculant un peu et en la regardant bien en face, "je suis tombé amoureux de Margaret Vincent. Elle est à Londres depuis trois semaines, et nous avons se sont vus tous les jours - peut-être ne le saviez-vous pas ? C'est tout à fait absurde de supposer qu'elle est amoureuse de M. Garratt ; j'ai découvert la vérité sur cette affaire. Il n'est qu'un frontière qui est allé s'occuper d'Hannah, " La demi-sœur, puis a découvert qu'il préférait Margaret - je ne me demande pas. Hannah l'a dérangée à ce sujet et elle est allée en ville. Louise Hunstan m'a télégraphié de Bayreuth que Margaret était dans Great College Street, et je suis allé et "Je veux que tu sois gentil avec Margaret," et il posa affectueusement sa main sur celle de Lena. "Je l'aime et je n'ai pas l'intention d'épouser quelqu'un d'autre. Maintenant, comment ça va se passer ?"

"Pauvre petite Margaret, je l'aimerai", dit Lena, "parce que tu l'aimes."

Tom cligna des yeux pour s'assurer qu'il était réveillé ; Soit Mme Lakeman était folle comme un lièvre de mars, pensa-t-il, soit il rêvait, car il n'y avait aucun signe de déception dans les manières de Lena.

"Oh," dit-il, impuissant.

« Ce sera bien pour elle de vous épouser, ma chère, » continua-t-elle ; "Vous êtes si différent de M. Garratt."

"M. Garratt n'a rien à voir avec cela. Mais à moins que vous acceptiez ce mariage avec bienveillance, bien sûr, nous devrons nous couper mutuellement par la suite. Eh bien, alors, est-ce que tout va bien ?"

" Bien sûr que si," dit-elle en se tortillant plus près de lui.

"Bien, bien ! Maintenant j'y vais", dit-il avec détermination.

"Mais où vas-tu ?" » demanda-t-elle anxieusement.

"À Aviemore; je connais des gens là-bas. Mais je prendrai le train pour Londres ce soir. Tout va bien", dit-il à Mme Lakeman , qui s'était approchée de la fenêtre avec un journal à la main; "Lena est une fille sensée ; je savais qu'elle l'était."

Mme Lakeman le regardait presque d'un air absent ; elle avait cessé de s'intéresser le moins du monde à ses amours. "Avez-vous vu l' *Ecossais* ?" elle a demandé; "le garçon vient juste de venir avec."

"Non pourquoi?"

"Cyril est mort et Gerald est Lord Eastleigh."

"Bien ! il reviendra," répondit Tom ; "Je pars dans une demi-heure", a-t-il ajouté.

"Oh!" Elle était trop préoccupée pour lui demander de rester ; mais quand il fut parti, comme d'un coup sec, elle se souvint de l'excitation de la matinée. "Nous avons fait un joli fiasco à propos de Tom", dit-elle à Lena ; "Je ne sais pas lequel est le plus idiot, toi ou moi."

"C'était très intéressant", répondit Lena. "Mais je ne devrais jamais avoir assez d'énergie pour la vie qu'il aime. Je ne supporte pas les effets grossiers, ni les lumières fortes, ni l'exercice, ni aucune des choses qui lui tiennent à cœur. Les gens devraient toujours être reposants."

"Vous feriez mieux d'épouser un poète mineur", répondit sombrement Mme Lakeman , "ou un peintre inférieur, et de vivre dans un studio de Chelsea."

<h1 style="text-align:center">XXXV</h1>

Tom Carringford se rendit directement à Great College Street le lendemain matin. Margaret, bien sûr, n'était pas là ; mais Louise Hunstan était arrivée, et c'est par elle et Mme Gilman qu'il apprit la visite de Mme Lakeman ; de l'affirmation de Margaret selon laquelle ses fiançailles avaient été rompues ; de la façon dont Sir George Stringer et Dawson Farley étaient allés la voir, et du départ précipité de Margaret pour Chidhurst .

"Eh bien," dit Miss Hunstan quand ils furent seuls, et le petit accent que Tom aimait toujours était apparu dans sa voix, "Je pense que c'est une question qui nécessite une certaine enquête ; vous savez, mon opinion est que Lena Lakeman n'est qu'un petit serpent. , et que sa mère ne sait pas toujours de quoi elle parle - pourtant, ils amusent les gens si on ne les voit pas trop.

"Oh, tout va bien, si vous ne les prenez pas trop au sérieux", répondit-il, incapable de penser du mal de qui que ce soit . Il n'était pas du tout alarmé par la déclaration de Margaret à Mme Gilman. Il savait que Margaret l'aimait et que, si un méfait avait été commis, pourquoi, il serait bientôt expliqué. Ce qui l'a étonné, c'est la visite de Mme Lakeman . "Je ne vois pas comment elle a pu être enfermée dans sa chambre atteinte de névralgie et à Londres en même temps", se dit-il. "Elle est certainement folle ! Mais cela n'a pas d'importance. J'irai à Chidhurst cet après-midi. Je pourrais être utile à quelque chose et je veux voir Margaret." Il savait que si sa mère était malade, elle serait malheureuse et voudrait de lui, et, comme le gentil garçon qu'il était, il commença à chercher dans son esprit des choses qu'il pourrait prendre à Mme Vincent. Il y avait bien sûr des tas de fleurs dans le jardin hollandais ; mais elle aimerait peut-être quand même une boîte de roses, et Margaret se souviendrait de la première qu'ils avaient achetée ensemble — ainsi que des pêches et des raisins ; il ne se souvenait pas avoir vu de verre à Woodside Farm ; peut-être qu'ils n'en avaient pas. "J'aime énormément Margey ", dit-il à Louise Hunstan , heureux de le mettre en mots, "et nous passerons un moment magnifique ensemble. Vous nous verrez souvent ici, vous savez."

" Bien sûr que je le ferai", répondit-elle; "Je l'attends avec impatience."

Il s'est arrêté chez Sir George Stringer alors qu'il traversait Whitehall, mais seulement pour découvrir qu'il était allé à Chidhurst . « Bien, se dit-il distraitement, je lui télégraphierai et il m'hébergera.

Tom se souvenait toute sa vie du trajet de Haslemere à Chidhurst ce soir-là. Il en appréciait chaque mètre ; en haut de la colline et devant les chalets, le long de la route au-delà ; le long de la lande couverte de lingue, et à travers le village de Chidhurst , jusqu'à ce qu'il arrive en vue de l'église et des portes de la maison de Sir George Stringer, juste en face de la petite porte qui menait à travers les champs jusqu'à la ferme. Il regarda la boîte de roses et le panier de pêches et de raisins sur le siège du conducteur. "J'espère que ma belle-mère va mieux", pensa-t-il avec un rire joyeux dans les yeux. "Je crois que je l'aimerai, et Vincent est une brique."

"Vous savez qu'il y a un mort à la ferme, monsieur ?" dit le chauffeur en descendant. "Mme Vincent a été emmenée hier soir après deux jours de maladie ; elle n'était plus elle-même depuis un certain temps."

Une heure plus tard, un petit mot fut apporté à Margaret. Il courut:

> " TRÈS CHÈRE , je suis chez Stringer et je viens de l'apprendre. Je sais à quel point tu dois être malheureuse, et il n'y a rien à dire à part que je t'aime, ce que tu sais déjà. Je suis content de l'avoir vue. Envoyer pour moi quand vous pourrez me voir, j'attendrai ici. Votre dévoué
>
> "À M ."

Et ainsi ce trouble fut enlevé du cœur de Margaret ; mais ses larmes coulèrent vite pendant qu'elle lisait la lettre.

"Si seulement maman était là", pensa-t-elle, "et je ne peux pas supporter de le dire à Hannah, car elle n'a rien dans sa vie, rien à espérer. Towsey !" dit-elle en entrant dans la cuisine. Towsey sursauta ; elle dormait presque. Margaret s'assit sur ses genoux, comme elle l'avait souvent fait il y a des années lorsqu'elle était petite fille, et elle passa ses bras autour du cou de Towsey et pleura doucement pendant une minute ou deux sur son épaule. "Je veux que tu me dises quelque chose", dit-elle en levant les yeux ; "Es-tu sûr que ma mère a souri lorsqu'elle a reçu le télégramme du dernier jour de sa vie ?"

"Oui, c'est ce qu'elle a fait", a déclaré Towsey ; "Ça ne contenait pas grand-chose, mais elle semblait y lire beaucoup de choses, d'une manière ou d'une autre."

"Dieu merci ! Elle devait le savoir. C'était de M. Carringford , Towsey ."

"Oui, je sais", a déclaré Towsey , "et elle a pensé à comment ça se passerait."

C'était presque plus que ce que Margaret pouvait supporter. « Si seulement je n'étais pas partie, s'écria-t-elle, mère, chérie !... mère, chérie !

M. Vincent, pour l'appeler par son ancien nom, n'est pas revenu aussi tôt qu'il aurait pu le faire. Il y avait les affaires de son frère à régler, disait-il, et la femme de son frère à s'installer dans une maison à Melbourne. Peut-être redoutait-il de retourner seul à la ferme. En tout cas, il s'excusa, et il lui fallut près de quatre mois pour écrire que dans quinze jours il appareillerait.

Pendant tout ce temps, Tom et Margaret attendaient de se marier. Tom avait soutenu qu'il valait mieux le faire tranquillement et immédiatement, mais Margaret a refusé.

« Pas encore », plaida-t-elle ; " Attendons quelques mois jusqu'au retour de mon père. Nous avons toute notre vie à nous donner. Je ne me sens pas comme si je pourrais aller dans la petite église pour me marier tout de suite, car ce n'est que... " Elle s'arrêta, pour elle ne voulait pas qu'il sache qu'elle redoutait d'entendre encore le bruit des pieds lourds et traînants qui y avaient emporté sa mère pour la dernière fois. Elle voulait l'oublier, ne se souvenir que des longues et heureuses années et des matins d'été où elle s'était assise sur le bras du fauteuil dans la pièce à vivre fraîche, avec sa mère appuyée contre elle tandis qu'elles regardaient le soleil couvrir le jardin hollandais. avec gloire.

"Nous pourrions nous marier dans une autre église si tu le souhaites", suggéra-t-il.

"Oh non," répondit-elle rapidement, "je ne le ferais pour rien au monde. Je veux me marier près de la chère ferme - et près d'elle: elle serait heureuse si elle savait; elle écouterait et serait si heureuse. Oh , Tom, tu comprends, n'est-ce pas, chérie ?" En guise de réponse, il hocha la tête, la prit dans ses bras et l'embrassa, ce qui est toujours la meilleure réponse qu'un homme puisse donner à la femme qui l'aime.

Et ils attendirent donc que l'hiver soit passé, un hiver long et silencieux, même s'il contenait son bonheur murmuré. Février fut froid et clair. Les hommes s'affairaient dans les champs, retournant la terre brune, et çà et là, sous les haies, se cachait un perce-neige, solitaire et grelottant. Puis un jour, Hannah a fait une remarque vraiment brillante, ou Tom, en tout cas, l'a pensé.

« Je ne vois pas non plus comment on peut se marier dès que papa arrive », dit-elle ; "Il aura déjà assez de mal à revenir dans une maison vide; on ne peut pas lui jeter un mariage à la figure. Pour ma part, je pense que ce serait une bonne chose d'en finir d'avance et d'aller rencontrer lui."

Tom la regarda un instant, puis il lui serra vigoureusement la main, comme il le faisait toujours quand quelque chose lui plaisait énormément. "Vous avez tout à fait raison", dit-il, et la minute suivante, il traversait le jardin hollandais en direction de la cathédrale où Margaret l'attendait. "Ecoute," dit-il en la retrouvant, "Hannah a eu une idée géniale. Quelqu'un devrait aller rencontrer ton père ; il ne peut pas revenir ici seul, tu sais."

"Oh, Tom," dit-elle, "j'ai souvent pensé à quel point ce serait terrible pour lui."

" Bien sûr que ce sera le cas, et nous n'avons aucune raison de le laisser faire. Supposons que nous allions le chercher à Naples et que nous le ramenions nous-mêmes à la maison. Vous voyez, Hannah pourrait tout rendre confortable ici pendant notre absence - modifier les choses un à un. peu, et ainsi de suite. Et nous pourrions le garder deux ou trois jours à Stratton Street sur le chemin du retour, et y amener Hannah. Toutes sortes de développements traversèrent son esprit fertile pendant qu'il parlait. "Nous devons nous marier avant de commencer", dit-il d'un ton sérieux, comme si c'était seulement une question de commodité, "sinon nous devrions avoir un chaperon, ce qui serait plutôt ennuyeux."

C'est ainsi qu'ils se marièrent très discrètement un matin, six mois après la mort de Mme Vincent. Hannah et Margaret ont traversé les champs ensemble, et Tom et Sir George Stringer les ont accueillis à la porte de l'église, mais personne d'autre n'était présent.

La sœur de Tom, Lady Arthur Wanstead , a envoyé à Margaret un peigne en diamant et une longue lettre, et Mme Lakeman lui a envoyé un sac de voyage ajusté, et Lena a envoyé un chat en porcelaine verte pleine grandeur.

Cela fait à peine deux ans depuis ce matin à l'église. Les Carringford sont maintenant à Florence, et Lord Eastleigh et Sir George Stringer, qui a pris sa retraite de son bureau, sont avec eux, et ils attendent avec impatience Louise Hunstan , qui part en vacances de six semaines. Lena Lakeman a épousé un médecin militaire et est partie en Inde ; et Mme Lakeman , très en colère contre le mariage de Lena, qu'elle jugeait mauvais, s'est mise à spéculer sur les mines d'Afrique de l'Ouest et a récemment quitté l'Angleterre pour s'occuper de ses entreprises. On disait l'année dernière qu'elle avait fait une grande fortune ; mais, même si c'était vrai, elle le perdrait probablement à nouveau et se consolerait en pensant que la sensation d'être mendiant est tout à fait nouvelle.

Hannah est seule à Chidhurst , et quelque chose qui serait presque drôle semble possible. Un après-midi, un étranger est apparu à la ferme, un homme de trente-six ans à l'air rustre, mais avec plus d'intelligence en lui qu'il n'y paraissait en surface. Il était étudiant en agriculture, expliqua-t-il, deuxième fils d'un propriétaire foncier du Somerset, et avait envie de louer une propriété dans le Surrey. Il avait entendu dire que Woodside Farm aurait peut-être besoin d'un locataire. Hannah lui assura le contraire avec quelque aspérité ; mais finalement, impressionnée par les manières de l'étranger, non seulement elle lui fit visiter la ferme, mais, comme il était venu de loin, elle lui offrit du thé avec un plat de poulet frit dans de la pâte et des scones préparés à la hâte par Towsey. . Elle lui expliqua au fur et à mesure du repas qu'elle trouvait la ferme un peu difficile à gérer seule. L'étranger sentit la vérité de cela, et elle lui parut comme étant une femme très sensée et capable. Une ferme, lui dit-il, voulait qu'un homme s'en occupe, ce qu'elle accepta et l'invita à revenir.

"L'arrivée de l'étranger", dit Margaret à Tom après avoir lu une lettre soignée dans l'écriture pointue d'Hannah.

Il la regarda pendant un moment, puis ce qu'elle voulait dire lui vint à l'esprit. "Bien bien!" il a dit; "L'histoire met un point d'honneur à se répéter, vous savez. Je ne devrais pas me demander—"

"Et je ne devrais pas", rit-elle.

Pendant ce temps, les villageois hochent la tête et disent que le ménage de printemps de cette année a été encore plus approfondi que d'habitude à Woodside Farm.

LA FIN